Conquering the "Wall"

できる大人の問題解決の道具箱

ビジネスフレームワーク研究所［編］

青春出版社

はじめに

大小さまざまな「問題」に、日々向き合わざるをえないのが大人社会のキビしい現実。アイデアが出ない、業績が上がらない、人間関係がうまくいかないと悩む人もいれば、どうしてもネガティブ思考に陥ってしまい、ここぞという時に思い描いたような結果が出せないという人もいるでしょう。

それを乗り越え、最高の「結果」を出すためには、まず、何をすべきか——。

本書には、どんな状況であっても、オロオロしたり、ヘナヘナにならずに、前を向いて問題を解決できる知恵とコツを満載しました。

問題解決のための〝引き出し〟をたくさん持っていれば、ここはアプローチを変えよう、ここは一回立ち止まってみようなどと的確に判断し、解決に向けた大事な一歩を確実に踏み出すことができます。

ぜひ、自分に合ったやり方を、この「道具箱」の中から見つけてみてください。本書が自分の壁を破って最高の結果がえられる〝宝の箱〟となることを願っています。

２０１７年12月

ビジネスフレームワーク研究所

できる大人の問題解決の道具箱＊目次

Step1

諦めてはいけない！ 問題解決の大事な手順……15

Step2
「もう無理！」という前の最後の抜け道の探し方……51

Step3

Step5

Step6

めげない！ へこたれない！ 問題解決に強い人の思考法……273

Step7

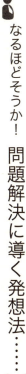

カバー・本文イラスト■phipatbig / shutterstock.com
本文図版作成■ハッシィ
DTP■フジマックオフィス

Step 1

諦めてはいけない！

問題解決の大事な手順

そもそも何が問題かわからないときの〝正しい考え方〟

どこの会社でも経営状況をよくするために日頃からさまざまな対策に取り組んでいる。

しかし、それでも売上げが上がらない、新規契約数が減っている、生産効率が上がらないなどいろいろな問題は出てくるものだ。

そして、それらの問題を解決するためにキャンペーンを張ったり、コンサルタントにアドバイスをもらったりする。これで解決するのであればいいが、そうでない場合は問題の原因がもっとほかのところにあると考えたほうがいい。

病気を直すのにどこが悪いのかを突き止める必要があるように、問題解決に着手する時にも、原因がどこにあるかを突きとめなければならない。

しかし、多くの場合は原因を見つけることをおろそかにして、対症療法でどうにかしようとする。何が根本原因なのかを見つけるのはそう簡単なことではないからだ。

では、どうすればそれを発見できるのか。まずは、単純に「原因でないこと」を取り除いてみればいい。

たとえば、新規契約数が減っているというなら、契約が減っている原因になっていないものをリストアップしてみる。

「店舗は主要エリアを網羅しているから原因ではない」、「新製品の告知もすべての媒体で適切に行っているから問題ない」、「店舗前の通行量も減っていない」、「ライバル店が出現したわけでもない」というように、原因になっていないものを取り除いていけば、徐々に必要な情報だけが残されていく。

そうして突き止めた原因が「店舗スタッフの接客態度の悪さ」だったとしたら、どんなにお金をかけて派手にキャンペーンを展開したとしても、大して効果は上がらないし、コンサルタントにどれだけ〝数字〟を見せられても無意味なものになってしまう。

この場合なら、スタッフの教育に時間やお金を投資することで、最大の効果を見出すことができるということになるのだ。

原因を想像だけで解決しようとするのは、きちんとした診察もせずに手探りで手術をした挙句に健康な臓器まで傷つけてしまうことと同じだ。

根本的な原因を正確に把握することが結局、問題解決の近道なのである。

問題解決力がある人が実践している3つの手順

人生と同じで、仕事でも思い描いたとおりにならないことは多い。

一見、うまくいっているかのように見えた交渉が最終段階で決裂したり、新しい事業の準備が整ったと思ったら取引先が破綻《はたん》したり、経営が安定してきたと思った矢先に事故が起きたなどということは、経済小説の中でなくても現実に起きていることだ。

そんな時に将来の明暗を分けるのが、どのように対処したかということだ。感情的になるのはもちろんのこと、周囲の意見に耳を貸さず、自分なりのやり方をゴリ押しするのは最も危険なやり方だ。

それよりも、大きな問題が起こった時にはその渦中に立つのではなく、一歩引いたところから全体を俯瞰《ふかん》して問題を眺めることが大切だ。そうして、まず第一になぜ起きたのか、どこに原因があるのか、何が引き金になったのかを洗い出すのである。

そうして一つひとつ理詰めで考えていくと、本当の課題が見えてくる。すると、それ以外のことはたいして問題ではなかったり、代替案などで解決できることが見えてくるのだ。

ただ、ここで注意したいのは、問題を複数ではなく、できる限り1つに絞り切ることだ。

そして全体の状況が把握できたら、第二に問題に関連している物事を分解してカテゴリーごとに分ける。こうすることで複雑に絡まった問題の要因を整理していくのだ。

最後は、それらの問題に対して解決策を考えていくのだが、解決策は可能な限りリストアップするといい。そのうえで最も効率がよく、効き目がある解決策を選択していくのである。すると、必要な労力や時期、実現の可能性など、解決するにあたっての問題点が浮かび上がってくる。

この3点を押さえて問題解決に当たれば、新たな解決策を見出せるだけでなく、そのことによってさまざまな経験と信頼を得ることができるだろう。

ちなみに、トラブルが起きた時にどのように対処するかで決まるのは社内での人事評価だけではない。速やかに、的確な問題解決ができるということは、自分の人生を自分でコントロールすることができるということだ。

まずは自分自身が抱えている問題をこの3カ条に当てはめて改善することから始めてみたい。

考えることに限界を感じたときに、まずあなたがすべきこと

これは練りに練ったプランだと思って提出したのにあっさりと却下されてしまい、「もっとほかに何かないか？」とさらなるアイデアを求められるのは、苦しいものだ。

一度アイデアを形にしてしまうと、どうしてもその方向に引きずられてしまい、まったく新しい観点に立つのが難しくなってしまう。

それでも何か出ないかと考えに考えているうちに追い詰められてしまい、結局頭がフリーズ状態になって何も考えられなくなってしまったことがある人もいるのではないだろうか。

そうならないためには、「そろそろ限界だ…」と感じ始めた時点でいったん考えるのをやめてしまうことだ。

すぐそこにデッドラインが迫っている仕事だと、考えることをいきなりストップするのは勇気がいることかもしれない。しかし、頭が働かなくなっているのに考え続けるのはそ

れこそ時間のムダというものだ。

それよりも一度スパッと考えるのをやめて、まったく関係のない作業をしてみるといい。領収書の整理やデスクの片づけ、資料を棚に戻したり、石鹸でキレイに手を洗う、コーヒーを入れるなど何でもいい。

このように手を動かして作業をしていると、不思議なもので頭の中の思考回路が切り替わり、脳が新しい呼吸を始めるような感覚になる。そして、今まで必死になって考えていたことを客観的に見られるようになるのだ。

何か根本的なズレが生じているのに、それがわかっていなかったのかもしれないし、視野が狭まりすぎてすぐ身近にヒントがあったことに気づいていなかったのかもしれない。

自分では一生懸命に考えていたつもりでも、問題探しばかりに視線が向いていてその答えを出そうとしていなかったということもある。

このことに気づくだけでも頭の切り替えはできたといっていい。そのうえで、もう一度冷静になって取り組めば、目からうろこが落ちるように〝思考の迷宮〟から抜け出せるはずである。

「時系列思考」なら自分の「立ち位置」がきちんとわかる！

仕事に取り組む際に、意外と見落としがちなのが「時系列」で考えるということだ。過去の失敗にこだわりすぎて新しい分野にチャレンジできなかったり、目先の仕事に振り回されてはつい大きな目標を見失ってしまうという人も少なくないはずだ。

ようするに、この時系列で考える視点が欠けていると、過去や現在にばかりとらわれて「未来＝将来のビジョン」をうまく描けない状況に陥ることがある。これだと、与えられた仕事はこなせても、次のステップアップにつながるような進め方はできない。

そこで、まずは過去・現在・未来をバランスよく考えるようにしてみよう。過去の失敗には必要以上にとらわれずに、反省材料として次につなげる。将来のビジョンをしっかりと思い描き、そこに向けて今どう仕事を進めたらいいのかを考える。この循環がうまくいけば、過去や現在の仕事が、将来の目標に着実につながるはずだ。

時系列でバランスよく考える

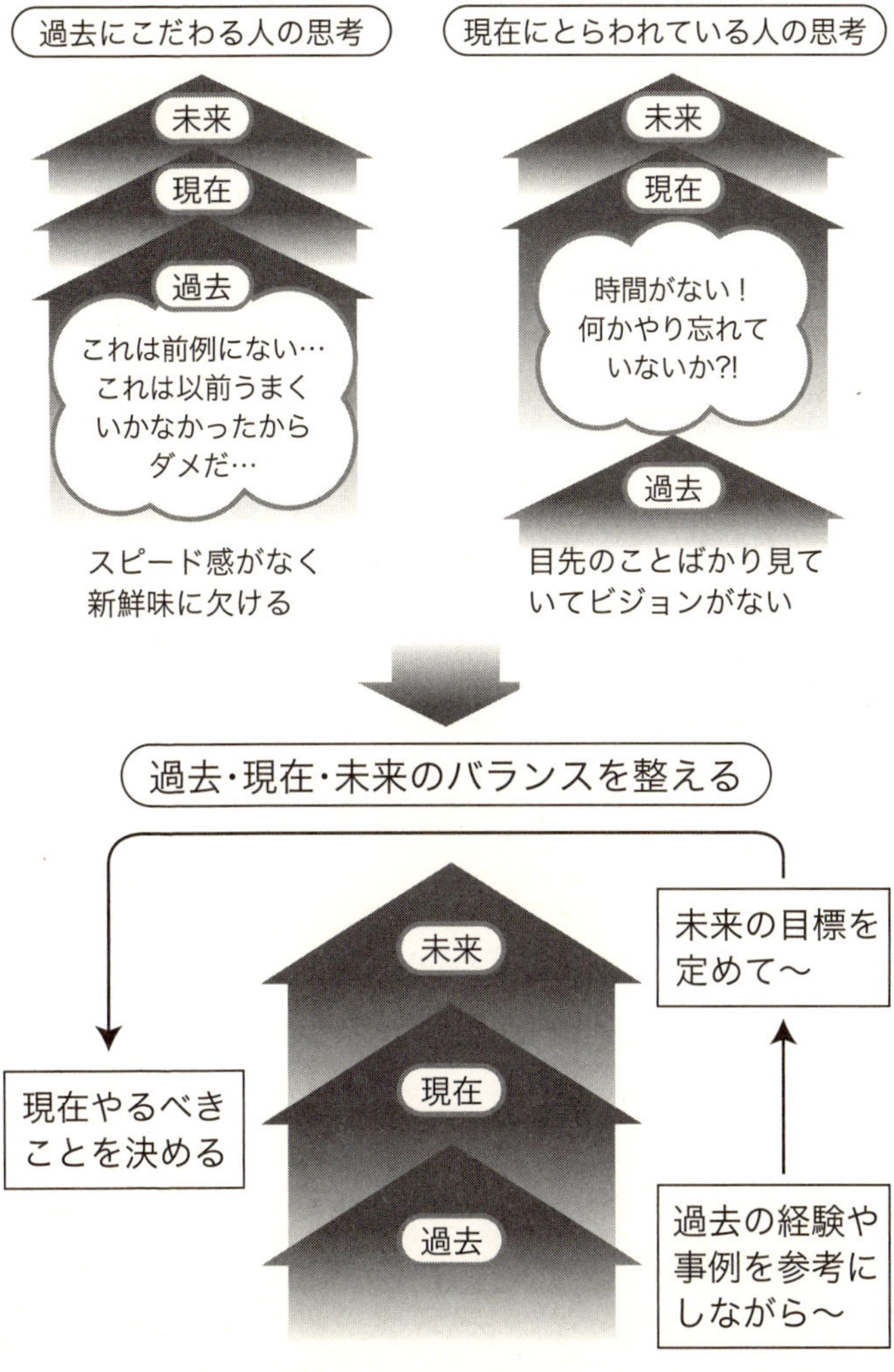
過去にこだわる人の思考
未来
現在
過去
これは前例にない…
これは以前うまく
いかなかったから
ダメだ…
スピード感がなく
新鮮味に欠ける
現在にとらわれている人の思考
未来
現在
時間がない！
何かやり忘れて
いないか?!
過去
目先のことばかり見て
いてビジョンがない
過去・現在・未来のバランスを整える
未来
現在
過去
未来の目標を
定めて～
現在やるべき
ことを決める
過去の経験や
事例を参考に
しながら～

「意思決定マトリクス」なら、複数の選択肢から客観的に絞り込める

問題解決にあたって、さまざまな選択肢の中から、最適なものを選び出すのは思いのほか難しいものだ。とりわけ判断基準が複数ある時は、なかなか考えがまとまらない。「A案はインパクトがあるけど、実行するのは難しい」、「B案は現実的だけど、目新しさがない」など、あれこれ考え出すとワケがわからなくなってしまう。そのうえ、何人かで議論する場合には、それぞれ意見も異なるのでよけい判断に迷うことになる。

こういう時に使うと便利なのが、「意思決定マトリクス」だ。縦の軸に「選択肢」を置き、横の軸には評価したい「判断基準」を置く。この軸が交わるマスにそれぞれの評価点を書き込んでいき、合計点の一番高いものがその時点での最適な案ということになる。

この方法だと、全体を俯瞰することができ、客観的に優劣で選択肢を絞り込むことができる。いったい何を迷っているのか、何を優先すべきなのかも見えてくるので、きわめて合理的な意思決定ができるのだ。

すべてのプランを同じものさしで測る

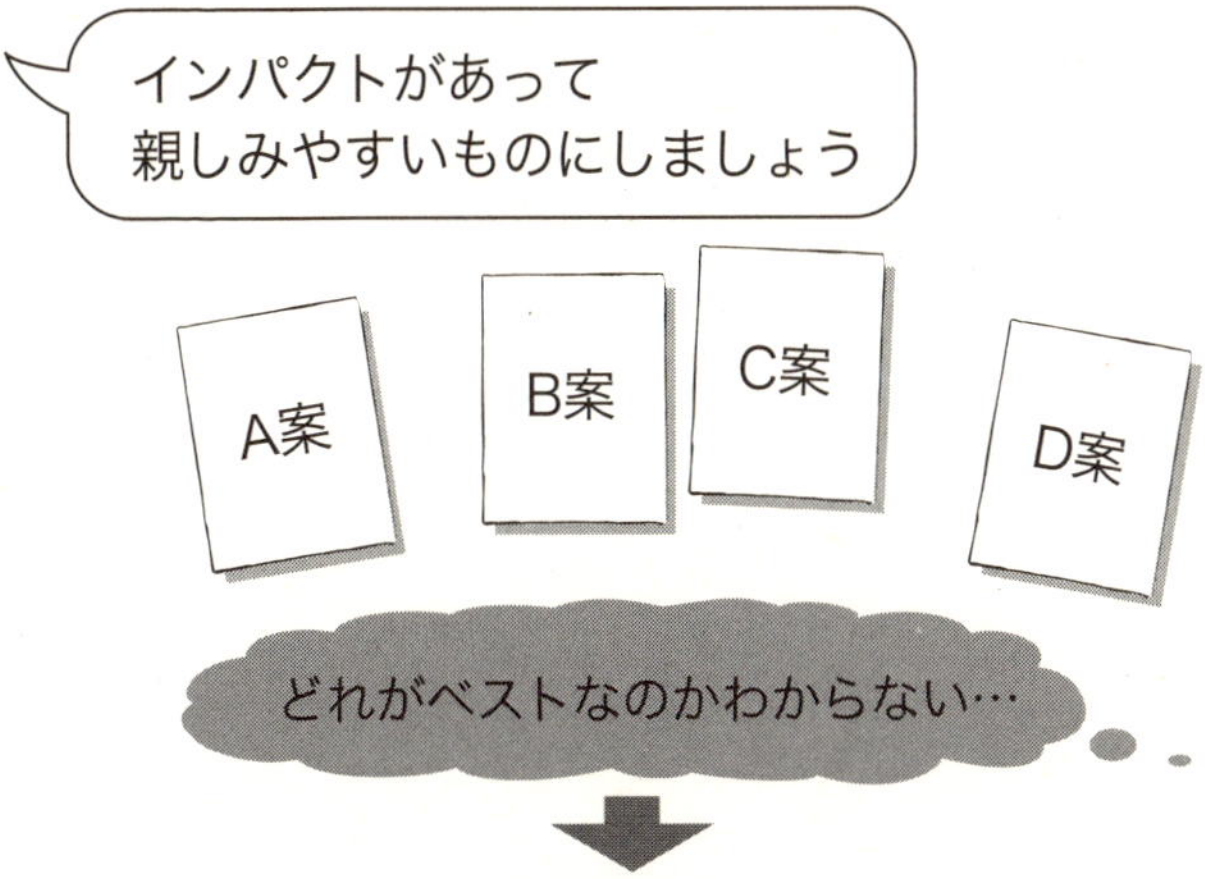
インパクトがあって
親しみやすいものにしましょう
A案
B案
C案
D案
どれがベストなのかわからない…

	新しさ	親しみやすさ	インパクト	実効性	合計
	×1	×2	×2	×1	
A案	2	2	3	4	16
B案	1	1	5	2	15
C案	2	5	2	2	18
D案	4	1	1	5	13

「C案が今回の趣旨に一番合っている」ことがわかる

ピンチをチャンスに変える「リフレーミング」の思考法

ビジネスでもプライベートでも、トラブルを解決するために必要なのはプラス思考だ。

とはいえ、嫌なことに対してはどうしてもマイナスの捉え方をしてしまうものだ。

そんな時に役に立つのが、物事の考え方のフレーム（枠組み）を変えて、捉え方を転換させる「リフレーミング」という思考法である。

目の前の事象は変わらなくても、モノの見方を変えることで、受け止め方を変えるわけだ。

たとえば、長距離走で苦しい時に「まだ半分もある」と考えるのではなく、「もう半分も終わった」と考えれば、気持ちもずいぶん楽になる。

「残っている道のり」というフレームを「終わった道のり」というフレームに転換するだけで、捉え方は反転するのだ。

トラブルに対処する場合は、まず「何が心配なのか」「困難な点は？」「疑問点は？」な

「見方を変えれば…」で突破口を開く

粘着力が弱いのり	貼ってはがせるふせん
間口4メートル、奥行き2メートルの土地	ワイドなショーケースが自慢の販売店
勝ち気で、カッとしやすい性格	向上心があって情熱的な性格

ど、トラブルの中に含まれる要素をひとつずつ洗い出してみる。そして、それぞれの点についてリフレーミングするのだ。

心配は希望、困難はチャンス、疑問は可能性といった具合である。

その中で、実現性が高いことを徹底的に検討していくと、徐々に問題全体を前向きに考えられるようになっていくのだ。

たとえ、完全にプラス思考に転換できなくても、問題点をいろいろな角度から検討することで、現状を打破するポイントを見つけることができるはずである。

モノの見方を変えるだけで、同じ状況がプラスにもマイナスにもなる。最適なフレームが見つかればピンチがチャンスに変わるのだ。

致命的な事態を事前に断ち切る「ロジックツリー」とは？

問題を解決したり物事を進めようとする時に限って、短絡的になって手近なやり方に飛びついてしまうことがある。失敗する可能性も高くなってしまうだろう。

そんな多くの選択肢の中で最善のものを選ぶために役に立つのが、「ロジックツリー」という思考の整理法である。ロジックツリーを使えば、考え方を効率的に整理できるうえ、効果的な問題解決の手順を見つけたり、問題を深く掘り下げていくことができる。

具体的にどうするかというと、ツリーの階層を上がるたびに「なぜ？」「どのように？」という視点で考えることで、より論理的なやり方を追求していくのだ。

自分の頭の中で思考が整理されていれば、重要なことを要領よく相手に伝えることもできるし、見落としや伝え忘れもなくなる。また、思考のプロセスを視覚化できるので、作業工程を振り返ったり、再検討することも容易になる。

トラブルにもあわてずに対応できるので、致命的な事態を未然に防げるのである。

問題を深く突きつめて考える

◆Whyツリー（原因分析）

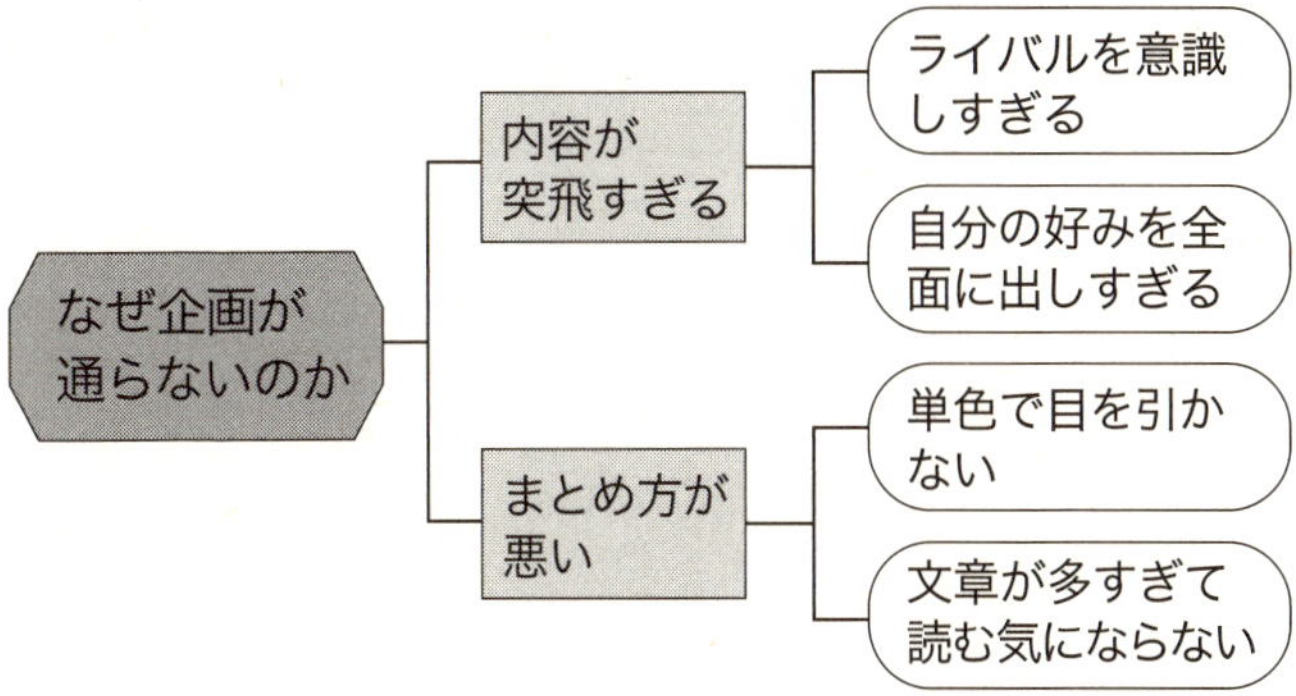

◆Howツリー（課題解決）

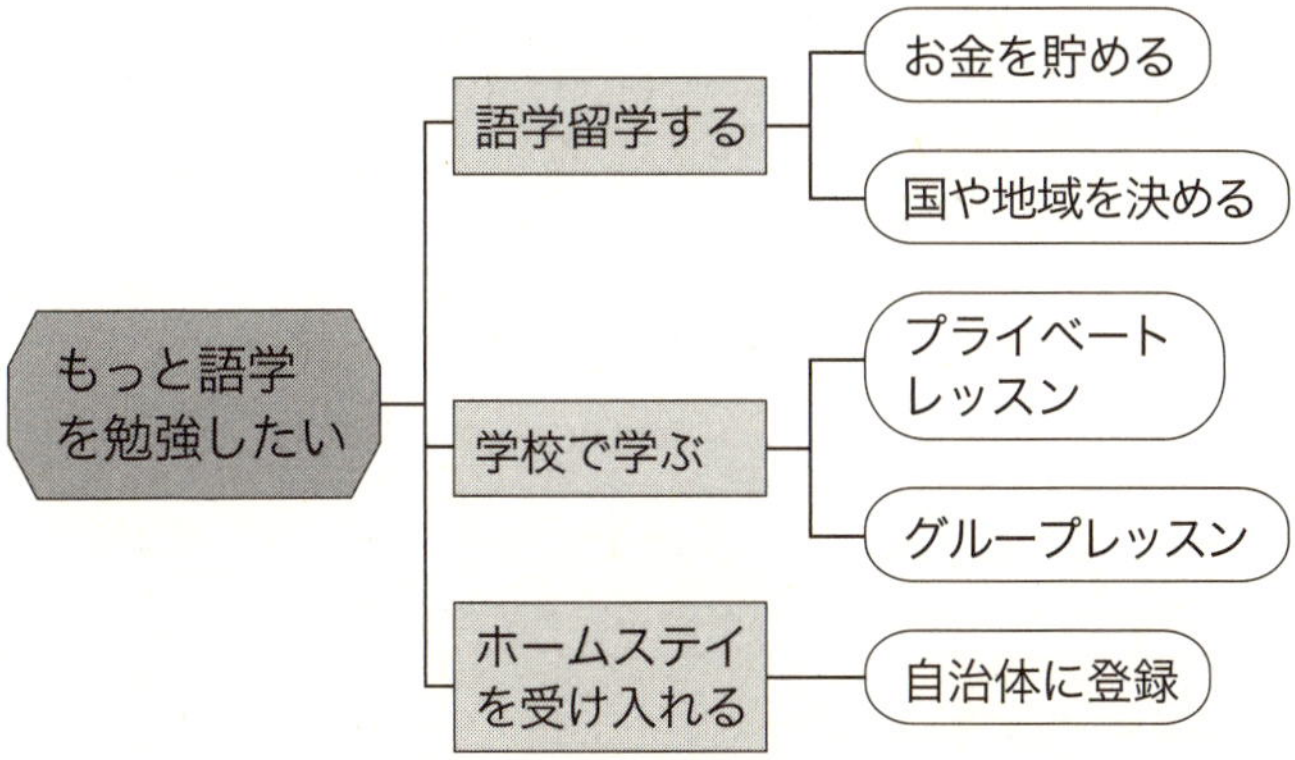

「誰に」「何を」「どうやって」伝えるかを見誤ってはいけない

自分の考えをいくら熱心に相手に働きかけたとしても必ずしもそれが相手に伝わるとは限らない。そんな時は、つい相手の理解力不足に原因を押しつけがちだが、たいていの場合は発信する側に問題がある。簡単にいえば「伝え方が悪い」のだ。このような事態に陥らないために、フレームワーク（思考の枠組み）を用いてみよう。

フレームワークの要素となるのは「誰に（オーディエンス）」「何を（コンテンツ）」「どうやって（チャネル）」の3つだ。しかも、この3要素をさまざまなパターンでいくつも組み合わせて考えておくと、相手により理解してもらえるのである。

たとえば、会社説明会を想定したとしよう。「誰に」は求職者となるが、そこでは新卒、中途、文系、理系など、さまざまなオーディエンスを設定する。

「何を」は沿革から給与体系までさまざまなエッセンスが考えられる。「誰が」「何を」知りたいかを的確に想定できるかが重要だ。

効果的なアプローチのために下準備をする

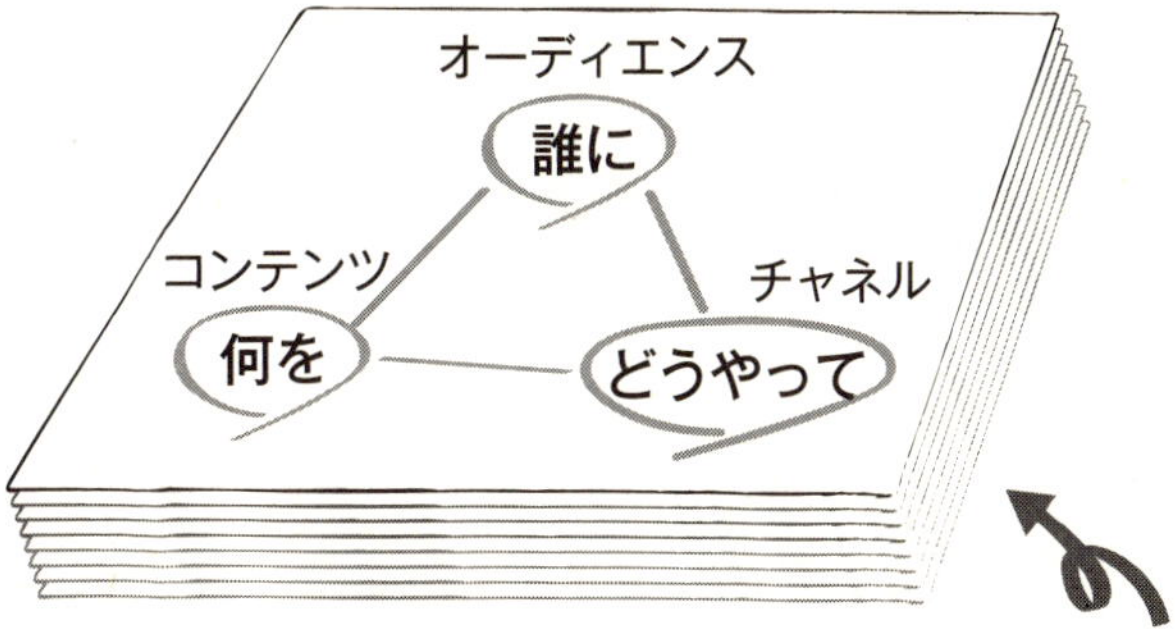

あらゆる「3つの組み合わせ」をつくることによって、より多くのオーディエンスを動かすことができる

そして、それを「どうやって」伝えるかがポイントになるが、これは情報の伝達経路を意味する。

全員に対していっせいに説明するのか、まずはグループに分けるのか、それとも動画あるいはパンフレットでの説明やアンケートを実施するといった、具体的なツールについても考える必要がある。

これらを前もってきちんと準備してこそ、自分の伝えたいことがきちんと相手に伝わるのだ。

特にプレゼンなど不特定多数とのコミュニケーション構築には必須なのでぜひ押さえておきたいものである。

「視点置き換え法」でトラブルは未然に防げる！

何をやっても自分の思い通りにならないことがある。そんな時は、まず相手の立場に立って物事を考えてみることだ。

自分のことだけを考えず、相手の立場に自分を置き換えることで、それまで見えなかったものが見えてくる。

仕事上のトラブルの多くもまた、同じように立場の「置き換え」で切り抜けることができる。しかも、新たなヒントが見えてくる場合もある。

たとえば、自分は絶対にうまくいくと信じているやり方に対して上司がどうしても「イエス」と言わない。そんな時は上司の立場に自分を置き換えてみるのだ。

すると、ほかの社員の動きとの兼ね合いを見ている上司の視点に気づいたり、会社全体の今後の展開を予測していることに気づいたりする。それまでの部下としての自分にはなかったモノの見方を知ることで、自分の考え方を再調整するのである。そうすれば、上司に納得してもらえる新たな発想が生まれるはずだ。

あるいは、自分の出したアイデアが別の部署からあまり評価してもらえず、うまく協力が得られないことがある。そのような場合にも、その部署の立場になってあらためてアイデアを見直してみるといい。

同じ仕事であっても部署が違えば、発想も異なる。たとえば、営業部では「うまくいく」ようなアイデアでも、マーケティング関連の部署からは「そう簡単にうまくいくはずはない」と反対されたりする。

おそらくそこには、「マーケティングのプロ」としての経験や考え、事実に基づく根拠があるはずだ。

立場を置き換えて、相手だったらどう行動するかをシミュレーションすることが重要だ。そうすることで新しい視点や発想の発見があるのである。

また、相手の置かれている立場を理解することにより、不要な衝突を避けることもできる。互いが率直な気持ちで向き合えば、建設的な意見も出し合えるだろう。

周囲との関係をマイナスにするのではなく、たとえ衝突してもそれをプラスに転じさせて、より大きな可能性を生み出せる能力を身につけたいものだ。

未来から考えて今何をすべきかが見える「タイムマシン法」の極意

どんなに頑張っていても、なかなか成果が出ないことは多い。だが、ムダな努力を続けても意味がないといってあきらめてしまう前に、「タイムマシン法」を試してほしい。

これは、未来の「なりたい自分」や「変革後の姿」を具体的に描いて、そこまでの工程を逆算して今やるべきことを洗い出していく方法だ。

まず、紙とペンを用意して具体的に時間の枠組みの表を作ってみよう。目標を達成したい時期が4年後としたら2年後、1年後、半年後というように、現在に向かった枠を設定していく。それぞれの枠の中に、その時に達成していたい状況を書き込んでいくのだ。

ここで常に意識したいのは、ひとつの枠を実現するためには、その前の枠の時期には何を実現すべきか、ということだ。

未来から現在に近づいていくと、徐々に問題点も浮き彫りになってくる。すると、やるべきことが明確になり、努力する方向性も定まってくるだろう。

未来の姿を計画する

＜4年後の姿＞

業界ナンバーワン
ブランドに成長

→

＜2年後の姿＞

高収益事業に
成長

営業強化で一般の
認知度をさらに高
める

→

＜1年後の姿＞

赤字体質から
脱却

試供品モニターに
よるデータ集めや
販売ルートの確定

→

＜半年後の姿＞

経営のムダの
洗い出し、
切り離し完了

新プロジェクト
始動

不測の事態を想定してリスクを管理する「コンテクスト・マップ」

どんな仕事もさまざまな外部環境とつながっている。たとえば土木建設業であれば、政府の方針やオリンピックなど国を挙げてのイベントなどに仕事量が左右されるし、各国の情勢や為替の変動などは資材の調達コストに影響する。

また、流通業や製造業なども海外情勢や為替などとつながっているだけでなく、世界の気象情報や生活事情などを知っておく必要がある。

しかも、ビジネスを取り巻く環境は目まぐるしく変化し、いったい何と何が、どんなふうにつながっているのか、頭の中が混乱することもしばしばだろう。

そこで重要になってくるのが、仕事を取り巻くさまざまなコンテクスト（文脈）を把握しておくことだ。

仕事の文脈を把握するというのは、仕事とその外部環境とのつながりを理解するということだ。たとえば歴史を事件だけでなく、前後関係も含めて知ろうとするのに似ている。

仕事を中心に外部環境をマッピングする

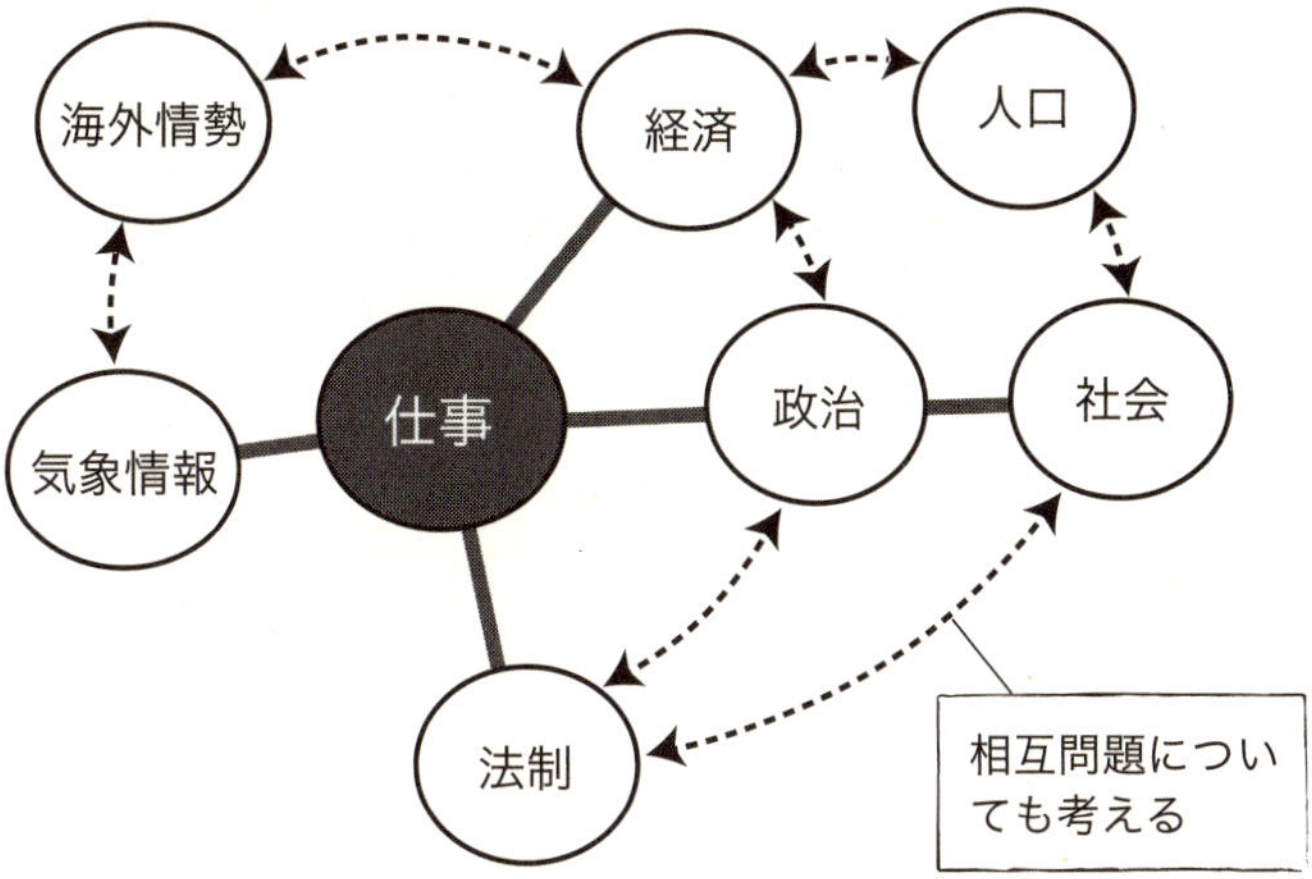

自分が携わっている仕事と外部要因を文脈でとらえ、不測の事態が起こる可能性を把握しておくことでリスクに対応する鋭い感覚を身につけることができるのだ。

そうして仕事に関連するあらゆる外部環境を洗い出したら、マッピングして情報をまとめてみたい。こうすることで、それぞれの要因がどのように相互に関連しているかについても分析することができるのだ。

なかでも大切なのは、この文脈をメンバー全員で共通認識として共有することだ。

これによって、不測の事態が起きた時にもメンバーそれぞれが迅速に適切な対応ができるうえ、リスクを最小限に抑えることが可能なのだ。

マクロからミクロへ……全体を把握して個別に検討する

よくマト外れな議論や作業をする人がいるが、このタイプは物事をマクロの視点で見れないことがある。そこで新しい仕事に取りかかる前や、議論を始める前にやっておくといいのが、マクロの視点で全体像を把握するということだ。

最初にマクロで物事を俯瞰し、どのような問題がどれだけあるのかを把握しておけば全体的な問題が見えてくる。そのあとでピックアップした個別の問題についてミクロの視点で検討していけば、どの問題が優先順位が高いかもわかってくるし、どの問題とどの問題がリンクしているかもわかっているから物事を進めやすいのである。

しかし、全体を把握せずに個別の問題にばかりとらわれていると、それほど重要でない問題に時間や手間を取られてしまうことになる。たとえば、Aの問題について大きな時間を割いて議論したのに、じつはBの問題のほうが重大で、Bの問題さえ解決すればAの問題は自然と解消する、というムダが生じることだってあるのだ。

マト外れな議論を防ぐ

①まず森(マクロ)を俯瞰する

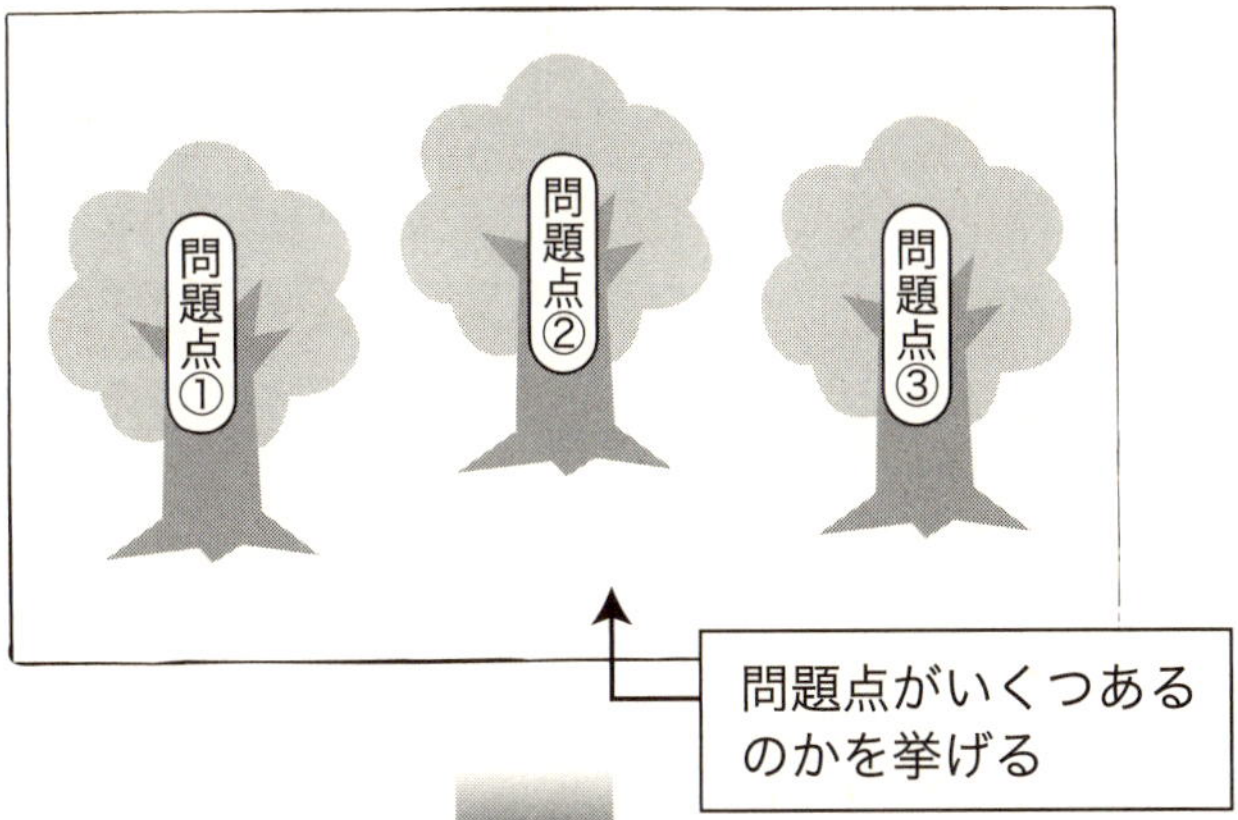
問題点①
問題点②
問題点③
問題点がいくつある
のかを挙げる

②次に木(ミクロ)について考える

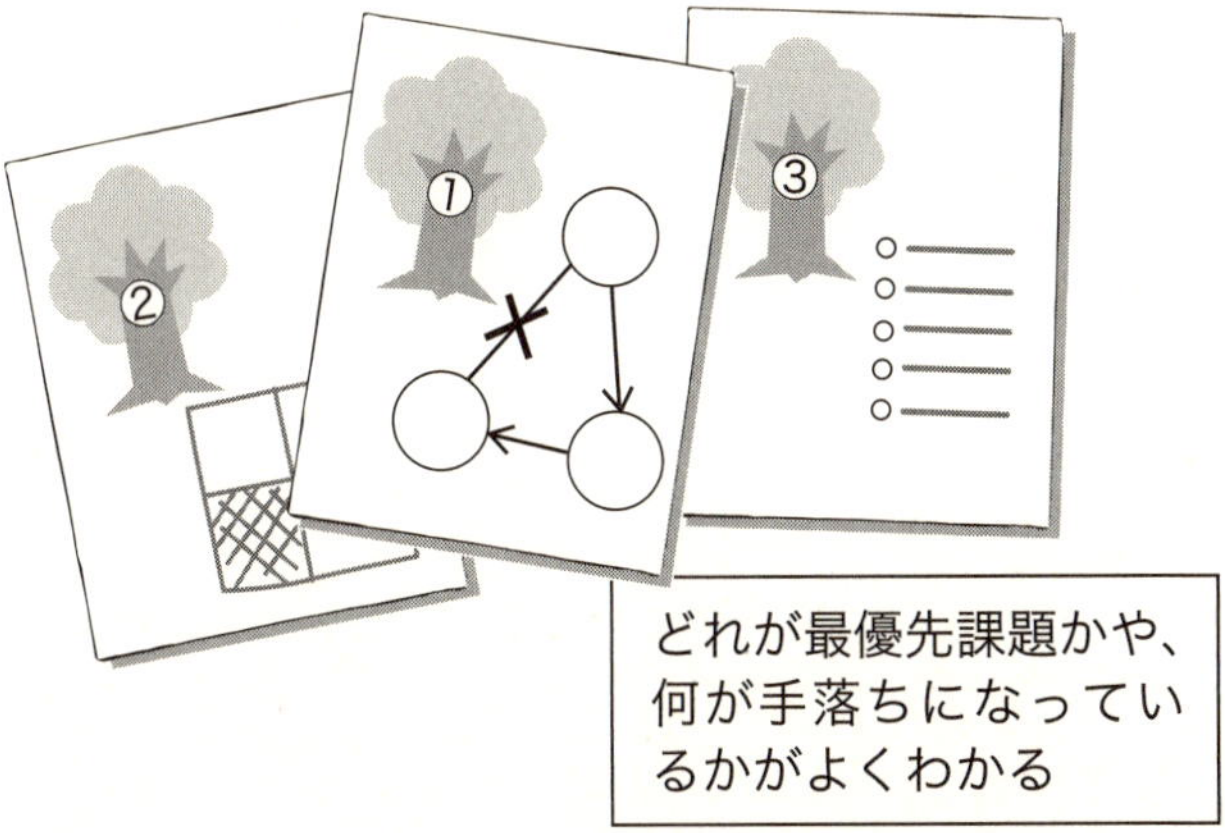
②
①
③
どれが最優先課題かや、
何が手落ちになってい
るかがよくわかる

まずは問題の〝当たり〟をつける「仮説アプローチ」とは？

ある課題を前にして「さあなんとかしろ」と言われたら、それはもはや雲をつかむような話でどこから手をつけていいかわからなくなることがある。

そんな時は、最初にいくつかの「仮説」を立てて、ひとつずつデータの裏づけをとっていくといい。

たとえば、自社のウェブサイトへのアクセス数が少ないという「課題」の解決を命じられたとしよう。

そのときに、もし、いきなり数字と向き合おうとするなら、そのやり方では結果的に遠回りになる。ここで最初に行うべきは仮説を立てることである。

現状を客観的に眺めてみれば、いくつか思い当たるフシはあるはずだ。若い人にウケが悪いのかもしれないし、あるいはサービスがターゲットに合っていないのかもしれない…というように、アクセス数が伸びない理由が次々と思い浮かぶだろう。

まずは考えられる限りの「もしかしたら」を洗い出し、それらをリスト化してみる。そして、思いつく限りの仮説を立てたら次に行うのは「検証」である。

この検証に役立つのが、課題の中に潜んでいる数字だ。たとえば、どの時間帯ならアクセス数が増えるのか、逆にどんな時にアクセス数が落ち込むのか…などは、今あるデータで数字の傾向がつかめるはずだ。

もしも、昼間のアクセス数が多いのに夜が伸びないのであれば「若い人にはウケが悪い」という仮説もあながち見当外れではないことになる。

また、「アクセス数のわりには利益が出ない」のであれば、「サービスの中身がターゲットに合っていない」という仮説も成り立つだろう。

だが、最終的にどの仮説も数字で裏づけできなければ、さらなる「もしかしたら」を掘り起こして新たな仮説を立てる必要がある。こうして仮説を積み重ねていくのだ。

大きな課題の解決には、地道な積み重ねが最善策になる。そうして仮説の裏づけがきっちりとれて、問題点を浮かび上がらせた時点でその分析は成功したといえるのである。

「ビフォア」「アフター」ではじめてわかる問題のカラクリ

問題解決のプランを提出する場合、どうすれば相手に訴えるものになるだろうか。

やり方は様々あるだろうが、あなたのプランを実行する前と後の違いが一目瞭然になるようにする、というのは効果的なテクニックの一つだ。

どこがどう良くなるのか、Before/Afterとか、提案前／提案後といった図版は、多くの言葉で説明するよりも的確に事実を語ってくれるはずだ。

これらの図は「プロセス図解」の一種で、手順やプロセスなどを示している。

たとえば、現状を改善したいというテーマがあった場合、いきなり改善策を提出しても現状を理解していない読み手は戸惑ってしまう。そこで、現状がどうなっているのか、どこに問題点があるのかなどをBeforeの図版で示すのである。

それを明確にしたうえで、どんな改善をしていきたいのか、改善した結果がどう変わるのかといった具体的な内容をAfterの図で説明するわけだ。

時にはBefore/Afterという2つだけではなく、途中に何段階かのステップが入っているパターンもあるが、ただステップが増えても何がどのように変わるのかを示すという意図は変わらない。

プロセス図解のメリットは、段階を追って比較することでその違いが明確になり、何を提案したいかというコンセプトがはっきりと伝えられる点にある。

もっとも、Before/Afterの変化を伝えたいからといって、何でもかんでもひとつの図版に詰め込もうとすると、かえってゴチャゴチャになってわかりにくくなってしまう恐れがある。

BeforeとAfterに関してはシンプルに提示することで、誰もがより理解しやすいものになるのだ。

現状とあるべき姿から問題点を発見する

どうしても解決案が浮かんでこない。頭を抱えて困っている問題があるのに、何をどう改善したらいいのかさっぱりわからないことがある。そういう時に活用してほしいのが「ギャップ分析」である。

これは、前項のバリエーションであるが、現状（Asis）とあるべき姿（Tobe）の差異、つまりギャップを明確にすることで目の前の問題を解決していく手法のことである。

たとえば、自分ではできる限りの努力をしているはずなのに売上げがなかなか伸びないとしたら、本当にやれるだけのことをしているのか、現状を正しく把握することから始めるのだ。

現在の売上げが毎月約１００万円、自分が担当しているおもな取引先が3社、売上げの内訳が製品Aが5割、製品Bが3割、そして製品Cが1割、その他が1割…などと、データや状況をできるだけ具体的に明らかにしていくのである。

そのうえで、あるべき姿、つまり目標をはっきりさせるのだ。

ただ漠然と売上げアップをめざすのではなく、たとえば毎月の売上げ目標を150万円、おもな取引先を5社に増やすなどと、より具体的なデータをつくって自分なりの〝理想〟を描いていくのである。

こうして現状とあるべき姿を比較することで、そこに現れたギャップが明確になる。このギャップを埋めて理想の状態に近づけていくことが問題解決につながるわけだ。

あとは、そのためのアクションをどう起こせばいいかを考えていけばいい。

現状では売上げの1割しか占めない製品Cだが、高価格の製品だから新規開拓によって取引先にもっと積極的に売り込んでみようなどと、ギャップ分析による効果的な改善策や修正点などが見えてくるはずである。

むやみに問題を解決しようとして焦っても、いったいどこに問題があるのかわからないこともある。まずは現実と理想のギャップを洗い出し、どうすれば理想に近づくことができるかを考えてみるといいだろう。

「40の発明原則」で考える問題解決の黄金律

問題や壁にぶち当たるとただやみくもに取り組む人がいるが、そんな人に参考にしてほしいのが、「TRIZ（トゥリーズ）法」だ。旧ソヴィエト連邦海軍の特許審査官だったアルトシュラー氏が膨大な特許の分析をもとに発見した。

TRIZ法では、発明のプロセスには一連のパターンがあるとして、それを「40の発明原則」にまとめている。

たとえば、今抱えている課題を一般的な問題として定義し直して、それから40の発明原則のどれかが、その課題に適用できないか考えてみるのだ。

課題を細かく分けてみたら、あるいは組み合わせてみたら、それとも大雑把にしてみては…などと当てはめながら検討していけばいい。

こうすることで、むやみに試行錯誤することなく、科学的な手順を踏んで問題を思考できるようになる。より効率的に解決への道筋を探ることができるだろう。

40の発明原理リストに課題を当てはめてみる

①分けたら？
②離したら？
③一部を変えたら？
④バランスを崩したら？
⑤組み合わせたら？
⑥ほかにも使えるようにしたら？
⑦入れ子にしたら？
⑧バランスをよくしたら？
⑨反動をつけたら？
⑩先に予測したら？
⑪大事なところを保護したら？
⑫同じ高さを利用したら？
⑬逆にしたら？
⑭回転させたら？
⑮環境に合わせて変えてみたら？
⑯大ざっぱにしたら？
⑰垂直方向を使ったら？
⑱振動を与えたら？
⑲繰り返したら？
⑳続けてみたら？

㉑高速にしたら？
㉒マイナス面をプラスにしたら？
㉓基準値に戻したら？
㉔仲介したら？
㉕自分でできるようにしたら？
㉖コピーしたら？
㉗安かろう悪かろうにすれば？
㉘別のシステムでやってみたら？
㉙流体にしてみたら？
㉚薄い膜を使ってみたら？
㉛スキマを利用したら？
㉜色を変えたら？
㉝品質を均一にしたら？
㉞排除もしくは再生したら？
㉟形や条件を変えたら？
㊱形状を変更したら？
㊲熱でふくらませてみたら？
㊳濃くしたら？
㊴反応しないものを入れてみたら？
㊵異質なものと合わせてみたら？

「欠点」「希望点」から改善策を見出す方法

たとえば、自社のコールセンターの対応を見直そうとなった場合、いったいどのような方法で解決策を見出していくのが有効だろうか。そんな時に参考にしたいのが、アメリカのGE社の子会社が考案した「欠点列挙法」と「希望点列挙法」である。これは、改善したいテーマの欠点と理想を参加者でことごとく洗い出していくことから始める。

たとえば、欠点列挙法なら「電話がつながりにくい」「他の部署との連携がとれていない」など、徹底的に欠点を挙げていく。さらに、その中から重要な欠点を絞り込み、ブレーンストーミングでどうすれば改善できるかの具体的なアイデアを出し合っていくのである。

一方の希望点列挙法は、これとは反対の発想で、問題について「こうであればいい」という希望や理想を列挙していく。「迅速丁寧な対応」や「きめ細やかなサービス」などの理想を挙げてから、重要なポイントを絞り込み、具体的にどのように実現していけばいいかを話し合えばいいのである。

より実践的なアイデアを出すためのブレスト

欠点列挙法

1回目…会社や事業の悪い面だけをピックアップする

2回目…悪い面を改善するためのアイデアを出す

希望点列挙法

1回目…会社や事業のいい面や理想だけをピックアップする

2回目…いい面をさらに高め、実現できるアイデアを出す

Step2

「もう無理！」という前の

最後の抜け道の探し方

プレゼンでのプレッシャーを取り除く「視線」の動かし方

人の前に出るとつい舞い上がってしまい、顔が赤くなり、頭の中が真っ白になって何もできなくなってしまうアガリ症の人がいる。

こういう人は、たとえばプレゼンや会議で発言をしようと思ってもなかなかうまくいかない。なかには、自分がプレゼンをすることが決まった時からすでに動悸がする人さえいるだろう。

しかし、仕事となればアガリ症だからとばかりもいっていられない。アガリ症が原因でミスをして、それ以後重要なチャンスがめぐってこないということもあり得る。何とかして克服したいものだ。

では、どうすればいいのかというと、ともかく、人の前に出る経験を重ねることである。といっても、いきなり大勢の前に出てひとりでプレゼンをしろといわれても無理である。少しずつ小さな経験を重ねて、少しずつでもいいから慣れていく、これこそが唯一にして確実な方法だ。

たとえば、会議室など人が大勢集まる場所では、特に用はなくても前のほうに座って多くの人の視線を浴びるようにする。アガリ症の人は、それだけでも他人の目が気になってしまうものだが、こういう経験に慣れるだけでもかなり違ってくる。

さらに、ほかの人がプレゼンをしている時に上司などに協力してもらい、メモでも資料でも何でもいいので、わざと壇上に届けなければならない状況をつくる。これもけっこうプレッシャーになるはずだが、しかしいい訓練になる。

そのうち、プレゼンをしている人の助手として同じ壇上に立ち、何もしなくていいから大勢の視線を浴びるようにするといい。

そして、それに動揺しなくなったら、今度は壇上から出席者一人ひとりの顔を見るようにする。「今日はどんな人が来ているか、しっかり見ておこう」と自分に課題を課すことで、何とかひとりずつ顔を見ていこうとするはずだ。

そうやって相手の人となりが見えてくると、少しずつ落ち着いてくるものである。相手がどんな人間かをきちんと把握する、これは緊張しないためにとても重要なことなのだ。

どうしても行動できない時に効く「ネガティブイメージ法」

長い人生、何の不安もなく一生を終える人などまずいない。それどころか、ビジネスマンの日常は大小の違いこそあれ、仕事がうまくいかなくてイライラしたり、トラブルやハプニングが起こったりして悩みのタネは尽きないものだ。

だが、こういう場合の対応が、そのまま社会人としての評価につながりやすいのも事実だ。スランプに陥った時でも、とりあえず行動に移せる人や、何かトラブルを抱えた時に速やかに対処ができる人と、悩んだり、ただおろおろするばかりで何も解決できない人とでは雲泥の差がある。

ここで勘違いしてはいけないのは、後者はけっして無能というわけではないということ。やっぱり自分は後者だと思っても落ち込む必要はないが、欠けている部分には気づくべきだろう。それは「行動力」だ。このままではいけないと頭の中では理解していてもどういうわけか積極的に行動できず、何事も後手にまわってしまうのである。

そんな人は、よくある手だが紙に書き出してみるといい。

ここでいったい何を書くのかというと、とにかく「やらなければどうなるのか？」を片っ端から書いていくのである。

「今月のノルマが達成できない」「始末書を書かされる」「減給になる」「バレないかもしれないが、次に○○さんに会ったら顔を合わせにくい」「左遷になるかもしれない」など、こうなったら困るということを、あらゆるケースを想定してどんどん文字に表してみるのだ。

そのうち、それが具体的なイメージとなって「最悪の事態は免れたい」という自衛本能が生まれてくる。それは、そのまま自発的な「行動力」へと転換されるのである。

行動力の足りない人に必要なのは、あと一歩を踏み出す力、ほんのちょっとだけ背中を押してくれる人だ。それを、ネガティブなイメージを列挙することでまかなおうというのである。

一見、後ろ向きなやり方とも思えるが、何もしないで手をこまねいているよりはよほどいい。考えていることを改めて文字にすることは、自分への〝気づき〟にもなるのでぜひおすすめしたい。

「フリーランスイメージ法」で積極性がグングン増す

自分は消極的すぎる、と悩んでいる人は少なくないだろう。

消極的だとどこにいても目立たないし、なかなか重要な仕事を任されるチャンスもめぐってこない。そのために存在感が薄くなり、ますます引っ込み思案に思われて、その結果さらに消極的になってしまうという悪循環に見舞われる。

何とかして積極性と行動力を身につけたいと考えているのであれば、「自営業」あるいは「フリーランス」の考え方をしてみるのもひとつの方法だ。

自分の店を構えて自営する人や、どこにも所属せずにフリーランスで仕事をしている人は、どんなことでも自分で考え、計画し、行動しなければならない。

そして間違いなく成果を出さなければ「次」の仕事につながっていかない厳しさがある。人脈を広げるにも自分の才覚にかかっているし、時間や経費の管理もすべて自分の責任でこなさなければならない。ようするに「自分は消極的だから」などといってられないのである。

だからこそ、自分をそんな立場に置き換えてみるのだ。

たとえば、目の前にひとつの案件があるとしよう。消極的な人は、その仕事を達成するためにはどんな準備をして、誰に会って、どんな根回しをして、どんな行動をとるべきかなどを上司から指示されるのを待っている気持ちがあるはずだ。

そこで、「もしも自分が自営業やフリーランスだったとしたらどうするか」を考えてみてほしい。誰も指示は出してくれないから、すべて自分で考えなければならないだろう。

仕事の中身をよくとらえ、まず最初に何をすべきか。そして目的を達成して、仕事の成果を出すためにどんな行動をすべきかを自分で考えるのだ。

頭の中から「待つ」という姿勢を追い出し、上から指示をされる前に自分から動き出すように心がける。まさに自営業やフリーランスの人たちの考え方である。

そのうち「あいつは、全部任せておいてもきちんと結果を出してくれる」と信頼されるようになれば、より大きく、より重要な仕事も任せてもらえるようになる。そうなれば、仕事そのものがますます面白くなり、もう自分は消極的だなどとはいっていられないはずだ。

やらなきゃいけないことが多すぎるときは「小分け法」が○

初めての場所を訪れた時、行きはあんなに遠く感じたのに、帰りは同じ道とは思えぬほど早く感じられてびっくりしたという経験はないだろうか。あるいは、やっと迎えた週末に自宅にいると、洗濯や掃除など家事が山積みになっている。これでは日が暮れるまではとても終わらないと思って、やる気が失せてしまった経験はないだろうか。

このふたつに共通するのは、人間は終わりの見えないものに対しては、大きなプレッシャーを感じるということだ。

たとえば前者の例だと、行きの道は「まだだろうか、迷っていないだろうか」と不安になりながら歩くが、帰りは「ああ、この交差点を過ぎれば駅が見える」など、ゴールが読めるために足どりも軽くなる。後者の場合も「今から洗濯をして布団を干して掃除機をかけて…と、とてもトイレ掃除まではとても手が回らない!」と、自分がやらねばならないことを頭で考えただけで疲れてしまい、力が抜けてしまうのだ。

この現象は職場でも起こりやすい。そこで、まったく終わりが見えないような仕事を任された場合に、やる気を起こさせる方法を覚えておこう。それはやることの全体像をざっと把握し、〝小分け〟にするのである。

たとえば仕事全体を１００とするなら、まずそれを5〜10ずつくらいに細かく整理してみるのだ。その基準は「期限」「作業内容」「関係する部署」など、優先順位と業務の種類で分けるといい。

最初はとても登れないと思うような大きな山でも、細かくクリアポイントが設定されていれば、「なんだ、登れるんじゃないか」と思えてくる。つまり、小分け作業は小さな達成感を何度も味わいながら、最終的な目標にたどり着くことができる方法なのである。

心理学の世界には「目標勾配仮説」という言葉があるが、これは「目標達成が近づくと、しだいにその価値を高めるようになり、是が非でも達成しようとする」という深層心理を説明したものだ。

これに当てはめれば、たとえ最初は目標の勾配や高さに臆しても、いざ目標が見えてくれば、その努力はとてつもない価値を持つはず。終わりの見えない仕事上の案件は、自分で工夫してゴールにたどり着けるようにすることが大切なのである。

ネガティブ思考を断ち切る3つの思考プロセス

仕事でもプライベートでもそうだが、少しつまずいただけで「やっぱり自分はダメな人間なんだ」とネガティブになる人は少なくない。こんな時、じつはちょっとした思考の転換だけで切り抜けられることがある。ヒントにしたいのは、アメリカの心理学者アルバート・エリスが提唱したことで知られる「ＡＢＣ理論」だ。

この理論は、出来事（Ａ）は思考（Ｂ）によって解釈され、それによって感情や行動といった結果（Ｃ）がもたらされるということを示したものだ。

重要なのはＢの思考の部分で、これは本人の思い込みによることも多い。そこで、自分の思考に反論（Ｄ）してみることで、よりよい結果（Ｅ）が導かれるというわけだ。

当然、（Ｄ）にバリエーションがあればあるほど（Ｅ）の結果も増え、さらなる可能性が広がっていく。これさえ覚えておけば、不必要な思い込みに振り回されることもなくなり、反論することでよりよい結果が導かれることもあるのだ。

ネガティブな考えに反論する

A ctivating Event　（出来事）

一生懸命がんばったのに評価されなかった

↓

B elief（考え）

自分にはこの仕事は向いていないのでは…

↓

C onsequence（結果）

仕事を辞めてしまう ＝ キャリアが途絶える

D espite（反論）

どんな成功者もはじめは失敗している！

↓

E ffective New Belief

次はやり方を変えてみよう！ ＝ 経験が積み重なる

ゼロの地点で考えて、ベクトルを未来に向ける

過去にあげた実績や仕事の進め方にあまりにも固執しすぎると、柔軟な発想ができなくなる。

企画もマンネリになり、新しい展開も生まれないといった、いわゆるこう着状態に陥ってしまったことはないだろうか。

そこで、新しいことを始めようとする時に意識したいのが、ゼロから考えを組み立てる思考である。ゼロからということは、過去の実績を捨てて将来のあるべき姿を見据えたうえで、原点に戻らなければならない。

「今までの実績でいえば…」とか「前例は…」という過去に固執する発想はタブーである。むしろ、これまでよしとしてきた常識や成功体験に基づくやり方を一度疑ってみるのだ。

「実現したいこと」や「なりたい自分の姿」を設定したら、自由な発想で実現までのプロセスを模索する。思考のベクトルは過去ではなく未来に向けておくのである。

ゼロから考えるとは？

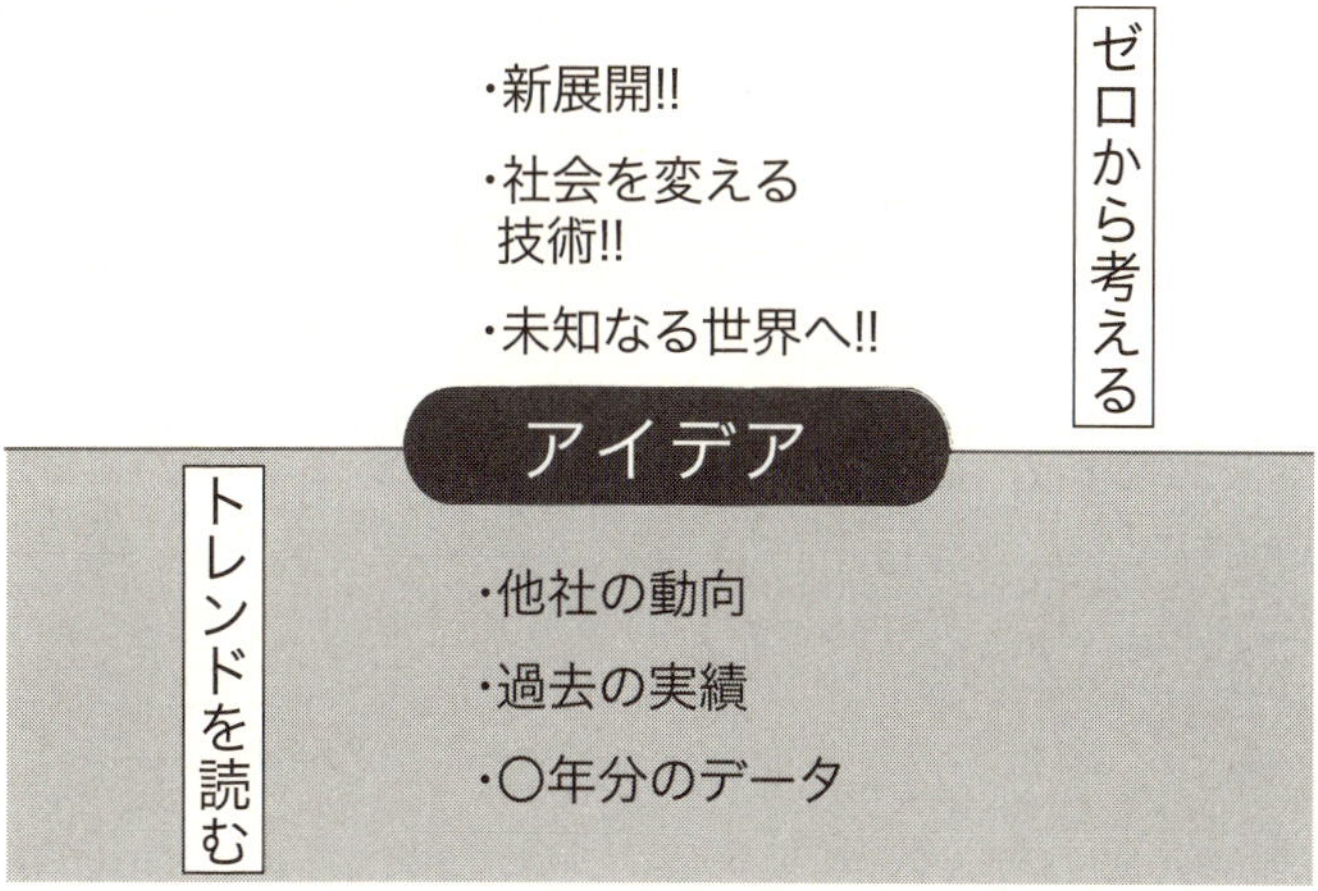

そして一見、実現不可能に思える案が出たとしても、「そのアイデア、面白そう」とか「新しい！」という視点で検討を進めていきたい。

すると、失敗を恐れて前例にこだわっている時には気づかなかったことが見えてくるはずである。

物事が行き詰まった時や、新しい風を入れたい時は、過去にとらわれた思考ではなかなか解決策は浮かばないことが多い。

従来の発想から抜け出してまっさらな状態から思考していくと、思いもよらない新機軸を打ち出せるかもしれないのだ。

最適な改善策を見つけるための4つの思考プロセス

一見、順調に進んでいるように見えて、どこかに問題点があって作業がスムーズに進まないというトラブルはよくあるものだ。こういう時は、事態を打開するための対策が必要だが、最適な改善策を導き出すためのプロセスがわからないという人も多いだろう。

そこで、実践してほしいのが「ECRSの原則」と呼ばれる仕事を改善するための考え方だ。E＝排除（Eliminate）、C＝統合（Combine）、R＝交換（Rearrange）、S＝簡素化（Simplify）を表していて、E→C→R→Sの順序で検討し、改善を試みるのだ。

たとえば、作業効率が悪いのなら、やらなくてもいいような無駄な作業がないか考えてみる。排除できる作業がなければ、統合できるものがないか検討してみるのだ。

似たようなデータを集計していたりすれば、統合することで効率化できないかを考えてみるのである。次に、作業の順序を入れ替えるなどして効率化を図り、それでもうまくいかなければもっとシンプルなやり方でできないかを検討してみるといい。

最適な改善案に導く手順

Eliminate

やめる、断る、取り除く

・撤廃してはどうか
・放棄してはどうか
・受注しないのはどうか

↓

Combine

組み合わせる
統合する

・部署を統合してはどうか
・店舗を1つにしてはどうか
・A案とB案の折衷案はどうか

↓

Rearrange

取り替える
置き換える

・人員(商品)の配置を変えてはどうか
・向きを変えたらどうか

↓

Simplify

簡素にする

・マニュアル化できないか
・ムダをカットできないか
・ワンステップで完了できないか

効率が10倍UPする仕事分類テクニック

口を開けば「忙しい。時間が足りない」とグチる人がいるが、では、いったいどんな仕事が、どう忙しいのか考えたことはあるだろうか。

ひとくちに仕事といっても、頑張り方しだいですぐ終わるもの、査定には関係ないがマスト（絶対しなければならないこと）であるもの、突然飛び込んできたトラブル処理など、その性質はさまざまだ。効率を上げようと思ったら、時間の使い方を見直すだけでなく「業務の種類を分ける」という作業も案外大事である。

業務の種類は大きく「ルーチンワーク」と、それ以外の「イレギュラー」に分けられる。つまり、ほかの人と共同で行うのか、自分ひとりでできるか、ということである。

ルーチンは、入力作業や見積書の作成、交通費や諸経費の精算、コピー機や文書の管理など、自分自身も含めて毎日誰かが必ず行わなければならない業務のことだ。

「ルーチンに追われて、イレギュラーの仕事がいっこうに手がつけられない」という苛立ちは、誰もが一度や二度は経験しているのではないだろうか。そうならないためにも、常に自分が抱えている業務をこの2つに大別するクセを身につけたい。

ルーチンワークに関しては、会社や部署ごとの慣習によって行われている場合がほとんどで、仮に非効率であっても意外と見直されないままでいることが多い。したがって問題アリと思う業務はすべて、これを機会に文書やフローチャートなどを利用してマニュアル化してしまうといい。

そうすれば、全員が同じ業務を効率のいいやり方でできるため、これまで以上に仕事を他の人に振りやすくなる。すると、メンバーとの業務分担にまつわるコミュニケーションが取りやすくなるばかりか、自分ひとりに関わる業務、すなわちイレギュラーに対応する時間が確保しやすくなるはずだ。

もちろん、面倒なルーチンを同僚や部下に押しつけてばかりいるようでは困るが、ある程度〝振り上手〟になることは、できるビジネスマンの条件でもある。特に忙しい時ほど、いったん手を止めて分類してみるといい。もしかしたら、なかには必ずしも今やらなくていい業務も混ざっているかもしれないからだ。これは、業務の優先順位をつけるためにも好都合な作業だといえるだろう。

数字センスを磨けば、ひとつ上の問題解決力が身につく

「数字」を持ち出して相手を説得するなどというと、定量分析や関数などといった難解な数学が得意の理系の人間でなくては無理だと思い込んでいる人も多い。

だが、そんな専門的な知識ではなく、身近な数字センスをあなどってはいけない。生活の中の身近な数字を意識するための3つの習慣を実践するだけで問題解決力も身につくのだ。

まず、ひとつ目は「暗算」だ。たとえば、大型液晶テレビの値段が今よりもずっと高かったころは、「1インチ1万円」といわれていて、50インチなら50万円くらいしていた。だが、今では同じサイズでも十数万円で買うことができる。

ただ、それを見て「ずいぶん安くなったなあ」で終わらせてはいけない。1インチあたりは何円くらいになるのかを考えてみるのだ。答えは3000円ほどだが、このように目についた数字をとにかく暗算することで数字力を磨くのである。

そして、ふたつ目は「家計簿」だ。もし、毎日の細かな出費を管理するのが面倒なら月々の固定費を管理すればいい。

固定費とは、家賃や水道光熱費、通信費など収入の増減にかかわらず毎月必要になる出費のことだ。今まで口座から引き落とされるがままになっていたという人は、これらの金額をエクセルなどで管理して1年ごとにグラフ化してみるといい。

すると、前月や前年と比べて何がどれだけ増減したかがわかる。前年同月に比べて電気代が上がっていれば、電力会社の料金の値上げが影響しているということなどもリアルに感じることができる。数字を見て考えることで分析力が鍛えられるのである。

そして、3つ目は仕事上の数字に強くなるために、上場企業の業績情報が詰まった『会社四季報』などを読んでみることだ。

本来、株取引をしている人の〝愛読書〟だが、世界に名だたる有名企業が市場でどれくらい評価されているのかが数字を見るだけでわかるようになる。

「あの会社は大きいからすごい」などというような漠然としたイメージに左右されない判断力が身につくのだ。

これら3つの習慣で、数字のセンスとともに問題解決力も磨かれるはずだ。

「できる大人は聞かれた質問には数字で返す」の法則

仕事のことで意見を求められた時、いつもどのように受け答えしているだろうか。

たとえば、上司から「今度、成長期の小学生の足の健康を考えたスニーカーを作ろうという企画があるのだが、どうだろうか？」と水を向けられたとしよう。

そこで、「そうですね。小学生の親やおじいちゃん、おばあちゃんの世代では健康ブームは健在ですし、かわいいデザインにすればそこそこいけるのではないでしょうか」などと答えてはいないだろうか。

こんなふうに直感だけを述べているようなら、できる部下という評価をもらうのはかなり難しいだろう。それどころか、「使えないヤツ」というレッテルを貼られかねない。

そこで、こんな時こそモノをいうのが問題を把握する力だ。

最近は、健康を考えて多少高くてもいい靴を履きたいという大人が増えている。健康への意識が高い人は、自分の子供にも足に合ったいい靴を履かせたいと考えている可能性が高い。

このような状況や数値がわかっていれば、それをもとにしてこんなふうに答えることができる。

「全国の子供の数が約1000万人として、仮にそのうちの2割の子供の親が健康への意識が高いとします。そして、そのうちの1割が買ってくれるだけで販売実績はゆうに20万足に達します」

「それに、子供の足の成長は速いですから、履き心地が気に入れば何度もリピートして買い換えてもらえる可能性もあります。それには、デザインや色違いの商品も必要になってくるでしょう」

「さらに、足に合ったスニーカーは運動のパフォーマンスを高めますから、早く走れることなどをアピールすると子供の関心を呼ぶことにもなります」

このように現実的で具体的な売上げが見えるような提案ができるようになれば、説得力がまるで違ってくる。

自分が携わっている仕事に関連する数字は、広く浅く収集しておく。それが頼られる部下になる方法のひとつなのである。

「売り上げ○パーセントアップ！」の問題点を見抜く2つの思考法

会社の売上げ高や国の人口など、大きな数字を見ると何も考えずにそのまま受け入れてしまうことがある。疑いもせずに鵜呑みにすると、本当におさえておかなければいけない問題を見逃すことになる。そんな時に思い出してほしいのが、「フロー」と「ストック」という言葉だ。

フローは、ある一定期間の流れを示し、ストックはある時点での総数・貯蔵量を意味する。じつは、数千万、数億といった大きな数字にはたいていこの2つの概念が隠されているのだ。

たとえば、AさんとBさんの資産を見てみると、Aさんには1000万円、Bさんには500万円の貯金があったとしよう。これだけを見るとAさんのほうが経済的に倍のゆとりがありそうに思えるが、月々の給料はAさんが30万円で、Bさんが50万円だという。こうなると、どちらが経済的に豊かなのかおのずと見方は変わってくるはずだ。

フローなのか、ストックなのかを見極めるには

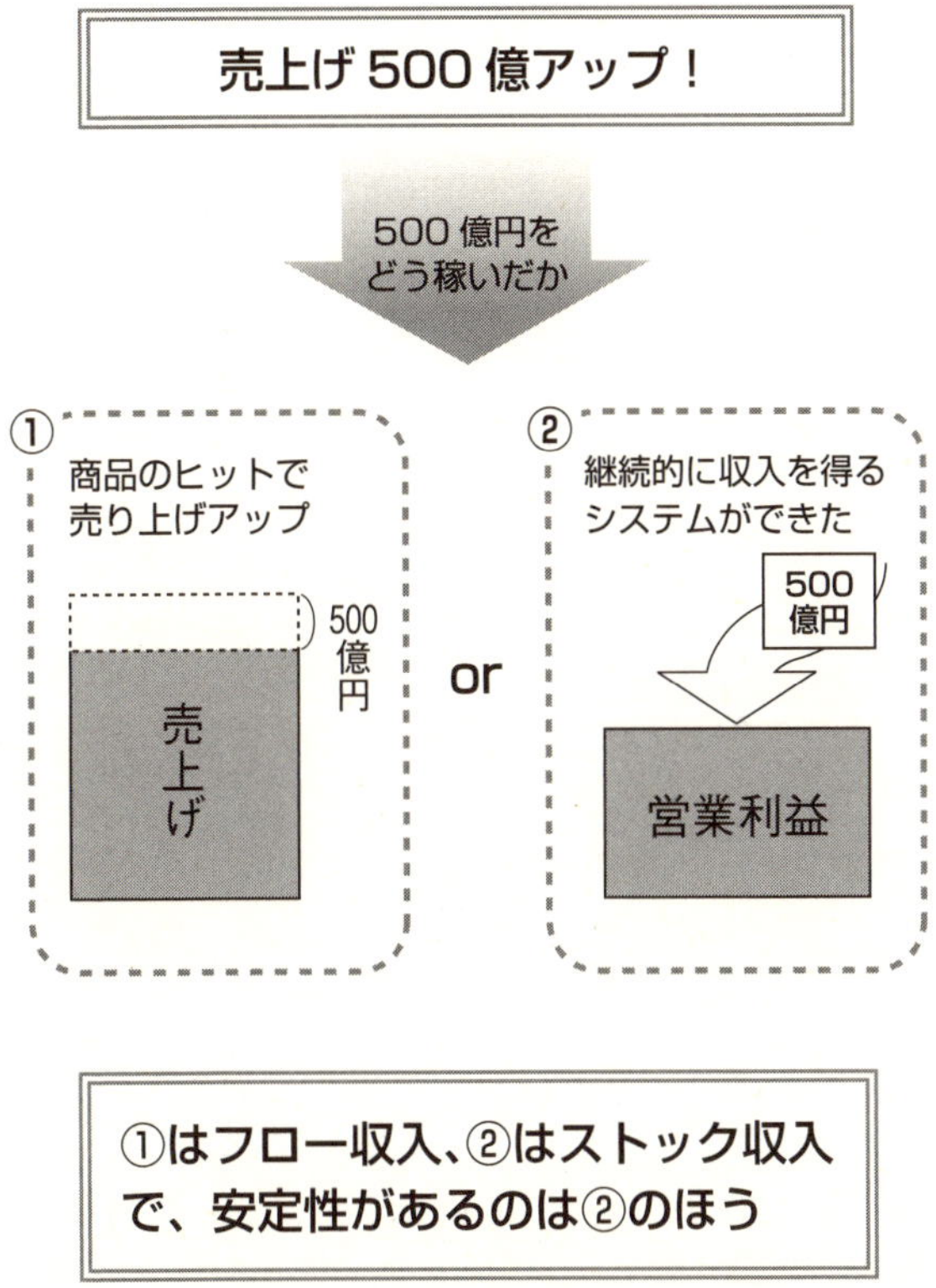

この場合、給料はフロー、貯金はストックにあてはめることができる。

つまり、この2人の経済状況はそこに隠されたフローとストックを読み取ることで初めてその実態を把握できるということなのだ。

これと同じで、仮に競合する企業の「売上げ1000億円アップ！」というニュースがあったとしても、まずは冷静にその数字のウラに隠されているフローとストックをイメージすることだ。

1000億円の中身が、たとえば分譲マンションの販売といったフロー収入がメインであれば、一時的には黒字に見えてもそれが安定するかどうかはわからない。今月は売れても、来月はまったく売れなくて赤字になるという可能性もある。

ところが、これが賃貸マンションの家賃のように継続的な収入であればストックとなり、ある程度安定した収入が見込めるだろう。

フロー中心で利益を上げている会社もあれば、ストック中心で利益を上げている会社もある。

どちらがいいかは一概にいえないが、前者であれば実態は1000億円という数字ほどのゆとりはないと推測できるのだ。

問題解決のために「数字に強い」と「数字が得意」の違いを知る

子供の頃から算数や数学、理科が苦手だったので数字を扱うのは苦手です、という人は少なくない。

たしかに、学生の頃につまずいた経験があると、ちょっと大きな数字を見るだけでアレルギー反応を起こしてしまいそうになるものだ。

だが、「数字」に強いことと「数字」に強いこととは根本的に違う。

たとえば、新聞を読んでいて「ハイブリッド車、累計販売台数１０００万台」という見出しが眼に飛び込んできたとしよう。

こんな時、「燃費がいいし、やっぱりハイブリッド車って売れてるんだ」と思うか、それとも「日本の自動車の登録台数って何台だったかな？　ハイブリッド車は全体の何割を占めているのかな」と考えるか。後者なら間違いなく数字に強い人である。

数字に強いということは、世の中で起きている物事の背景まで数字でとらえるということとだ。

つまり、ややこしい数学や理科の知識などなくても小学3、4年生程度の知識があれば十分だし、誰にでも世の中の現象を読み取ることができるのだ。

ただし、さまざまな用語の意味を最低限理解しておくことは必要だ。

たとえば、アメリカ経済の先行きを予測するのによく出てくる言葉に「住宅着工件数」というものがある。

これは、新しく家が建つとそれに伴って家具や家電製品も新しく購入する人が増える。このような関連商品の売上げも伸びることから、住宅がたくさん建てば景気も上向きになるということを示している。

だから、「米・住宅着工件数、2・7パーセント増」などという見出しが出ていたら、アメリカだけでなく日本の家電メーカーの今後の輸出額や販売額にも注目しておきたいところだ。

やたらと数学に強すぎて、さまざまな指数をチェックしてついあれこれ計算してしまうより、このくらいの感覚で数字とつき合ったほうが問題の本質が透けて見えるのである。

大事な数字を捨てることでアピール力を上げる方法

会社や店舗にはそれぞれ取り扱っている製品や商品がある。そして、そこで働いている人たちは、新しい商品やサービスを生み出すために日々仕事に取り組んでいる。

当然、彼らはふつうのユーザーなどに比べると格段に高い商品知識があり、専門的な情報にも詳しい。

だが、一般の消費者を説得しようとすると、そんな専門的な知識を持つプロだからこその落とし穴もある。それは、ふつうの客にとっては何の意味もないマニアックな数字を出して説得しようとしてしまうことだ。

たとえば、あなたがパソコンメーカーの技術部門で働いていて、次にリリースする新製品では改良に改良を重ねて従来のモバイルノートパソコンよりも50グラム軽くすることに成功したとしよう。

それまでも十分に軽かったところを、さらに材質を変えたり部品を小さくすることによって超軽量化を実現させたのだから業界初の快挙だろう。

広告を制作する時には、ぜひこの数字を大々的に使ってアピールしたいと思うかもしれない。だが、その目論見が消費者に届くかどうかは疑問だ。

50グラムといえば板チョコ1枚ほど、1枚5グラムの10円玉でいえば10枚の重さだ。それくらいの重さがカバンの中から消えたくらいでは、さすがに大きな驚きはないのではないだろうか。

当事者にとってはどれだけすごいことでも、部外者にしてみれば「50グラムだけ？」ととらえられてしまう可能性は否定できない。開発にたずさわった人間が感じた驚きをユーザーと共有するのは難しいといえるだろう。

それよりも、商品のよさを消費者に理解してもらうためには、その「マイナス50グラム」はそもそも必要なのかを考えることだ。

自分たちが感動した数字は、一般に受け入れられるものなのかをよく考えたうえで「NO」と結論が出れば、いくら社内の人間にとって誇れる数字でも潔く捨てる覚悟が必要になる。

契約が取れない営業マンが見誤っている意外なポイント

職種にもいろいろあるが、何かと数字だけで判断されがちなのが営業職だ。貢献度がわかりにくい総務や経理よりも目標が明確でいいと考える人がいる一方で、常に数字に縛られて苦痛だという人もいる。

とはいえ、営業職に就いている以上は数字からは逃れられるはずもない。「先月の契約数はたった2件だったから、せめて今月は5件決めなくては」と思う気持ちはもちろん大事だが、どうせ数字にこだわるなら、契約数よりも訪問数にこだわってみてはどうだろうか。

というのも、いわゆるカリスマと呼ばれる営業マンは、結果として取り引きを成立させた数よりも、自分が実際に足を運んだ回数を重視しているからだ。

「お金にはならないつながりも大事だから」とか「営業たるもの、足で稼がなくてどうする」などという浪花節的な話をしたいのではない。訪問回数にこだわるのは、あくまで自分のためなのである。

これは営業に限った話ではないが、自分に自信をつけるには成功の喜びを知ることが一番だ。ノルマの達成、スムースな納品、開発した商品のヒット…。誰もがその達成感を得たくて日々仕事に励んでいる。

だが、この喜びは誰でも最初から得られるわけではなく、成功を知らない人間に同じ気持ちで働けというのも無理な話だ。つまり、「成果」だけを「自信」にするのはあまり効果的ではないのである。だから、できる営業マンは取り引きの有無よりも訪問数に重きを置くのだ。

「先月は30件だったから、今月は50件まで頑張ろう」と目標を設定して、それをクリアしたら「いつもより高いランチを食べる」とか、「帰りにあの店で一杯やる」などの自分への褒美を考えたりもする。こうすることが行動力をさらにアップさせ、結果として業績へと結びつくことを知っているからだ。

訪問した件数と「やればできる」という自信は比例する。アスリートが日々の練習を重視して「結果は後から必ずやついてくる」と言い切るのと同じだ。

成功の喜びを知ったあとでも訪問回数にこだわることはやめないほうがいい。成果主義より、行動主義のほうが営業の仕事は格段に楽しくなるのである。

情報収集のカギを握るキーパソンの見つけ方

問題解決にあたって情報収集をするといっても、何を読んだらいいかわからない、どこから手をつけたらいいのかわからないという人は多いだろう。

手当たりしだいに読んだり集めたりして、仕事の役に立ちそうなものを見つけたり、個人的に興味のあることが書かれているものから始めて徐々に情報を広げていく、というのもひとつの手ではある。

ただし、これにはそれなりの時間がかかるうえ、出費と根気も必要になる。

じつは、そんなことをしなくても、いちばん役立つ情報を効率的に収集できる方法があるのだ。

それは、社内で自分が尊敬する先輩や上司を徹底的に観察し、彼らが読んでいるものを真似して読んでみることだ。「なんだそんなことか」と思われるかもしれないが、実際に真似をしてみたことがあるだろうか。

たとえば、取引先でのプレゼンテーションがうまくいかず、なんとかしたいと思ったとしよう。

こういう時は、キーパーソンとなる先輩の仕事ぶりを注意深く見てみるのである。すると、その人の机の上にはプレゼンをするだいぶ前からライバル会社に関連する資料が山積みになっていたり、海外の類似品の資料といった情報を十分に集めていて、じつに用意周到に準備していることに気づいたりする。

あるいは、尊敬する上司を観察すると、愛読しているビジネスの専門誌や経済専門紙があることに気づくかもしれない。

探偵ではないが、こうして相手のことを探ったら、あとは自分でできる範囲で彼らのことを徹底的に真似してみるのである。

そうするといつの間にか、これまでは知らなかった仕事に関する専門知識が深まったり、先輩を真似して会議で役に立ちそうな資料をあらかじめ集めることで積極的に発言できるようにもなる。

ビジネス上の情報収集は、「できる人」の行動を真似てみることで効率よくできるようになるのである。

自分がパンクする前に覚えておきたい「オリジナル手帳」の作り方

文具店にはさまざまなスケジュール帳が売られている。サイズも仕様もさまざまで、これを使えば週間、月間の予定が立てやすくなり、仕事や時間を効率よく管理することができる。

ただし、このスケジュール帳も使い勝手がいいようにみえて、じつは使いづらい一面がある。それは一度書き込むとそれを書き直すことが面倒だということと、書き入れられる文字量が少ないということだ。

たとえば突然、予定に変更が出た時などがそうだ。市販のスケジュール手帳を使っていると予定を書き直すしかない。このようなことがよく起こったりすると、筆記用具に万年筆やボールペンなどが使えなくなってしまう。

たとえ鉛筆やシャープペンシルを使っても、消しゴムで消すためにページにシワができたり、それに何度も書き直すと表面がこすれて、しまいには紙が薄くなってしまう。

そこで、おすすめしたいのが、ノートと付箋を利用したオリジナルの「マイ・スケジュール帳」である。A4判のノートの見開きページを左から右に7等分して縦に線を引いてしまうのだ。そして、7等分したマス目を1週間に見立てて、それぞれの一番上の行のところに、月曜から日曜まで、曜日と日付を記入する。縦方向には必要に応じて1時間刻みの時間を入れておけばいい。

そうしてから、予定や懸案事項を書き込んでおいた付箋をノートに貼っていくのである。すると、スケジュールや課題はすべてこの付箋で管理されることになるので、仮に予定が変更になっても付箋を新しい日時の場所に貼り替えるだけですむ。

たとえば移動先にも付箋が貼ってあるようなら、仕事の優先順位を考えて貼り替えればいいだろう。

しかも、付箋にいくら文字を書き込んだとしてもスケジュール帳そのものはきれいなので、準備すべきことや関連する情報などをたっぷり書き込むことができるのだ。

わざわざ高価な手帳を買わなくても、ノートと付箋を用意するだけで使い勝手のいい、自分だけのオリジナル手帳が作れるのである。

思考を深める決め手は「無駄な情報の捨て方」にある！

新聞や書籍をはじめ雑誌、インターネットなどこの世の中は情報にあふれている。できるだけ速く読む技術を身につけて、多くの情報を処理したうえで問題解決にあたりたいと思う気持ちもわからないではない。

だが、いくら速く読めるようになるといっても人間の能力にはやはり限界がある。しかも、そうした文章を手当たりしだいに読んでも、その中から本当に重要な情報をピックアップする能力がなければ、上っ面だけを目で追って読んだ気になっているだけにすぎない。

仮に、超速で読みながら重要な情報を選択できる人がいたとしたら、その人はよほど情報処置能力に優れた頭脳を持った超人なのではないだろうか。

となると、「問題解決力」に必要なのは「人の10倍速く読む」ことではないことがわかる。専門的な事柄を突き詰めて調べる場合などは、図書館にある膨大な資料に当たる必要があるが、そうでない場合はむしろ重要度の高い情報を取捨選択して読む量を減らす努力をしたほうがいい。

言い換えれば、大量の情報からあまり重要でないものを思い切って捨てるのである。

たとえば、書店に行くと会計の関連本がごまんと並んでいる。これを片っ端から読んでみたところで会計学に強くなれるはずもない。

それよりも、数ある本の中から自分が「知りたい」と思っている情報が載っている本を選ぶ。これは何も1冊である必要はない、必要であれば数冊買ってもいいだろう。

そして目次から必要な内容だけを選び、その部分だけをしっかり理解するまで読むのだ。あとの部分は「捨てる」、つまり読まなくてもいいのだ。「ヒマがあったら読めばいい」くらいに考えておくのである。

すべてを読まなければ大事な情報を見逃してしまうかもしれないと不安になるかもしれないが、それも最初のうちだけだ。

いらないのに捨てられないモノであふれかえった机の上よりも、ムダなものを捨ててさっぱりとした机のほうが仕事や勉強がはかどるように、必要なものだけをインプットしてスッキリとさせた頭のほうが考えを構築するスペースが確保できるのである。

「数字に強い人」は確実に問題を解決している

前述しているように、数字が大切だとはわかっているけれども数字が苦手という人は多い。「数字力」を鍛えるのには、じつは数字を使って考えることが役に立つのである。たとえば、日本全国で1日に何個のトイレットペーパーが消費されているか、と考えたことはあるだろうか。

このトイレットペーパーの例だと、まず1回トイレに行くごとに平均80センチメートル使うと仮定して、それを1日5回と考えると、80×5で、ひとりにつき1日400センチメートルを使っていることになる。

それに日本の人口を掛けると、1億2000万人×400で480億センチメートル、これをメートルにすると4億8000万メートルになる。

さらにこれを1ロールあたり60メートルのトイレットペーパーに換算すると、4億8000万÷60メートルで800万個、つまり日本全国で1日に800万個のトイレットペーパーが水に流されていることがわかるのだ。

この計算自体は、男女の違いや年齢の違いなどをいっさい無視した大雑把なものだが、常に数字で考えるクセをつけておけば、相手を説得できる力が自然と身につくようになるのである。

また、この考え方は「想像力」をもって数字を分析する力も身につく。

たとえば、150万部のベストセラーとなった本を、実際には何人の人が読んでいるのかと考えてみよう。

150万部が売れているのだから、まず150万人は読んでいるとしよう。だが、買った人が家族や友人に「いい本だよ」と貸していることも考えられる。仮に5パーセントの人が誰かに貸したとすると、7万5000人がプラスされる。

さらにベストセラー本は図書館でも人気なので、全国にある約3000の図書館で50人の人が借りたとしたら15万人、ざっと合計すれば170万人くらいがその作品を読んだのではないかとひとまずの結論が出せる。

常に数字で考えるクセをつけておけば、問題解決力を鍛えることができるのである。

日本全国のトイレットペーパーの消費量を考える

1人分／日

使用量／1回につき　80㎝
×
回数／1日　5回
＝
400㎝

日本の人口

1億2000万人×400㎝＝480億㎝
（4億8000万m）

1ロール／60mのトイレットペーパーに換算すると

4億8000万m÷60m
＝800万個

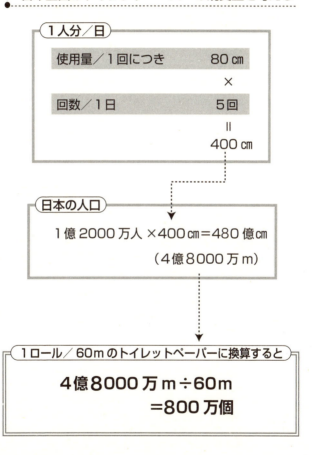

お店のアンケート用紙に見え隠れする「客層」の読み方

ファミリーレストランや回転寿司などのようなチェーン店の飲食店に行くと、テーブルの隅にアンケート用紙が置いてあることがある。

まず年齢や性別、職業などのチェック欄があり、その後に「当店にはどれくらいの頻度でご来店されますか?」、「味はいかがでしたか?」などの質問が並んでいるのがパターンだ。

そして、それらの質問には「週に2~3回以上、週に1回以上、月に1回以上、そのほか」とか「とてもおいしい、おいしい、あまりおいしくない、おいしくない」などの答えが並んでおり、その中から選んで答えるようになっている。

ふつうの人なら、その解答方法があまりにも大雑把すぎて、いったいこのアンケートは何の役に立つのだろうと思ってしまうだろう。しかし、「自分には関係ない」とばかりに素通りしてしまっては問題解決力のあるビジネスパーソンにはなれない。ではいったい、このアンケート調査は何が目的なのか。

これは、じつは大勢の人の感想の「平均」を出すのに活用されているのだ。

レストランなどの飲食店は、オープン時にある程度ターゲットとなる客層を想定しておくものだが、実際にその通りの客に好まれるかどうか、客足が伸びるかどうか、こればかりはふたを開けてみなければわからない。

実際には、想定外の客が来て店の人気に火がつくこともありえるからだ。

そんな時に、このようなアンケートで客の情報を集めてその平均を出しておけば、足を運んでいる客層と傾向を把握できる。

いったいどれくらいの頻度で来店しているのか、客に何を求められているのかがわかれば、今後の経営にも役立てることができるのだ。

ちなみに、あるラーメン店チェーンでは価格を低く抑え、味はあえて「そこそこ」を目指しているという。

すごくおいしい1000円のラーメンは一度食べたら満足されてそれで終わりだが、ふつうにおいしくて500円台なら何度も足を運んでもらえる。

「そこそこの味」には、客には気づかないそんな戦略が隠されていたのである。

自分の提案に足りないのは「熱意」か「データ」か

うちの部署は細かで煩雑な事務的な作業が多すぎて、本来誰もがやるべきことに十分な時間をかけられていない――。

そんな非効率的な現状を上司や社長に伝えたい時には、ただ「忙しいので人を入れてください」というだけでは了解してもらうのは難しいだろう。

逆に、もっと時間をうまくやりくりできないかとか、ほかの社員と分担するようになどと、もっともらしい指示を出されておしまいということにもなりかねない。

そんな時に効果的なのは、「データ」を整理して自分の提案がいかに正しいかをシミュレーションすることだ。

たとえば、事務作業のためにどれくらいの時間がかかっているか、それによって発生する残業代はどれくらいかかっているのかということだ。

さらに、それを専門のパートスタッフに引き受けてもらうことでどれくらいのコストがかかるかなど、データを集められるだけ集めて検討してみるのだ。

そのうえで、こう説明してみるのだ。

「私たちの勤務時間のうち約3割は日々の業務に費やされており、本来進めるべきプロジェクトに十分な時間がとれていません。部署全体の1カ月の残業代は約30万円にのぼっており、仮に業務を代行してくれる人を雇って月10万円を支払ったとしても20万円のコストカットになります」

このように具体的な判断材料を提案されると、相手は端から受け入れるつもりがなかったことでも、一考してみる価値はあると思えるようになる。高いと思い込んでいたハードルを下げられるので説得しやすくなるのだ。

ちなみに、このような説得をする場合のデータは、必ずしも正確でなくてもいい。

業務のコストダウンにつながる提案をしたい場合なら、だいたいの金額を挙げ、そこからどれくらいの経費を削減できるのかを説明するのだ。

説得する材料の中にデータが入っていることで、むげに却下することもできなくなるのはもちろんだが、抽象的な表現や憶測を並べ立てられるより何倍も説得力が増すのだ。

Step3

実は悩みの大部分!?

人間関係の問題を解決するコツ

"上"に相談しても助けてもらえないときのちょっとしたコツ

仕事をしていて問題にぶつかったり、わからないことが出てきたりしたら上司や先輩に相談してみる――。これは社会人としての常識のように思えるが、現実にはなかなかうまくいかないものだ。

会社にはいろいろな人間がいる。「上司だから」「先輩だから」というだけで、すぐに質問に答えてくれるとは限らないし、相談に乗ってくれるわけでもない。

最初のヒントくらいは教えてくれるものの、「あとは自分で考えて」と放り出してしまう先輩も珍しくない。

「仕事とは経験の中で身につけていくものだから、いくら言葉で教えてもしかたない」という考え方の先輩もいて、そこには「部下を伸ばしてやろう」という意図があるのかもしれない。

だが、教えてもらいたい立場としてはどうにも心もとない。自分で考え、学び、経験することが重要だとはわかっているが、それでも先輩の助言が欲しい。そんな場合はどうすればいいのだろうか。

そんな時は、他の部署に異動した先輩に相談してみるといい。

最近は「ジョブ・ローテーション」の考え方をする会社が増えて、ある程度の期間が過ぎると、社員を他の部署に異動させるシステムが珍しくない。これだと確かにいろいろな経験や知識が増えて、仕事人間として幅と奥行きが出ることは間違いない。

しかも、そのシステムの中で他の部署に異動した先輩は、何かあった時の相談相手としてふさわしい存在なのだ。

何といっても自分が悩みを抱えている仕事に関して熟知しているうえ、しかも、今は別の部署にいるわけだから、へたにライバル関係になることもない。それどころか、せっかく身につけた経験や知識を何らかの形で活かしたいと考えている人も多いから、相談を持ちかければ喜んで応じてくれるはずだ。

先輩が異動したら、もうそれっきりで無縁になるという人もいるかもしれないが、重要な人脈として大切にしておくと問題解決につながることもあるのだ。

「ノー」と言われたらそこがスタート地点と考える

営業には向き不向きがあるともいわれるが、成績が思うように上がらないとモチベーションも下がる一方になってしまうことはよくある。ところが、営業マンの力量は、一度「ノー」と言った相手を「イエス」といわせることにあると言ったトップセールスマンがいる。

考えてみると確かにそのとおりで、特に飛び込み営業の場合、最初のうちは「数打ちゃ当たる」の精神で飛び込んでは当たって砕けていられるが、そのうち「イエス」と言ってくれそうな客を探して歩き続けるとその効率の悪さに疲れ果ててしまう。

それならいっそのこと、一度「ノー」といった相手を「イエス」と言わせたほうが成績アップのためには効率がいいし、早道だ。

この「相手が断った時、自分は試されている」と能動的に考えることこそが、トップセールスマンの思考術なのである。

自分が客の側に立った時のことを想像してみよう。セールスマンとは、その名のとおり自社の商品を売りにきた人間である。

その売り物がたまたま自分が欲しくてたまらなかったものであれば、即「イエス」と答えるだろうが、そんな千載一遇のチャンスなどあるはずもない。

つまり、ほとんどの人はセールスマンの話を聞きながらも、心では「ノー」と答える準備をしているのである。

しかし、その時はたまたま必要がなかったとか、時間がなくてセールスマンとの会話を切り上げたかっただけかもしれない。それに、「もっとこうしたら買ってもいいのに」といった思いがあるのかもしれない。

断られたとしても、それ以降の働きかけしだいで「イエス」に転じる可能性は大いにあるのだ。その転換点がどこなのかを見極めることが、多くの顧客を獲得することにつながるのだ。

「ノー」といった相手は、商品そのものに満足していないのか、それとも料金設定の複雑さに納得できないのか。一度断られた相手でも、「ノー」の理由を聞き出すことができれば、首をタテに振らせることもむずかしくはないのである。

最後に結果を出す「根回し」 徒労に終わる「根回し」

企画会議などで自分の立てたプランを実行に移そうとする場合、まず何よりも優先して事前の根回しに十分な時間をかけているだろうか。そうしないと「俺は聞いていない」という上司が必ずといっていいほど現れるからだ。

プレゼンをする前からそういう反感を持たれてしまっては、せっかく時間をかけて練りに練った計画も日の目を見る前にしぼんでしまうだろう。

といっても、上司なら誰にでも手当たりしだいに根回しをしなければならないというわけではない。第一、そんなことをしていたら時間と手間ばかりがかかってしまう。

それに根回しした上司の中には、自分のプランに反対する人物が出てくる可能性もある。そうなれば会議にはかる前にプランそのものを潰されてしまうかもしれない。

そこで根回しをする際は、まず会議で影響力を持っている上司を事前によくリサーチし、その上司にまっ先に声をかけるのである。

いうまでもなく、その人物が計画そのものに興味を持つことが前提となるが、少しでも関心を示すようなら、ほかの上司に対して「話だけでも聞いてほしい」と口添えしてもらえるように頼む手もある。これだけでその後の根回しに対する手応えは大きく違ってくるはずだ。

また、これは重要なビジネスマナーのひとつでもあるのだが、話を聞いてもらう際は必ず相手の意見を聞くことが大切である。

必要ならその人の目の前でメモをとってもいいだろう。こうしておくと、あとで「そんな話はしてない」とは言い訳できなくなるはずだ。さらに、根回しするプランに対して不明点を指摘されたら、どこをどう直せばいいのかをできるだけ具体的に聞き出し、その意見を最大限に盛り込んだ企画書を即座に再提出すればいい。

ただし、いくら計画を実行したいからといって「根回しをした証拠を残させていただきます」というような態度で接してはならない。それこそ上司に対して失礼になるし、ヘタに反感を持たれれば逆効果にもなりかねない。

何よりも「ぜひ話を聞いて下さい」という低姿勢で接するのがベストなのだ。根回しはツボと急所を押さえながらするのが一番大切である。

「報・連・相」では上司の信頼が得られない理由

「報告・連絡・相談」を怠らないことは、職場における上司と部下の意志の疎通がうまくいくための基本であることから、よく野菜のほうれん草に引っかけて「ホウ・レン・ソウ」という言い方をする。

しかし、部下から上司へ積極的に働きかけ、より生産的な関係にするための手段として、ここではあえてその順番にこだわって「ソウ・レン・ホウ」の実践をすすめたい。

つまり、「まず相談をし、それから連絡、報告をする」というわけだ。

まず相談すること。ここがキモである。わからないことがあれば、「先輩」に当たる上司に自分から「〇〇〇で困っているのですが、どうしたらいいでしょうか」「こんなふうに仕事を進めるには、どんな戦略をとればいいでしょうか」などと相談を持ちかける。

その職場の事情ややり方をよく知っているのが上司なのだから、当然的確なアドバイスを得られるし、場合によっては予想もしていなかったリスクを聞き出すことができて事前に回避策を考えることもできる。

もちろん、その仕事に対して自分がどんな心構えで向き合っているか、どんな手段や手順を考えているかを示すことで、自分の仕事ぶりや能力を見てもらうこともできるし、仕事に対する向き合い方や人間性をアピールすることもできる。

大切なのは、上司との相談から出てきた結果をふまえて仕事を進め、途中の連絡も怠らないことだ。経過を伝えることで自分の取り組み方を伝えることができるからだ。

そのうえで最後の報告をすれば、その仕事の全体像を上司に把握してもらうだけでなく、上司がフォローしてくれる場合もあるだろう。

また、いかなる結果であったとしてもそれは独断で強行したのではなく、上司の支えがあったうえで最大限の努力をしたことの成果ということになる。だから上司もその結果に納得できるし、素直に受け止めてくれるのだ。

つまり、「いかにして上司が部下を使いこなすか」ではなく、「いかにして部下が上司と有意義で能動的なつき合い方をするか」という発想である。

「受け身」になりがちな上司とのつき合いを、自分から積極的に活用する考え方としてぜひ覚えておいてほしい。

最大限のバックアップをしてもらえる事前準備とは？

会社の中で良好な人間関係を築くのは難しいが、特にそれが上司相手となると、どうも最初から腰が引けてしまうという人も多いだろう。上司から話しかけられるのを待ってしまうことが多くなるはずだ。

部下から上司に向かって積極的に声をかけるのは、どうも気が重い、何といえばいいかわからないし、ヘタなことを話してマイナス評価を受けるのも怖い。そう考えて受け身になるのもわかる。

しかし、「上司→部下」が当たり前と考えるのではなく、時には「部下→上司」というボトムアップを考えてみるといい。特にそれが仕事の根回しであれば、部下の側からの働きかけは、期待以上の効果を発揮することもあるからである。

じつは、上司のほうも同じように考えていることが多い。部下との関係を大切にする上司であれば、部下のために逆に自分がどんな根回しができるかを考えている。その気持ちはできるだけ活かしたいものだ。

たとえば、仕事の現場にいる社員が先方の会社の担当者に伝えたいことがあるとしよう。気軽に話せる関係ならいいが、相手のほうがポジションが上であるような場合は、直接はなかなか話せない。そんな時は思い切って自分の上司に相談してみるのだ。

「じつは、先方の○○さんに伝えたいことがあるのですが、私から話すよりも、部長の立場からおっしゃっていただけると先方も受け入れやすいと思うのです」とでも相談されれば、それを不快に思う上司はいない。

思いやりのある上司なら、この部下はまじめに仕事に取り組んでいるからこそ、こういうことを自分に頼んでくるのだ、と受け取るはずである。また、自分でなければ通用しないことがあるのだと、自尊心が満たされる上司もいるだろう。

こうすることで、上司と部下の間に協力意識が生まれる。ひとつの仕事に向かって同じ気持ちで向き合っているという気持ちが芽生えて両者の関係は良好になる。

「部下なんだから」という遠慮の気持ちは無用だ。ボトムアップの根回しを大いに利用すべきなのである。

敵にスキを見せることで問題を解決する方法

仕事上のこととはいえ、ついアツくなって相手を論破してしまうと、議論に負けたほうは逃げ場を失ってしまうことになる。議論は相手をやりこめるのではなく、その先のことを考えて、必ず逃げ道をつくってやる気遣いを持つようにしたい。

仕事上の議論の相手は、同じ仕事に向き合う仲間であることが多い。もしかしたら、議論をしているその課題は、その人と共に取り組むものかもしれない。いわば仕事上の意見を戦わせる相手は、同時に協力者でもあるのだ。

そんな人を徹底的にやりこめてしまい、その立場を失わせてしまうとどうなるか。

反抗的な感情を抱くかもしれないし、また自信を失ってしまい仕事の効率が下がるかもしれない。またせっかくの意見が潰されたことで萎縮してしまい、新しい発想力が減退してしまうことにもなりかねない。

いずれにしても人間関係の悪化は免れない。これでは、よりよいものを生み出すための議論もまったく逆効果になる。

そこで、こんな時は尊重した言い方を心がけたい。

たとえば、「○○さんの言うこともっともです。たいへん勉強になりました。いずれは活かしていきたいと思っております」と言えば、相手も自分の発言の問題点を認めてスッと引き下がることができる。

また、「建設的な意見交換ができてうれしいです。これからもこういう議論を重ねていきたいものですね」といった言い方をすれば、相手のいいところをきちんとわかっていて、それを認めているのだというメッセージを伝えることになる。

自分が一歩引いて気遣いをすることで、相手が「自分が一方的に負けた、恥をかかされた」と感じて敵対心を抱くこともない。むしろ、自分のことを尊重してくれることに対して親近感を抱くはずだ。

もちろん、建設的な議論ができたことへの「ありがとう」という感謝の言葉も忘れないようにしたい。感謝の気持ちは、好ましい人間関係を築くうえで不可欠のものだからだ。

より有意義なものにするために意見をぶつけあうことをぜひ実行したい。

相手の心をグッとつかむには、「ことば」で攻めろ!

メールやSNSを多用しているから、手紙を書かないという人が増えている。しかしこんな時代だからこそ、手紙のよさをあらためて見直してみてはどうだろう。

何といっても、手紙は受け取った側が受けるありがたさや重みがメールとはまったく違う。メールは、指先によるプッシュ操作ですませることができるし、誰が打ったメールでも文面が同じなら受ける印象も同じだ。

その点、手紙は手を動かして自分の文字で書くわけだから、書いた人の人柄やその時の気持ちが表れる。メールが当たり前の時代にわざわざそんな手紙をもらえば、どんな人でも思わず熱心に読み、相手のことを身近に感じるだろう。

たとえば何かをお願いしたり、謝罪したりする手紙であれば、その気持ちはメールの何倍も強く相手に伝わるはずである。

そんな手紙だからこそ、仕事のうえでも有効に活用したいものだ。たとえメールや電話で済ませることができる用事であっても、戦略としてあえて手紙を書くのもいい。

「自分は字がヘタだから、手紙を書くのは恥ずかしい」という人もいるだろう。しかし、ヘタでもいいから丁寧に書くことを心がければ、相手には「けっしてうまい字ではないが、心を込めて熱心に書いている」ということが伝わるものだ。

もちろん、なかには「ただでさえ話しベタなのに、手紙の文章なんて思いつかない」という人もいるはずだ。しかし、話しベタだからこそ、手紙を書く価値がある。

自分の思いを一生懸命に文章にするということは不思議なもので、文面にはその気持ちが表れるものなのだ。

それに、電話なら切ればそれでおしまいだし、メールも見終われば二度と見返すことはないだろうし削除されることもある。その点、直筆の手紙というのはなかなか簡単には捨てられないものだし、後々まで残ることが多い。

たとえば仕事先の担当者に手紙を出せば、多少縁が遠のいても、相手はその手紙を見て「ああ、そういえば…」と思い出してくれるかもしれない。それが新たな仕事のつながりを生むこともある。

話しベタで人づきあいが苦手な人こそ、特に手紙を書くことをおすすめしたい。

キッチリ自己主張しながら“落としどころ”を見つけるコツ

日本人は自己主張が苦手だとされている。とはいえ、今どきのコミュニケーションにおいてはある程度の自己主張が必要なのはいうまでもない。問題はそのやり方である。

コミュニケーションスキルのひとつに「アサーション」という言葉がある。もともとはコミュニケーションが苦手な人のためのカウンセリング用に誕生したもので、自分と相手の両方を大事にする自己表現（＝アサーティブネス）を会得する方法だ。

たとえば、同僚と一緒に外回りの営業から帰ってきた時、同僚から「報告書のまとめ、よろしくな」と一方的に頼まれたとする。

このケースで、自分の意見をいっさい主張することなく「わかったよ」と引き受けたとすれば、それは相手の主張を優先しすぎであり、つまり受動的（ノン・アサーティブ）になる。

だからといって「俺だって今日は手一杯なんだから、お前がやれ」と自分の主張だけを

建設的に自己主張するための落としどころを見つける

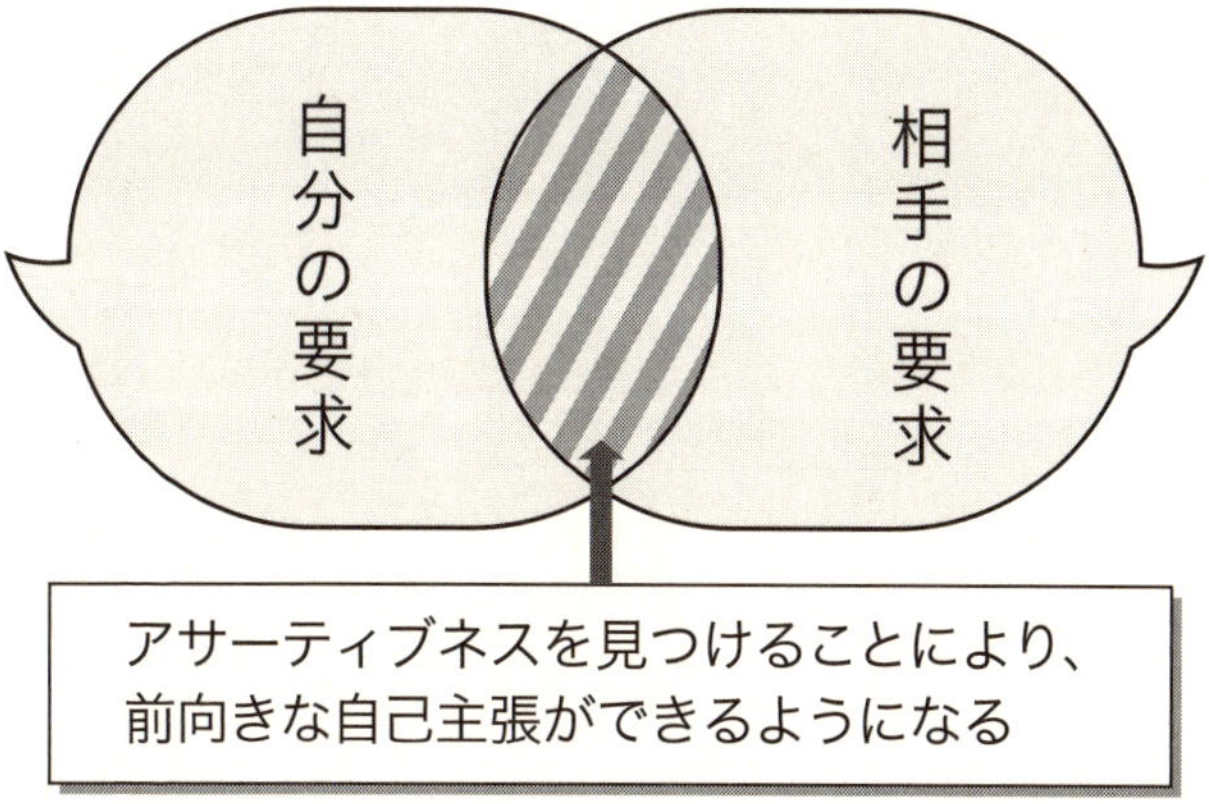
自分の要求
相手の要求
アサーティブネスを見つけることにより、
前向きな自己主張ができるようになる

通そうとするのは、攻撃的（アグレッシブ）だ。こうした場面で、自分の主張を出しつつ相手に対する配慮もするのが、アサーションである。

「俺も今日は手一杯だから、分担してやらないか？」のような回答は、アサーティブの好例だ。

これなら「一方的な依頼は引き受けられない」という自己主張に加え、「分担しよう」という提案もできるので建設的といえるだろう。

いつも自分ばかりが貧乏くじを引いていると思い込んでいる人は、アサーションで自己主張ができるよう心掛けたい。

まずは、対象者の人物像を明らかにするのが攻略の基本ルール

「相手の身になって考えろ」とは、子どもの頃から親や先生に口酸っぱく言われた言葉だが、いざとなるとこれがなかなか難しい。

ここで紹介する「共感図法」は、まさに相手を理解するための手法だ。対象者が何を考え、何を欲しているのかなどをみんなで話し合い、マップ化していくのである。そうすればメンバーとの共通意識も保てるし、相手とのつき合い方の参考にもなる。

たとえば、顧客のAさんを対象者とした場合、まずは、真ん中にAさんの肩書と氏名を書いておく。この時、写真やイラストなども貼っておくとイメージしやすい。

基本となるのは「見えるもの」「聞こえるもの」「言っていること」「感じていること」「していること」の5項目だ。あとはAさんの身になって、それぞれについて考えたものを付箋などに書き出し、Aさんのプロフィールの周囲に貼っていけばいいのである。

対象者をとことん分析する

＜共感図＞

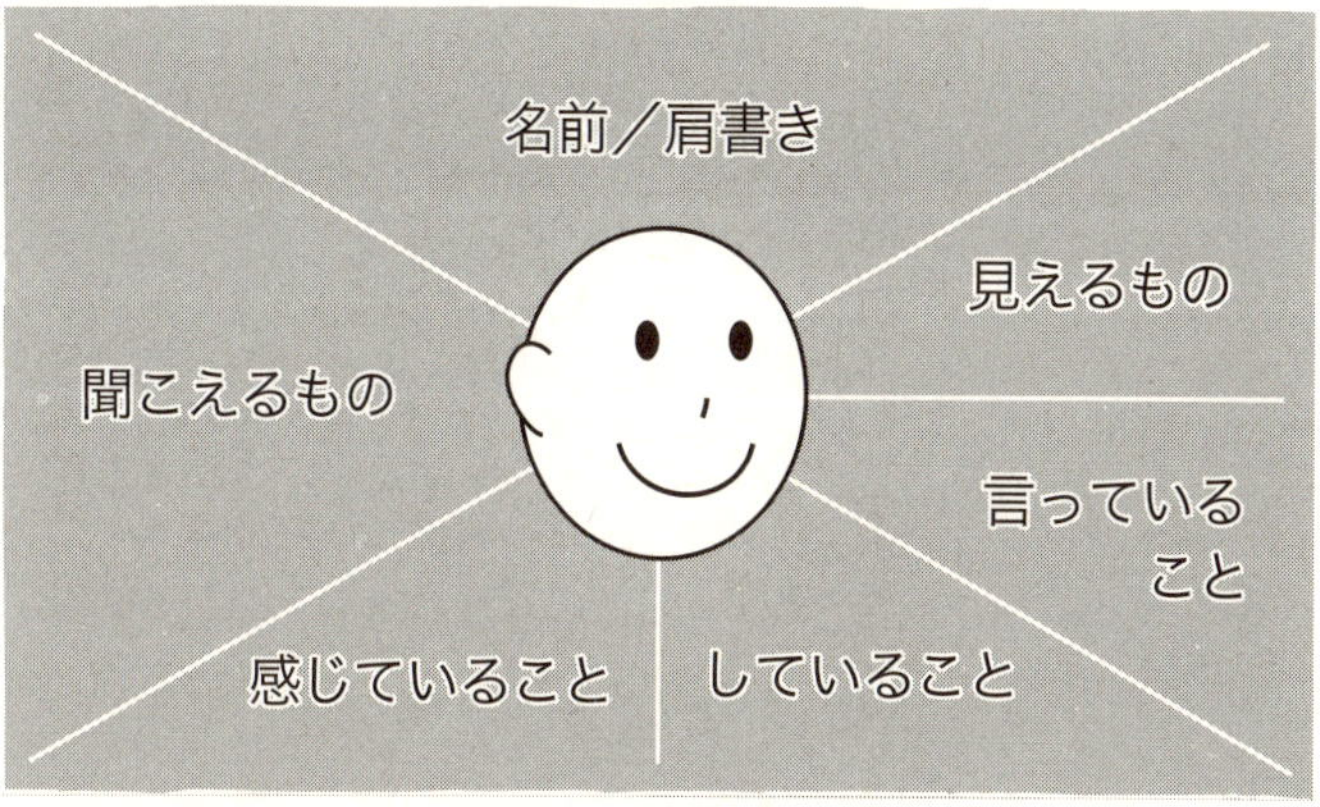

ちなみに「見えるもの」とは、Aさんの目に何が映っているかという想像である。「部下の仕事ぶり」など具体的なものも入るだろう。

「聞こえるもの」は、Aさんがよく耳にするであろうもので、「上司からの要求」や「業界のウワサ」などの回答例がありそうだ。

ほかの3つもこれと同様に想像すればいいが、この区分けがしっくりこない場合は「思考」「行動」「感情」「発言」の4項目で作図してもいい。

コツは「あのヒトなら、こんなふうに思っているかもね」程度の気軽さで考えてみることだ。

結局、「お互いにいい関係」を作れるかどうかがカギになる

人間関係は対等であるのが理想だが、ことビジネスにおいては何らかの理由で強者と弱者という構図ができてしまうことが少なくない。では、自分が勝者ならいいのかというと、じつはそうでもない。そこでおすすめなのが「Ｗｉｎ-Ｗｉｎ」の考え方だ。

本来は、勝者がいれば敗者がいるＷｉｎ-Ｌｏｓｅが当たり前だが、Ｗｉｎ-Ｗｉｎは「どちらも勝者になる」関係性を意味する。ＷｉｎとＬｏｓｅを損得と訳せば、わかりやすいだろう。つまり、両方が得したと思える結果を目指すということだ。

もっとも身近な例は、モノを売る側と買う側の関係だ。売る側は商品を提供する代わりにお金を得て、買う側はお金を支払う代わりに商品を得る。

どちらかが得をして、どちらかがを損するのではなく、どちらにもメリットがあるという構図になる。

しかも、この関係性は交渉などのコミュニケーションにおいても大いに役立つ。ぜひと

良好な関係を築くためのWin-Win

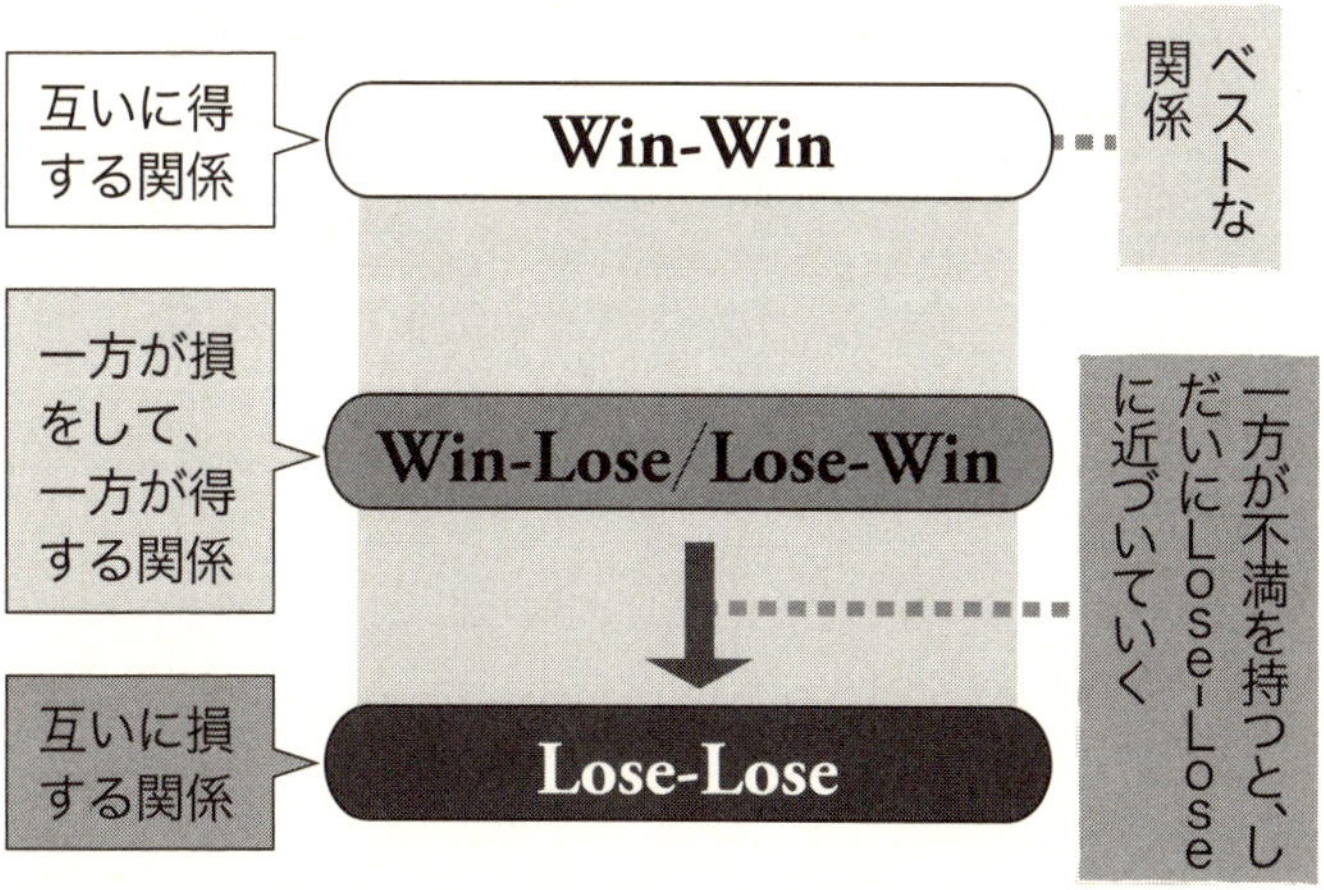

も覚えておきたいところだ。

たとえば、同僚が「今日、急に接待になったので、引き受けてくれないか」とイレギュラーの仕事を持ってきたとする。

そこで「じゃあ、その代わりにプレゼンの資料作り、引き受けてくれよ」と約束を取りつける。

相手はイレギュラーの仕事を手放すことができるし、引き受けたほうは負担になっている資料作りを相手に任せることができる。

この交渉を相手が承諾すればＷｉｎ－Ｗｉｎの関係が成立するし、そうでなければ別の代案でまた交渉する。

Ｗｉｎ－Ｗｉｎの関係を目指せば、人間関係の軋轢も軽減されること請け合いだ。

「利き脳」チェックで、メンバーの特性を理解する

重要なプロジェクトを進める時に限って、誰にどんな仕事を振り分けるかで命運が決まってしまうことはよくある。そこでおすすめなのが「ハーマンモデル」だ。

ハーマンモデルとは、米ＧＥ社のネッド・ハーマンが開発した「利き脳」を知るための手法である。利き腕や利き足があるように、利き脳による思考の特性で、その人の問題解決や意思決定のしかた、コミュニケーション能力などが変わってくる。

ハーマンモデルによる利き脳のタイプは、次の４つに分類される。Ａ論理的で理性的な人、Ｂ計画的で堅実な人、Ｃ友好的で感覚的な人、Ｄ冒険的で創造的な人、である。

たとえば、Ｃタイプの人に黙々と作業をするような緻密なデータ収集を任せてもうまく処理できないが、広報を任せればコミュニケーション能力の高さを発揮する。

脳のタイプはさまざまある。メンバーの利き脳をふまえて、それぞれの能力を最大限に引き出したチーム編成をするといい。

メンバーがどの「利き脳」タイプかをチェックする

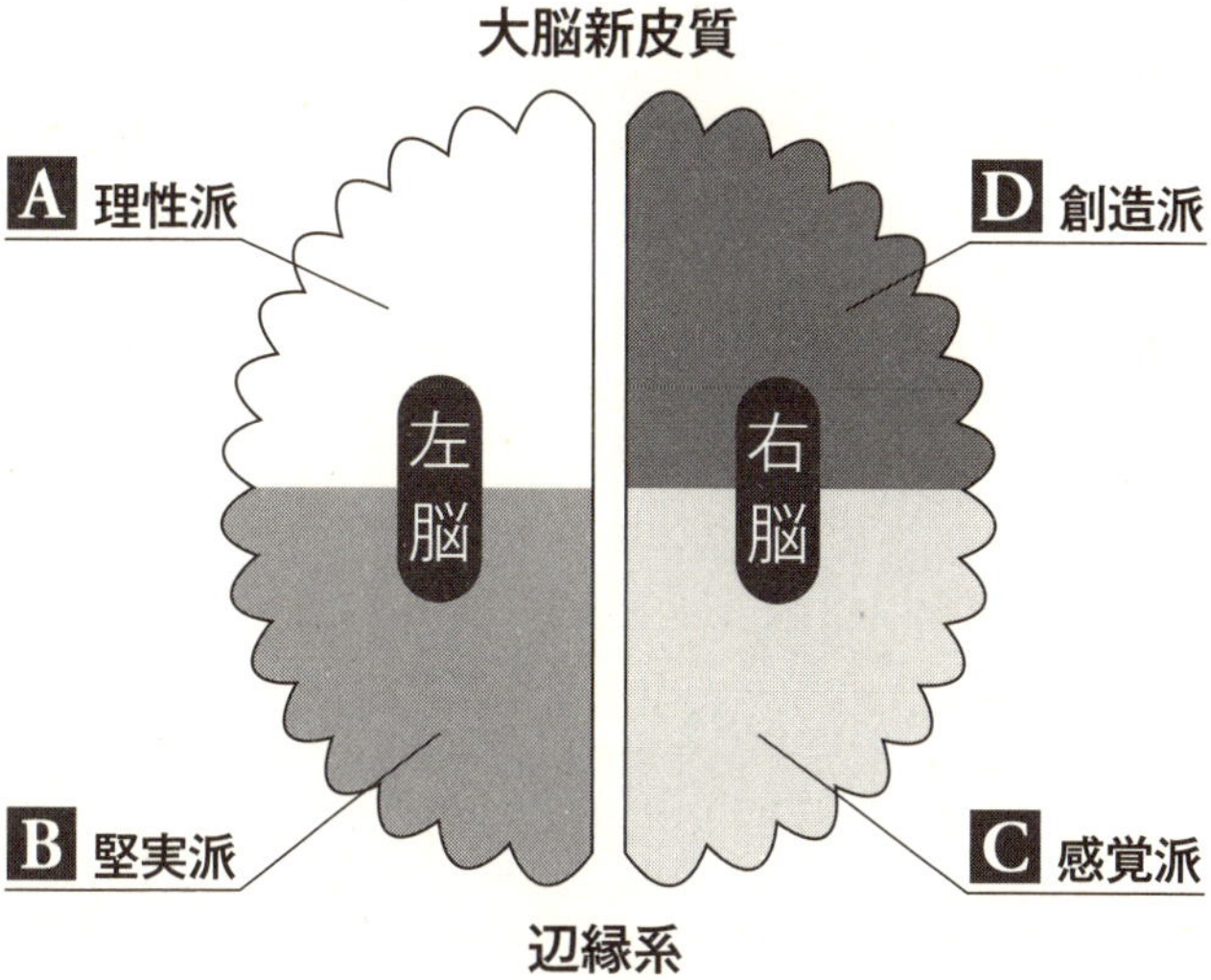

A ロジカル思考で、批判や分析が得意な人

B 計画的に考えて行動し、保守的な人

C 社交的で感情豊かな人

D 経験と直観で新しいことをつくり上げる人

利害関係を整理すれば、道は必ず開ける

新しいプロジェクトを立ち上げる時に思いがけない反対に遭ってしまうと、仕事が頓挫してしまいかねない。そんな時に重要なカギになってくるのが、利害関係者（ステークホルダー）の洗い出しだ。協力者が誰で、抵抗勢力が誰なのかを把握するのである。

そこで、おすすめしたいのが、利害関係者の立ち位置がひと目でわかるステークホルダーマップの作成である。縦軸を影響力、横軸を関心度にして、そこに利害関係者を配していくのだ。社内の人物だけでなく、取引先や株主など、そのプロジェクトに影響があると思える人を漏れなく配していくといい。

こうすることで、全体のパワーバランスを俯瞰でき、キープレイヤーが誰なのかを客観的に把握することができる。たとえば、A部長は影響力が大きいのに関心度が低いというなら、A部長に積極的に働きかけて協力者として引き入れるようにする。利害関係者の調整がうまく運べば、それだけプロジェクトの進行もスムーズになるだろう。

パワーバランスを整理する

①利害関係者を細かく洗い出す

②マトリクスに利害関係者をマッピングする

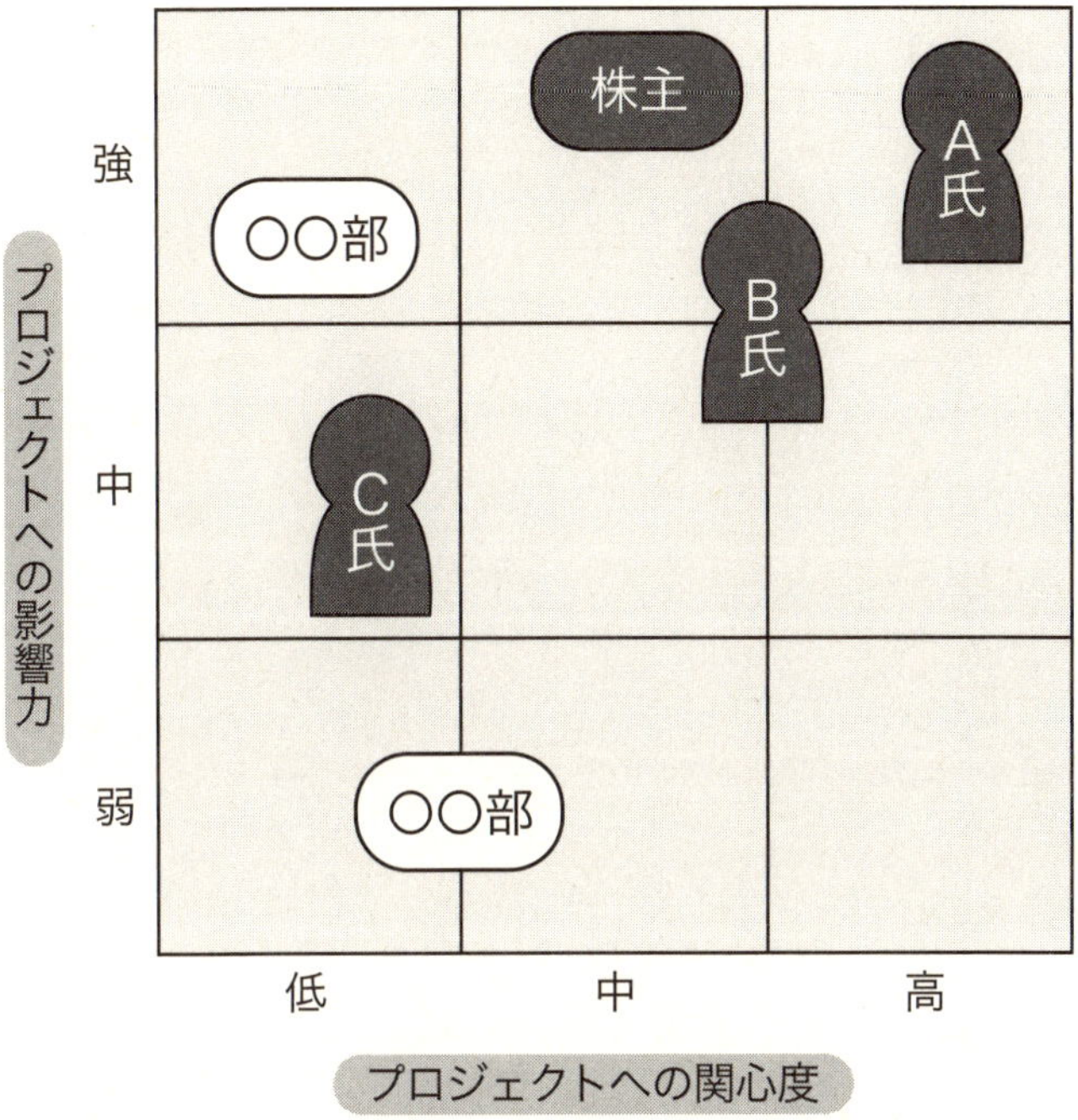

③キープレイヤーを見つけるとともに、利害関係者の
パワーバランスを整理する

チームが機能していないのには理由がある①

どんなに有能な人材を集めたチームでも、最初からうまく機能することはない。優れた力を発揮できるチームになるには、いくつかの関門をくぐり抜ける必要がある。

チームが成長していく段階を端的にまとめたものが、タックマンモデルだ。チームが成長する段階を「形成期」「混乱期」「統一期」「機能期」の４つに分類している。

チームが生まれたばかりの時期が、形成期だ。この時期、メンバーはお互いに様子を見合っており、一見、譲り合って穏やかに見えるチームもあれば、緊張感でピリピリとしているチームもある。いずれの場合も、チーム内で価値観や目標、達成へのプロセスに対するイメージを共有するに至ってはいない。

次に訪れるのが混乱期だ。仕事を進めるうちに各自のやり方や考え方の違いが見えて、ぶつかり合いが起こるのだ。ここがチームとしての正念場となる。意見のぶつかり合いも、チームとしての絆を深めるためだという意識をそれぞれが忘れてはいけない。

チームとして成長するための4ステップ

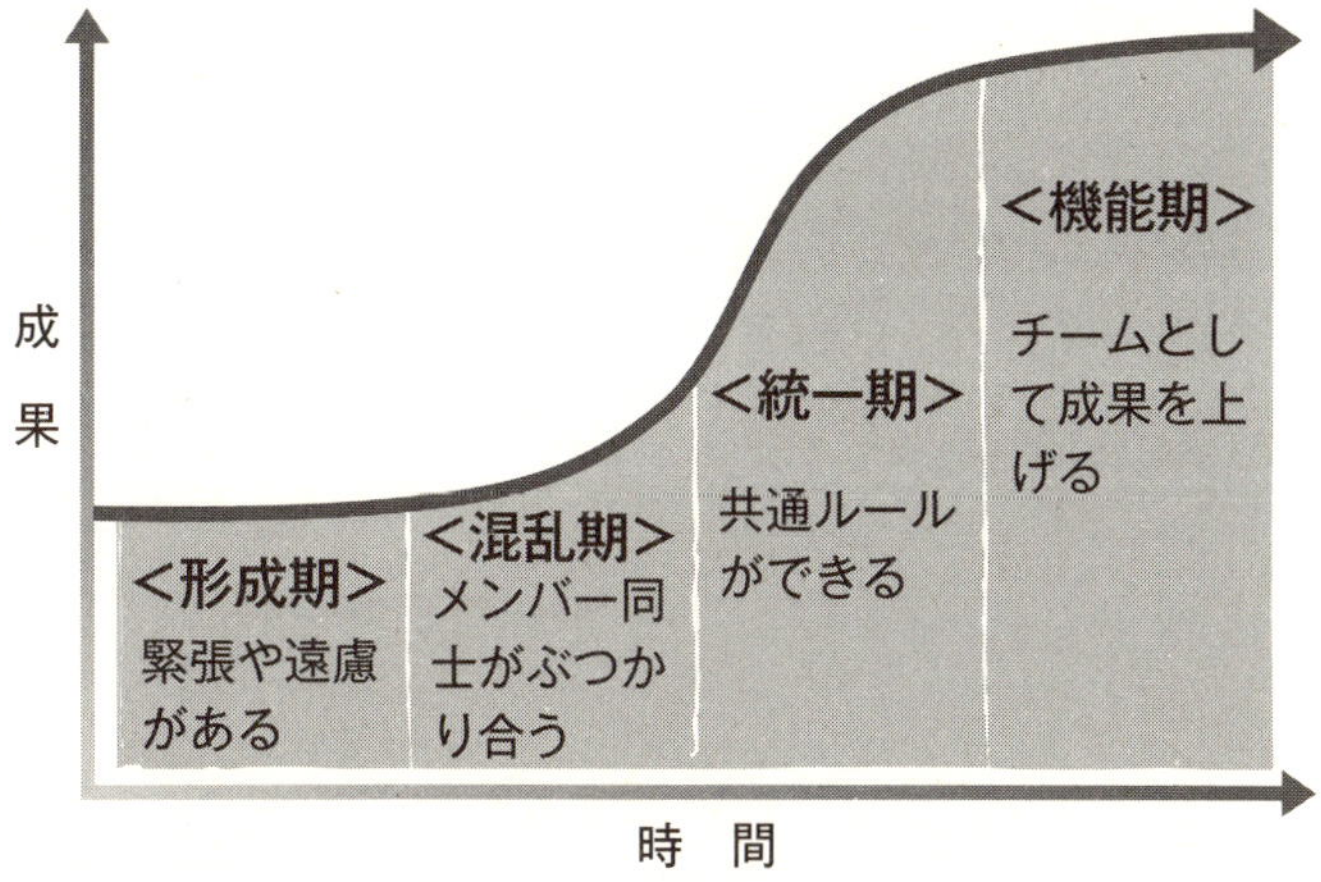

そうして混乱期を乗り越えると、やってくるのが統一期だ。

意見をぶつけ合ったことでメンバー同士の理解が進み、各自の役割なども見えてくる。その過程の中で、価値観の共有やチームとしての規範も生まれ、チームワークを発揮する準備ができてくるのだ。

そして、チームとして成熟するのが機能期である。

メンバーはお互いの役割を意識して自発的に動くことができる。目標達成に向けてチーム一丸となって動くことができ、まさにチームワークを発揮する機能性を備えるのである。

チームが機能していないのには理由がある②

会社で机を並べている同僚や部下、上司は、当然のことながらまったくの赤の他人である。個性もさまざまで、だからこそトラブルが起こるのも無理はない。そこで集団がうまくやっていくためには、それぞれが自分の役割をしっかりと認識する必要がある。

チームワーク理論の第一人者メレディス・ベルビン氏は、チームを理想的に機能させるための9つの役割（ベルビンロール）を定義した。メンバーをこの中の役割に当てはめることで、チーム内での立ち位置を意識した行動や発言がしやすくなるのだ。

また、プロジェクトメンバーを決める時には、あらかじめベルビンロールに沿って選考すれば、機能的なチームをつくることができる。

必ずしもすべての役割が揃っていなくても、メンバーが互いにその役回りを意識していればチームの機能性は上がるはずだ。自分や相手の個性や得意分野、キャリアなどを分析して最適な役割分担をしていきたい。

理想的なチームに必要な9つの役割

コーディネーター 目的意識があり、チーム全体を見てコーディネートする。コミュニケーション上手。	**チームワーカー** 協調性があり、信頼を築き上げる人。他人のアイデアを形にするのがうまい。	**調達係** 広い人脈と優れた対人能力を持っていて外交的。チャンスを逃さないタイプ。
形づくる人 チャレンジ精神が旺盛。パターンを見つけたり、アイデアを統合するのが得意。	**実行者** 計画づくりが得意で、スムーズにことが運ぶことに喜びを感じる。急な変化が苦手。	**完璧主義者** どんなプレッシャーのなかでも、確実に成果を上げる。勤勉で手抜きを嫌う。
クリエイター 独自のアイデアを持ち、周囲にアピールする。知的な議論を得意とする。	**スペシャリスト** 特定の分野において、深い知識と高い問題解決能力を発揮する。専門家的存在。	**監視役** 公平で偏見がなく、批評が得意。効果的に問題解決の糸口を見つけ出す。

チームが機能していないのには理由がある③

営業とはまさに水物で、会社の置かれている状況や社会情勢によって売り上げは上がったり下がったりする。順調に売り上げが伸びているうちはチーム内の雰囲気もいいが、いったん下がり始めて半年、1年を超えるころになるとチーム事情も少し変わってくる。

チームや課をまとめるリーダーや課長にとってはいたたまれない気持ちだろうが、上から連日のように叱責され、部下から容赦のない突き上げをくらうようになってくると、いわゆる犯人探しが始まったりする。

そもそも販売目標自体が高すぎるのか、あるいは部下に力量がなかったり、ヤル気がなくなっているのか。チーム全体の販売実績を示す数字が日を追うごとに右肩下がりになり、目標に遠く及ばないとなると自分の首さえ危うくなってくる。

では、常に目標を達成し続けるチームと、それができないチームとの差は何なのか。数人程度で構成される組織を引っ張るリーダーとしてとるべき行動には何があるのか。

そこで問題である。次の5つの設問のうち、最も効率的な再生策はどれだろうか。

1、売り上げが伸びない社員などを対象に人事を刷新、チームを少数精鋭化する。

2、AIなどを積極的に導入し、社内のほかのチームの長所を取り入れる。

3、現有戦力を維持し、いったん達成できる範囲まで目標を下げる

4、もう一度、原点に立ち返ってチームの強みを検証し、運営方法を見直す

5、すべての責任を負うつもりで、強力なリーダーシップをとって大改革に着手する

この状況の中で往々にして陥るのが、「今までこうしてきたから」「昔はよかった…」などと過去の栄光に固執することだ。リーダーとして、もっともやってはいけないことだ。

そう考えると、仕事ができない社員をクビにしたり、ほかの部署をまねてもうまくいかないのは目に見えている。かといって売り上げ目標を下げるのは営利を追求する組織としてはあってはならないことだし、自分一人が踊ったところで部下はついてこないだろう。

大切なのは、4のチームの強みや特徴を原点に立ち返って検証し、現状を把握することから始めることなのである。

Step4

問題解決の羅針盤！

「その先」を正しく読む戦略術

計画は2年で見直し、5年で疑い、10年で破棄する

スタート時にどんなに綿密で完璧に見える計画やスケジュールを立てていても、進めていくうちに予期せぬ問題が起こり、変更せざるを得なくなることは少なくない。

ことにビジネスの世界は、プランへのこだわりが結果的に失敗に結びつきかねない。なぜなら世の中は絶えず変化しており、ビジネスに求められるニーズも日々変化しているからだ。

たとえば、世界の自動車業界がわかりやすい例だろう。

かつて馬力のある大型車ばかりを長期計画で開発していたアメリカの伝統ある自動車メーカーは、消費者ニーズや温暖化対策などの変化に対応しきれず、小型で燃費に優れる日本車や、新興の電気自動車メーカーにいつの間にか追い抜かれてしまった。

つまり、時代の流れを無視して一度決めたのだからそれを曲げずに貫こうという姿勢は、自らの首を絞めることにもなりかねない。長期的な展望はより柔軟に立てなければならな

いのだ。

じつは、ビジネスで成功を収めた企業のトップほどこのことに優れている。短期間のうちに急成長して上場まで果たしたある経営者は、長期計画は必ず2年ごとに再検討を加え、必要に応じて軌道修正するようにしているという。

さらに、再検討しても軌道修正する必要のない事業が5年間続くようなら、その計画はどこかが間違っていると考え徹底的な検証を行うのだ。

世の中が常に変化しているのに、5年間も軌道修正する必要がないというのはありえないという発想だ。

そして、何度も再検討しながらも、10年間一度もプランが刷新されないようなら計画そのものを破棄するという。

つまり、途中で変更されないプランは一見うまくいっているように見えても、必ずどこか時代にそぐわなくなっている部分があるはずだから、計画そのものを一度ご破算にして再度今の視点で組み立て直すのである。

このように時代の変化に対して臨機応変に計画を変更することは、ビジネスでは絶対に必要なことなのである。

どこまで先を読んで決断すれば間違えないか

ビジネスは毎日が決断の繰り返しだ。新製品の投入、取引先への見積り、人材の採用などと数え上げたらきりがない。

それも、イエスかノーかを選んだ結果が大勢に影響してくる。これでは、プレッシャーが肩に重くのしかかってきてもしかたがないだろう。

このような決断は、つい周りの人からの評価が気になり、その判断にも時間がかかりがちだ。さらには、相手にできるだけ影響を与えないような方法を選んで決断することが多いのではないだろうか。

ところが、これでは問題の先送りとなるだけで本来の解決には至らない。

いうまでもなく、多くの人の意見を十分に聞いて熟慮することは大切にはちがいないが、それ以上に重要なのは、その決断が現在ではなく10年後にどのような評価をされているかを考えることである。

たとえば、赤字となっている事業があり、それをそのまま存続させるのか、あるいは撤退するのかを決めるのは、現在の状況だけでは判断しきれない。もしかすると今は国内では赤字でも、世界の人口動態などから10年後を読み解くと甚大な利益を生み出す国際的な事業に化けることもある。

そうやって先を見ながら、どの事業にテコ入れすれば将来花が咲くのかを見極めるのだ。ここで判断を誤れば、ただ赤字を累積させることになりかねない。

この先10年を考えて判断を下すということは、人生についても同じである。

たとえば「脱サラして事業でも始めようか」と考えた時、まずは10年後の自分を考える。現在のサラリーマンとしての安定した収入を投げ打ってでもチャレンジすることに値することなのか、一度じっくり考えるのである。

すると、じつは具体的なビジョンを描いておらず、今の会社や仕事にただ不満を持っていて逃げ出したいだけの自分に気がつくかもしれない。これでは独立してもうまくいかないだろう。

もちろん、決断が正しかったのかどうかは時間が決めてくれるだろうが、まず最初に先のことを十分に考えて判断することが大切なのである。

「プロセスマップ」でフローが見える！　問題点がはっきりする！

各部署がそれぞれ努力しているはずなのに、どうしても生産性が上がらない…。そんな問題にぶつかった時に作ってほしいのが「プロセスマップ」である。これは業務フローチャートのことで、仕事の流れを書き出し、全体を「見える化」するために使うものだ。

図にすることで、業務フローの中で支障をきたしている部分が何なのかが客観的に把握できるようになり、そこを徹底的に業務改善することで仕事の流れは格段によくなっていくのである。

たとえば、プロセスマップの結果、検査にやたらと時間がかかって出荷が遅れていたことが判明したとする。それなら、他の部署から検査の部署に人員をまわしたり、検査の効率アップのために業務改善し、現場の能力をフルに稼働させるようにすればいい。

ポイントは、この作業を一度で終わらせないことだ。継続的にプロセスマップをつくって、その都度〝ボトルネック〟を見つけることで仕事全体に磨きをかけることができるのだ。

ボトルネックを見つけて広げる

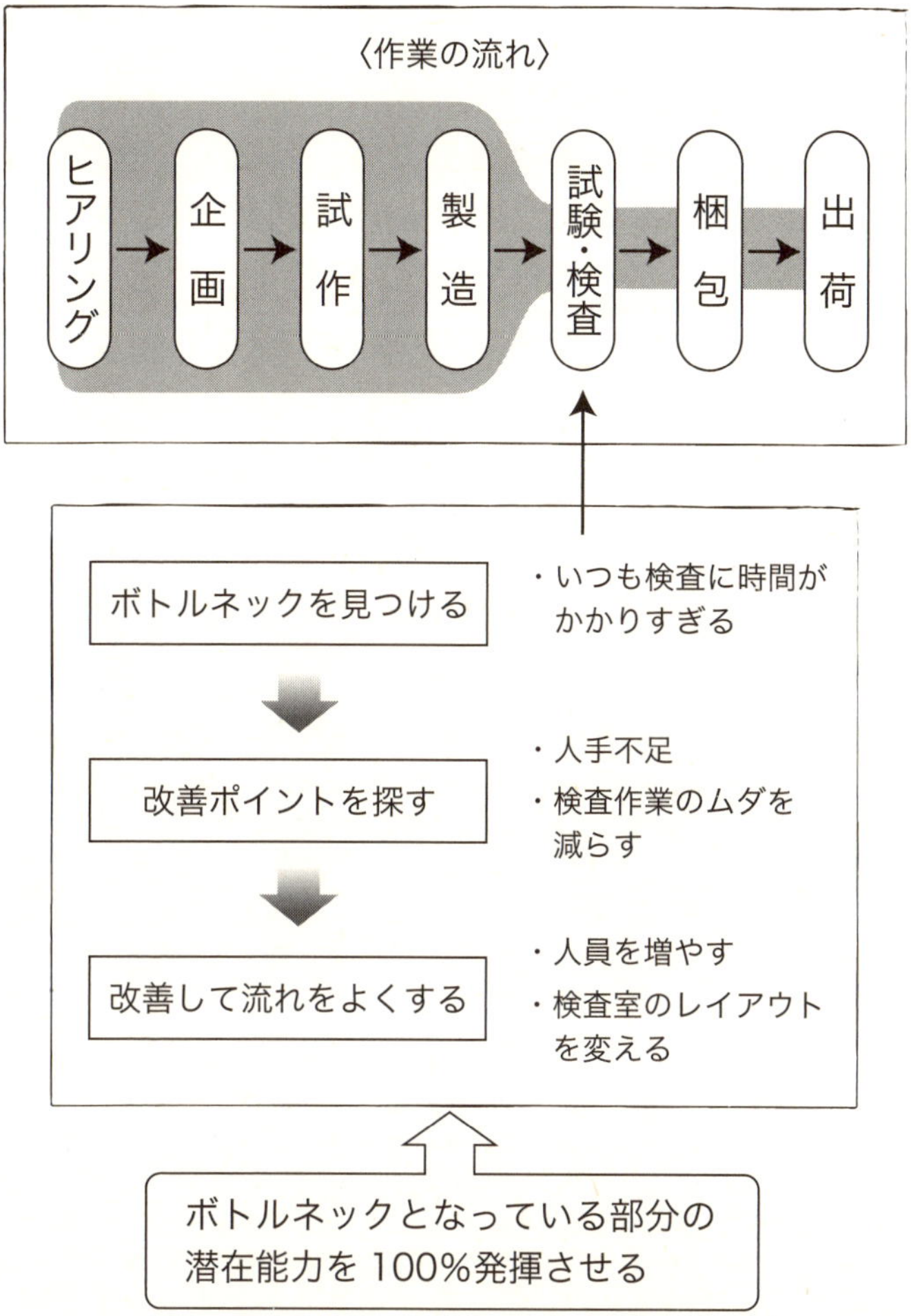
〈作業の流れ〉
ヒアリング
企画
試作
製造
試験・検査
梱包
出荷
ボトルネックを見つける
・いつも検査に時間がかかりすぎる
改善ポイントを探す
・人手不足
・検査作業のムダを減らす
改善して流れをよくする
・人員を増やす
・検査室のレイアウトを変える
ボトルネックとなっている部分の潜在能力を100%発揮させる

重大なトラブルを未然に防ぐ基本の心得

重大な事故や事件の発生は、その企業の命運さえも左右しかねないが、ひとつの重大な事故が起きる前には、その前兆となるような軽い事故が29件は起きているという。そして、そういった軽い事故が起きる前には、「危ない！　一歩間違えれば、事故になるところだった！」というようなヒヤリとする出来事が３００件は起きているといわれる。

これは、「ハインリッヒの法則」という労働災害における経験則である。つまり、取り返しがつかない重大事故を起こさないようにするには、まずは３００件の危険な出来事を取り除いていかなくてはならないということだ。「ヒヤリとしたけど、事故にならずによかった」というだけですませていると、いずれは重大な事故につながってしまうからだ。

ヒヤリとする出来事が、いつ、どのような環境で起こったのか。小さい芽のうちに、しっかりと検証して修正していく。その積み重ねが、潜在的に隠れているリスクの数を減らし、ひいては大きな事故やトラブルにつながるのを防ぐのである。

！重大事件の裏にある小さな危険に注目する

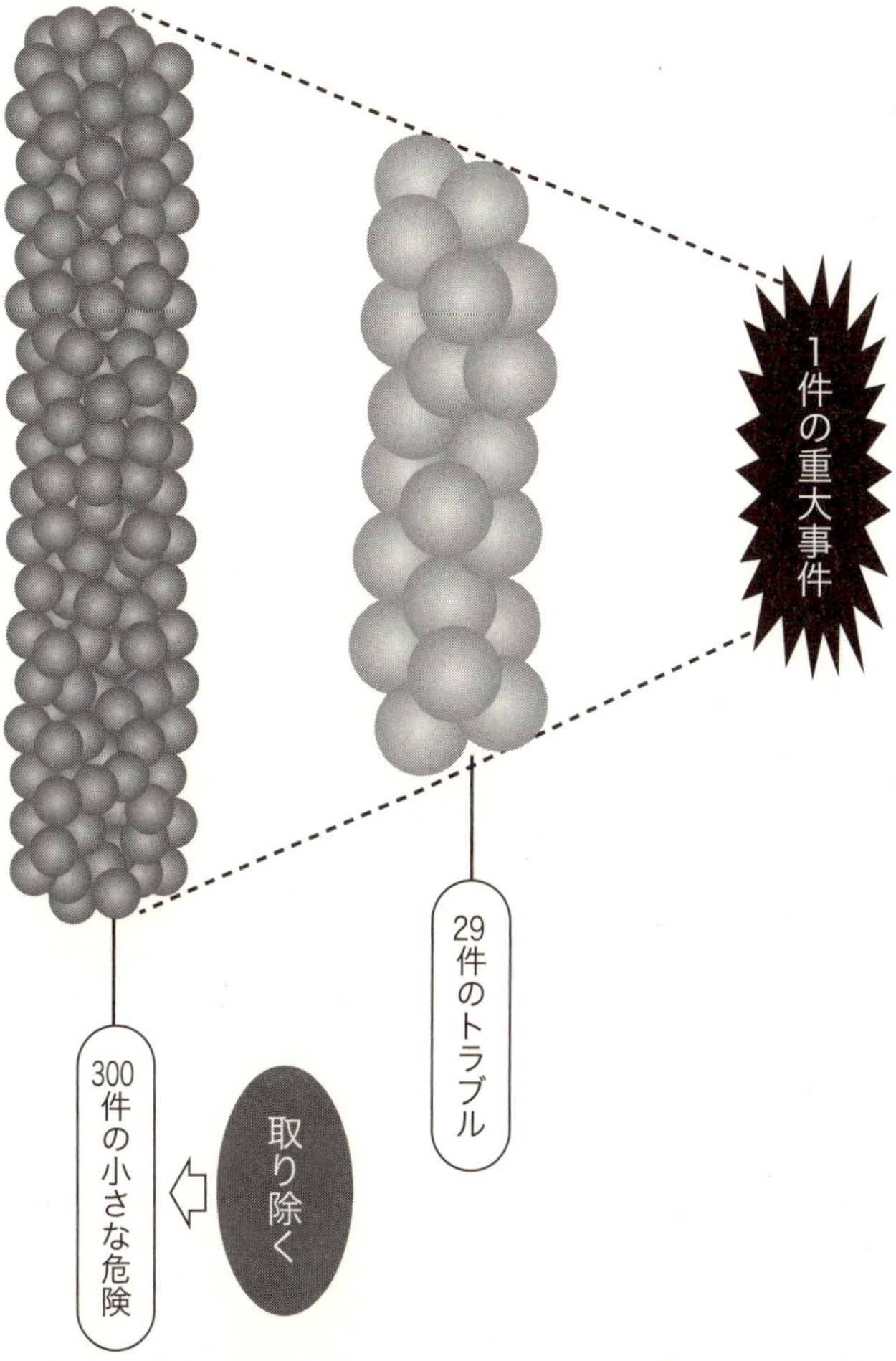

“妙手”は「今あるもの」と「新しいもの」の組み合わせ

限られた予算内で新しいモノづくりとなると、リスクを最小限におさえるために既存のモノでどうにかしようと考えがちだ。しかし、それでは画期的なモノにはならない。そんな時に役立つのが、「ＰＭマトリックス」だ。

ＰＭマトリックスでは、Ｐ（Product＝製品）とＭ（Market＝市場）を既存のものと新規のものと組み合わせて分析する。つまり、横軸には「既存の製品や事業」と「新規の製品や事業」、縦軸には「既存市場」と「新規市場」を配置する。そして、それぞれが交わる枠に考えうる候補を挙げていくのだ。

また、それぞれの枠の位置を見ればリスクの高さも一目瞭然だ。既存と既存の組み合わせである左上の枠はリスクが少なく、右下の枠は新規製品や事業を、新規市場や顧客で展開していくことになるためにリスクが高くなる。つまり、ＰＭマトリックスを使えば、リスクを抑えたバランスのいい多角化戦略を練ることができるのである。

リスクが少なく成功しやすい戦略を考える

リスク小

Product
（製品／事業も含む）

Market（市場）

	既存	新規
既存	現在のビジネスを深掘り	既存マーケットに新規製品（事業）を投入
新規	新規マーケットに既存製品（事業）を展開	市場も製品もともにビジネスを1から立ち上げ

リスク大

既存の資源（製品や市場）を活用して新たなる一手を打てばリスクは少ない

自らの弱点が明らかになる４つのフレームとは？

自分の長所や短所について具体的に答えることは案外難しいものだ。それが、自社の強みや弱みとなれば、的確に理解していないとビジネスの勝敗を左右することになる。自社を知り、それを外的要因の分析と組み合わせることで効果的な戦略が立てられるからだ。

だが、自社の強みや弱みといっても、ただ漠然と長所や短所を挙げていてはうまくいかない。そこで役に立つのは「ＳＷＯＴ分析」という手法だ。

自社の強み（Strength）と弱み（Weakness）、外的環境要因である機会（Opportunity）と脅威（Threat）、という４つのフレームを使って戦略を分析していくのである。

それぞれの観点が分析できれば、その組み合わせによって戦略の方向性も自在になる。つまり、自社の「強み」と「機会」を組み合わせれば、積極的に攻勢をかける戦略になり、逆に自社の「弱み」と「脅威」を組み合わせれば、最悪の事態を回避するためのリスクマネジメントが可能になるのである。

！自社の立ち位置を明確にする

S	W	O	T
Strength	Weakness	Opportunity	Threat
強み	弱み	機会	脅威
自社の分析		外部の分析	

	外部の分析 O	外部の分析 T
自社の分析 S	自社の強みをさらに高める	ライバルや脅威のなかでどう自社を生かすか
自社の分析 W	自社に足りないものをいかに補完するか	不利な環境で自社の弱みによるダメージをいかに回避するか

市場の環境を正確に知るための「3C」とは？

モノや情報が氾濫している今、目新しさや技術の高さだけでは物は売れなくなってきた。そこで、市場の環境を把握するのによく使われるのが「3C」というフレームワークだ。

1つ目のCはCustomer、つまり顧客である。

顧客のニーズを知るうえでも、どんな特徴を持った顧客なのかを分析することは重要なポイントだ。

2つ目のCはCompetitor、競合だ。競合相手の企業を選び出し、その企業の経営戦略や強みを分析し、対抗手段や弱点をあぶり出していく。

3つ目のCはCompany、自社である。自社の強みや弱点、市場における現在のシェアや戦略、人材や資本状況など、さまざまな角度から分析を行う。この3Cの分析をすることで、消費者のニーズに合う戦略を立てることができるのである。

3Cの中でも、一番重要なのが顧客だ。

！顧客にメリットのある戦略を考える

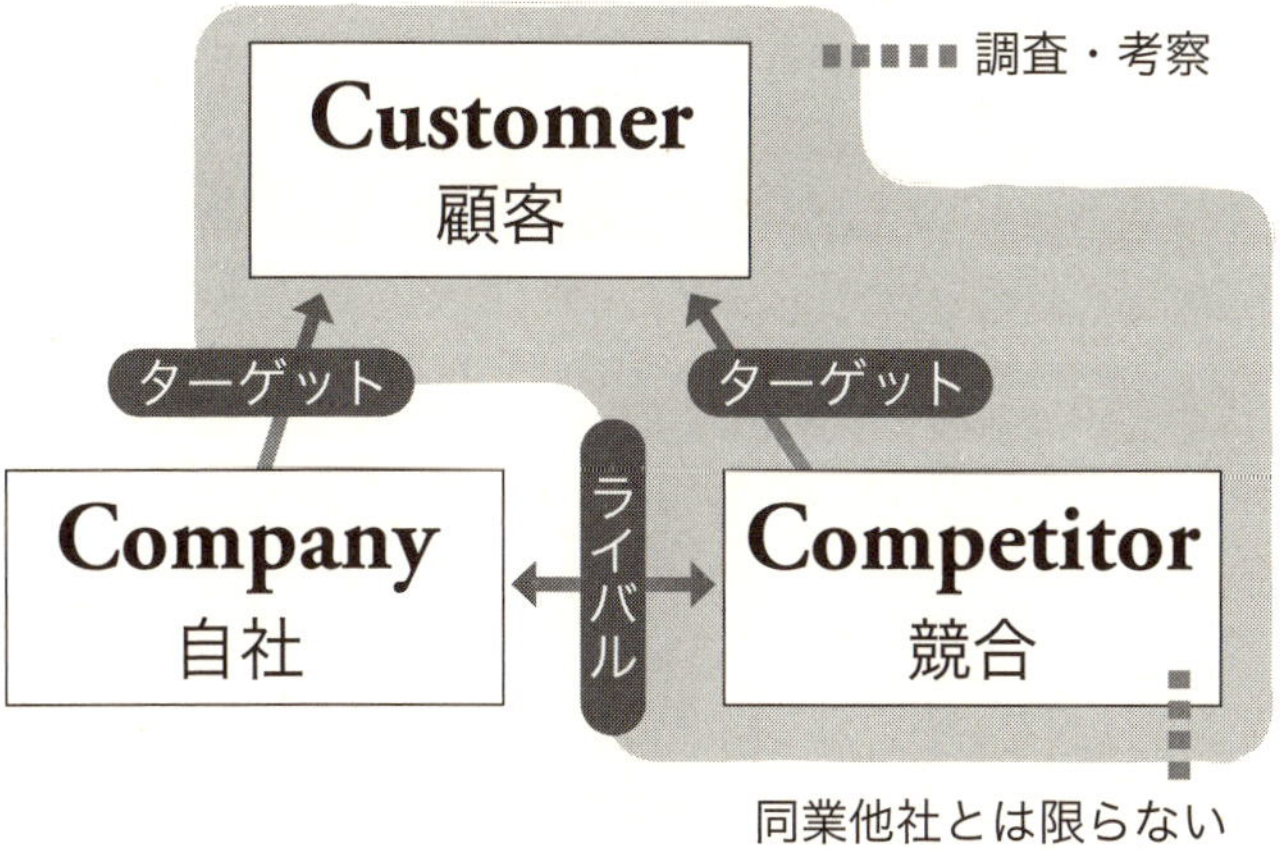

顧客分析がなされていないとニーズに合ったものが提供できない。

自社の強みをアピールして競合との差別化を図ったとしても、ニーズのないところで物は売れないのである。

独りよがりの戦略にしないためにも、まず顧客ありきという基本を忘れてはならない。

反対に顧客分析が十分にできていれば、競合他社とどのように差別化を図っていけばいいか、自社にどんな人材やスキルを補強すればいいのかといった残りの2つのCについてもおのずと明確になる。

顧客のニーズにハマる製品を生み出し、的確にアピールしていくためにも3C分析が役に立つはずだ。

マーケティングの４Ｐで、売れる仕組みを徹底検証する

ネット通販のアマゾンや楽天のサイトを開いてみると、いかに世の中がモノであふれているかが実感できる。これだけ多種多様な商品の中から、ヒット商品を生み出すのは一筋縄ではいかない。

そんななかでヒット商品を生み出すために重要なのは、マーケティングの基本中の基本であるマーケティングの４Ｐに立ち返ってみることだ。

４Ｐとは、プロダクト（製品）、プライス（価格）、プロモーション（広告宣伝）、プレイス（流通）のことである。これらの４つが機能してはじめて売れる仕組みが完成する。どんなに優れた「製品」でも「価格」が高すぎれば売れないし、見当はずれの見込み客に「宣伝」しても広告費がムダになるだけだ。また実店舗で売るのか、それともネットで販売するのかなど、販売方法によっても「流通」のコストや広告の戦略は変わってくる。

失敗を防ぐためにも、まずはマーケティングの４Ｐで戦略の骨組みを固めておきたい。

消費者の手に届くまでの全体像を描く

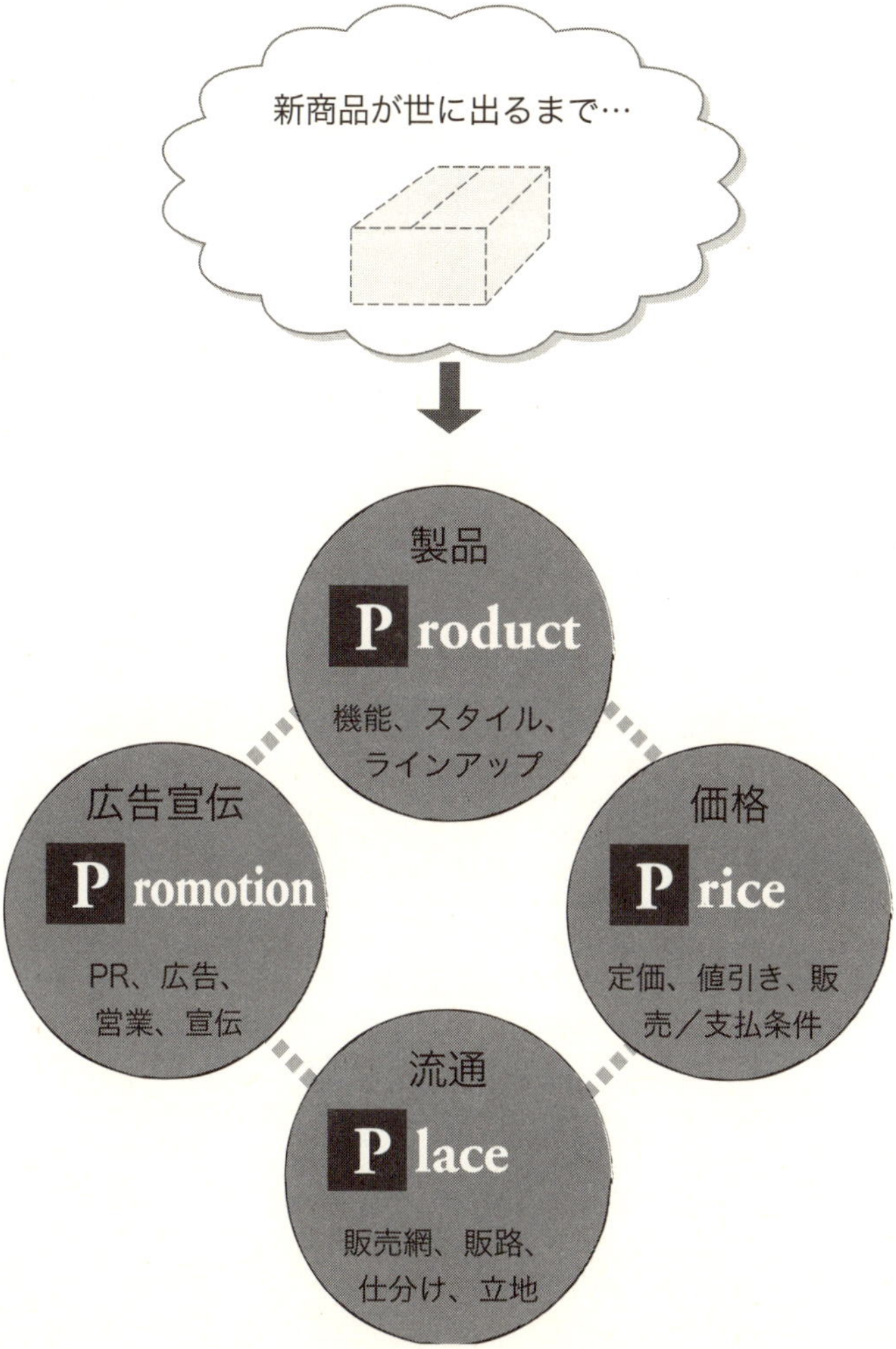

無意識の行動からニーズを掘り起こす心得

スーパーなどのサービスカウンターは、客が利用しやすいようにさまざまなサービスを提供している。しかしクレーム処理も多く、対応に追われて新しいサービスを考えるヒマもないだろう。そこで消費者の心の内を理解するために行動観察をするといい。

たとえば、「この店の好きなところは?」とか「改善してほしい点は?」などのアンケートをとると、「駅から近い」とか「○○分野の品揃えを増やしてほしい」などの顧客の声が集められるだろう。しかし、「この通路がもう少し広かったらいいのに」とか、「レジのところに傘をひっかけるスペースが欲しい」などの細かなニーズは拾い上げにくい。

そこで、行動観察チェックシートを用意し、客の動きを観察して気になる行動を書き入れていくのだ。さらに、その行動の前に起きた「先行事象」と、行動後に起こった「後続事象」を書き加えておく。こうして同じパターンの行動が起こる頻度や、同じ行動をする人の数を集計することで、言葉にならない客の要望を叶えることができるのだ。

! 意識の奥深くにあるニーズを浮き彫りにする

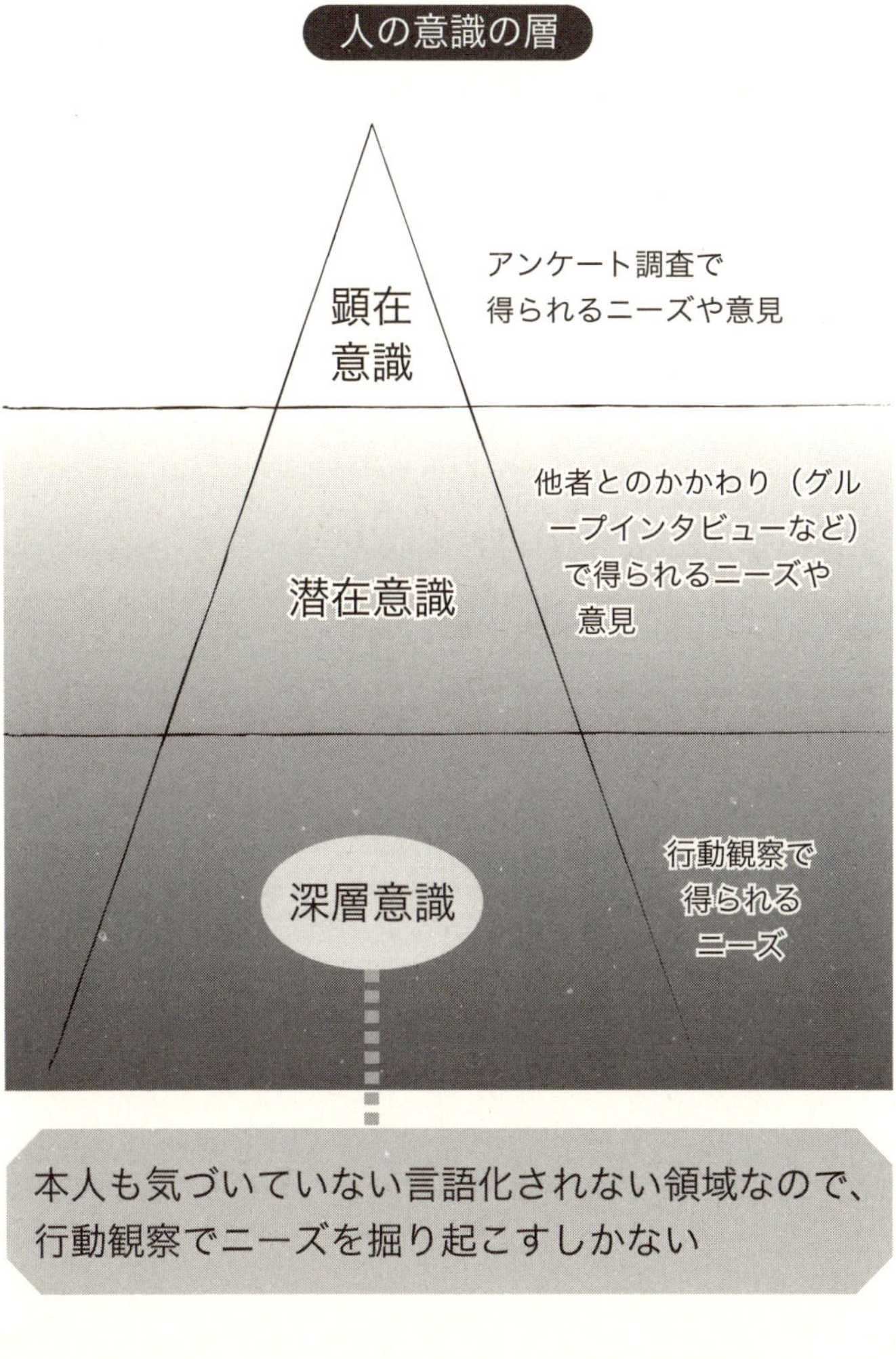
人の意識の層
顕在意識
アンケート調査で得られるニーズや意見
潜在意識
他者とのかかわり（グループインタビューなど）で得られるニーズや意見
深層意識
行動観察で得られるニーズ
本人も気づいていない言語化されない領域なので、行動観察でニーズを掘り起こすしかない

個々の戦闘力を高めて、不利な条件を跳ね返す方法

大企業というと安定はしているものの、組織の一員としての仕事しかできないことが多い。一方、中小企業は個の努力しだいで成果を上げることもできる。

そこで、事業の規模に応じたビジネス戦略を組み立てるのに役立つのがランチェスター戦略だ。もともとは、兵力・戦闘力と勝敗の関係を明らかにした法則だが、現在はビジネス分野で応用されている。

では、兵士の数で圧倒的に不利な中小零細企業はどのように戦えば有利になるのか。そのためには、5つの戦略でスキルアップして個々の戦闘力を高めることだ。

たとえば、商品戦略ではナンバーワン企業が「総合主義」をとるのに対し、2位以下は「一点集中主義」で攻める。また、地域戦略もナンバーワン企業がその組織力で「広域戦」に臨めば、2位以下は「局地戦」で対抗するというように市場規模に合った戦略を推し進める。これらの戦法を自社に当てはめてみると、おのずと戦略が見えてくるはずだ。

ナンバーワンに対抗する弱者の戦略

市場シェア 2位以下		市場シェア ナンバーワン
弱者		強者
差別化戦略	基本戦略	ミート（同質化）戦略
一点集中主義	主義（商品戦略）	総合主義
局地戦	地域戦略	広域戦
接近戦	流通戦略	遠隔戦
一騎打ち戦	顧客戦略	確率戦
陽動戦	戦法	誘導戦

顧客の満足度を読み間違えてはいけない！

企業で不祥事が起こる原因の多くは、自社の利益だけを追求しすぎたことにある。この悪しき流れを是正するために注目されているのが、マーケティングの「4C」だ。

4Cは「カスタマーバリュー（顧客にとっての価値）」、「カスタマーコスト（顧客の負担）」、「コンビニエンス（入手の容易性）」、「コミュニケーション（情報）」の頭文字をとったもので、顧客にとっての商品価値を高め、購入代金や維持費などの負担を軽減し、手に入れやすい方法を追求する考え方である。

この4つの視点に自社の製品やサービスを落とし込むことで、企業側の思い入ればかりが詰まった的外れな製品やサービスを生み出すこともなくなり、それがひいては企業に利益をもたらす結果になる。ただし、4つすべてを高水準に保つのは難しいので、多少高くても高品質にこだわった製品を提供するとか、24時間入手できるようにコンビニとネット販売を充実させるなど、どの「C」に経営資源を投入すべきかを検討することも大切だ。

顧客が求める4つの価値

Customer Value
顧客にとっての価値

ブランド力、高品質、
高機能など

Customer Cost
顧客の負担

価格、維持費、
分割時の金利など

Convenience
手に入れやすさ

アクセスがいい、
時間に限りがないなど

Communication
コミュニケーション

カスタマーサービスや
公式サイト、メール
などによる情報提供

能力的に「できること」「できないこと」を正確に見極める

社内に多くの有能な人材やスキルがあっても、それらを活かせなければ宝の持ち腐れだ。そんな企業の競争能力を見極めるのに役立つのが、ＶＲＩＯ分析という方法だ。

これは経済価値（Value）、稀少性（Rareness）、模倣困難性（Imitability）、組織（Organization）の切り口で、企業が持つ経営資源と活用能力を分析していくものだ。

また、ＶＲＩＯ分析では、企業内の事業分野や部署別に４つの切り口それぞれを、問いに答える形で評価していく。

Ｖについては、その資源で機会をつかまえられるか、その資源によって競合相手などの脅威に対抗できるか。Ｒに関しては、資源を保有する企業は少ないか、活用できている企業は少ないか。

またＩは、今はその資源を持っていない企業がそれを獲得するにはコスト負担が大きくないか。Ｏは、資源を活用するために組織が機能するか、そのためのルールが整っている

企業の経営資源を分析して強みを知る

企業の現状をVRIOで問うてみる

	V	R	I	O	方 針
企画	◎				
開発					
原料		◎			
品質					
販売		×		◎	
サービス		△			

かなど、表現を資源に合せて調整しながら質問を重ねていくのである。

たとえば、次々に新しい製品を生み出せる製品開発力があればV、R、Iは（○）がつく。しかし、その製品を販売するルートや販促能力などに不満が残るようならOが（×）となる。

つまり、事業分野別に強みと弱みが明確になるので、どのポイントを伸ばしていけばいいのかが一目瞭然なのだ。

VRIO分析は、資源を持っているかどうかだけでなく、その資源を活用する能力が企業に備わっているかどうかを見極められる。資源を活用してこそ競争力は高められるのである。

限られた資金を使っていいポイント、いけないポイント

企業が持つ資金は無限ではない以上、どの事業にどれだけの資金を投入するのかを見極めていくことが重要になる。

万が一資金配分を誤れば、その事業がうまくいかなくなるだけでなく企業そのものが転覆しかねない。

そこで、なるべくリスクが少ない効率的な資金計画を立てる時に取り入れたいのが、市場の成熟度（市場成長率）と競争優位性（相対シェア）を横軸と縦軸にし、4つのブロックに分かれた表にして考えるPPM（プロダクト・ポートフォリオ・マネジメント：Product Portfolio Management）だ。

PPMでは事業を「花形」「金のなる木」「問題児」「負け犬」の4つのブロックのどこに位置するかを考えたうえで、資金投入のバランスを決定する。

金のなる木には投資を抑えて利益率を上げ、その利益を他の事業に回すことができる。

どの事業や製品に経営資源を配分すべきか

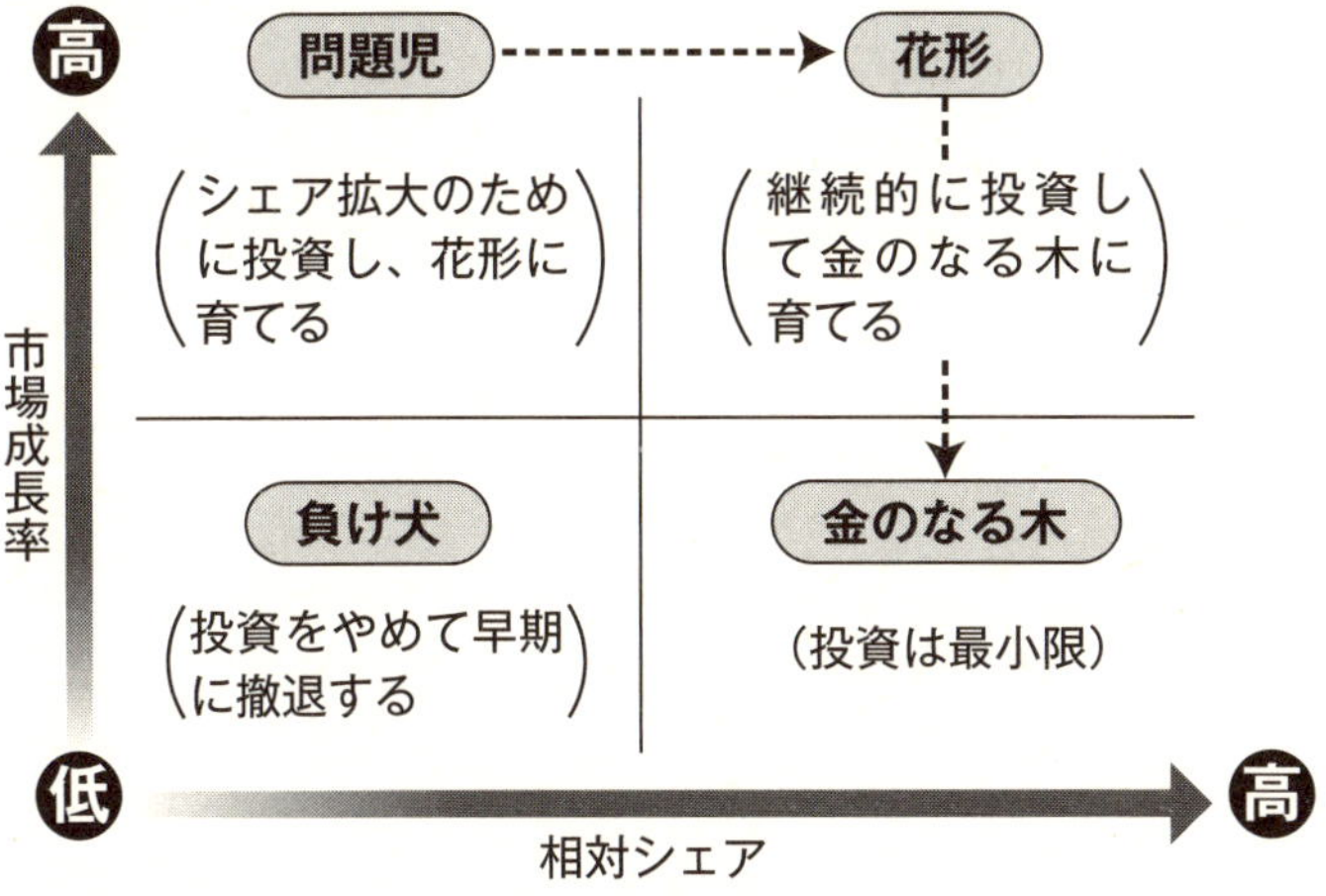

花形の事業には投資を続けて、事業としての優位性を確立させて金のなる木に育てる。

逆に、問題児となっている事業には投資をしつつ成長率を見極めて撤退も選択肢に入れておく。

もし、負け犬になってしまったら、挽回するために資金をつぎ込むのはムダになるので早々に撤退する必要があるだろう。

もちろんＰＰＭがすべての観点を盛り込んでいるわけではないので、唯一絶対の判断基準ではない。

しかし、事業の現状を分析することで効果的な資金計画を立てる助けになることは間違いないはずだ。

「チャンスロス」から考えるのが、意思決定のツボ

あなたは町工場の経営者だとしよう。

ある日、取引先のメーカーから新製品の部品を作ってくれないかと依頼があった。その部品を作ることは、あなたの工場では技術的には可能だが、新たな工作機械が必要になる。

工作機械の値段は最新のもので5000万円、中古なら2000万円する。ここのところ利益の出ない経営状態が続いているので、設備投資するなら銀行に融資してもらうしかない。

さてこんな時、どんな経営判断を下すのがベストだろうか。

①最新鋭の工作機械（5000万円）を導入して受注する

②中古の工作機械（2000万円）を導入して受注する

③設備投資は行わず、依頼は断る

このような意思決定をする時に頭に入れておきたいのが、「チャンス（機会）ロス」と

いう概念だ。

たとえば、①か②を選んだ場合は設備投資をするのだから、その投資額に対してどれだけの利益が得られるかをはじき出す必要がある。その時に、どちらがより利益を出せるかということも大切だが、それを選ばなかったがために得られなくなる利益のことも考えておかなければならない。

また、新しい機械を選んだ場合は、そのぶん借り入れが多くなるので経営的なリスクが大きくなる。一方で、中古品を選んだ場合は、機械の性能が下がるので利益率も下がる可能性がある。

また、③を選べば借り入れが発生しないので、金利を支払う必要がなくなるが、目の前にあるチャンスをみすみす逃すことにもなる。

このように意思決定する時には、チャンスロスに基づいて検討すれば損を可能なかぎり回避することができる。

会社経営だけでなく、人生の岐路に立った時にもチャンスロスについて考えてみるべきだろう。

自分がどこに向かうべきかは「原価率」が教えてくれる

1杯のラーメンからプライベートジェット機に至るまで、その商品の価格は緻密な原価計算の上に成り立っている。

商品価格の中に含まれているのは原材料費だけではない。そこには店や会社を運営するための人件費、光熱費、開発費用、事務費、宣伝広告費などのさまざまな経費と、そしてもちろん利益も含まれている。

だから、たとえば飲食店で儲けようとすると、まずはできるだけ食材などの仕入れを安く抑えて原価率を低くするのが先だと考えるだろう。

もし多くの飲食店の原価率を約35パーセントとすると、それを30パーセントくらいにまで落とすのだ。そうなると、よほど特殊なルートでも持っていないと食材の質を落とすことになる。食材の質が落ちれば、当然味も落ちる。これでは客のほうも満足度が低くなって客足が遠のき、店が存続することすら難しくなってしまうのだ。

では、原価率を高くすればどうだろうか。たとえば1000円の料理の65パーセント、つまり650円を食材費に当てるのである。

素材がいいのだから、きちんとしたプロの料理人がつくればおいしい料理に仕上がるのは間違いない。そして、残りの35パーセントを人件費や光熱費などにあてて店を運営する仕組みをつくるのだ。

じつは、この方法で問題を解決し、成功した立ち食いイタリアンやフレンチの店もある。イスとテーブルを置かないカウンターだけの店なら、省スペースで賄うことができるうえ、家賃を抑えることができる。

その分、原価率を高くして本当においしい料理を提供し、立ち飲みスタイルで客席の回転率を上げて利益を出す仕組みを生み出したのだ。

原価率なんて自分の仕事とは関係ないなどと思っていたら大間違いだ。自分の会社や業種がどのくらいの原価率でやっているのか把握するのはもちろん、これから先、どのような戦略を打つのかにも原価率や利益率が関わってくるのだ。

それがどれだけ非常識であっても、あきらめずにとことん数字を追求することで満足できる結果が出せるのである。

売り上げダウンは、「クロスセリング」で乗り切る

右肩上がりで成長していたのに消費の低迷で売上げが下がってきた――。そんな時に注目したいのが、マーケティングだ。

1人でも多くの人に買ってもらえる仕組みをつくるには、まず客の購買行動が起こるメカニズムを理解することが必要だ。これさえわかれば、どんなマーケティングミックス（製品・価格・流通・プロモーション）を提供すべきかがわかるからである。

そのためには、まず相手をよく理解しなければならない。

マーケティングの対象は1人ではなくより多くの人であり、しかも一度にさまざまな消費者を相手にする。そのため、彼らの特徴をつかんだり、一部のデータから全体を推測したりできる統計学の応用は欠かせないのである。

私たちが買い物をする時はふつう、一度に複数の種類の商品を買うことが多い。店側に立って考えれば、客の同時購入が増えれば、たとえ客足が伸びなくても売上げを伸ばすこ

とができる。

そこで、店や企業はこの同時購入を促すための販売促進策などを立てて、さらに売上げを伸ばそうと努力するわけだ。これを「クロスセリング」という。

たとえば、レシートを見れば同時購入の軌跡がわかる。レシート1枚を見るだけなら1人の客しかわからないが、蓄積したレシートのデータを使えば、その店における同時購買の傾向（マーケットバスケット分析）がひと目でわかるのだ。

ようするに、マーケットバスケット分析は膨大な数のレシートを〝要約〟し、客がどんな商品を一度に買ったのか、その傾向を把握しようとする手法なのである。

ただ、この分析だけでは年齢や性別、家族構成など同時購入した人の属性まではわからない。

そこで店側は、ポイントカードなどを使って誰が買ったのかを特定する。アメリカの量販店では、赤ちゃんの紙おむつを買いに来た男性が一緒にお酒を購入することが多いことがわかり、紙おむつの横にビールを陳列したところ売上げが伸びたという例もあるのだ。

このように、私たちが何気なくしている日々の買い物だが、誰が、何と何を一緒に買っているのかを店にチェックされているのである。

目標のハードルは下げたほうが達成率が上がる⁉

ビジネスはよく「小さく生んで大きく育てる」といわれる。これは会社の経営を志すなら、初めから規模の大きな会社を設立するのではなく、最初は小規模な会社からスタートして、時間をかけて確実に大企業へと成長させるという意味だ。

これなら経営者は会社の隅々まで目を光らせることができるので、優秀な人材を育成し磐石な組織づくりができるというわけだ。

この言葉は起業家のみならず、目標達成のためのノウハウとしても応用可能だ。じつは、初めから大きなことを掲げず、小さな努力を地道に積み重ねたほうがたいていの場合、達成しやすくなるからだ。

たとえば、水泳で毎日１０００メートル泳げるようになろうと思ったとしよう。しかし、いきなりこの長さにチャレンジしたのでは、よほど泳ぎに自信のある人でない限り、途中であきらめてしまうのではないだろうか。

しかし、そんな人でも25メートルを完全に泳ぎきることだけを最初の目標に置き、それが達成できたら次は50メートル、そして100メートル、というように少しずつ距離を伸ばしていけば確実に1000メートル泳げるようになる。

つまり、まず低いハードルから始めて、それを段階的に上げていけばいいのである。こうすれば、あきらめずに続けられ、目標も達成しやすくなるはずだ。

この方法は新人営業マンの教育にも当てはまる。1日当たりの訪問件数を少しでも上げさせたいのなら、「もっと訪問してこい」と漠然と指示するのではなく、「今月は1日5件を目標にしよう」とまずハードルを低く設定しておいて、翌月からこれを10件にするのである。

すると彼らは目標を確実にクリアすることができるので、しだいに訪問件数を上げるコツがわかるようになり、3ヵ月もすれば上司が特に指示しなくても毎日多くの顧客を訪れるようになるはずだ。

階段を昇るように一歩一歩ステップアップすれば、希望を持って続けられるし、目標に近づくことができる。何事も焦らずに前に進めば、どんな目標も確実に射程距離に入れられるのだ。

いい結果が出せないなら、「撤退」を恐れてはいけない

しっかりと計画を練り、リスクの予測もしてプロジェクトをスタートさせたものの、どうも計画どおりに進まない、結果も出ない…。

そんな時には早めに軌道修正することが大切だが、どんなに修正してももはや焼け石に水で、続けていくだけで経営にマイナスになるなら撤退するという決断も必要になる。

しかし、撤退するのは始めるよりも勇気がいるものだ。今はうまくいってないが、もう少し頑張ればせめて今まで積み上げたマイナスをゼロにまで戻すことができるのではないかと考えて、切り捨てることができなくなってしまう。

じつは、これは誰もが陥る可能性のある心理状態なのだ。

心理学では「サンクコスト効果」や「コンコルド効果」などともいわれているが、平たくいえば「もったいない」という気持ちが後戻りすることを阻んでしまうことだ。

ギャンブルでも、完全に負け越してしまっているのに、それまでに失ったお金が多けれ

ば多いほど取り返すまではやめられなくなってしまう。

それと同じように、ひとつのプロジェクトを立ち上げるまでには、多くの時間を費やしてたくさんの人の協力を得ている。しかも、それまで人件費や開発費などコストもたっぷりかかっている。

とにかく、撤退という決定を下すのは非常に厳しい。特に、これまでに支払った費用や時間、労力が大きければ大きいほど合理的な判断ができなくなって後戻りできなくなってしまうのである。

そうして赤字を垂れ流し続けて、二進も三進もいかなくなってしまった例は数多くあるのだ。

もちろん、撤退を決断すれば挫折感を味わうし、一時的に風当たりも強くなるかもしれない。しかし、結果は失敗だったとしても、その失敗も経験のひとつとして自分のキャリアの中に蓄積すればいいのだ。

撤退後、落ち着いたところで何がダメだったのか、どうしてうまくいかなかったのかをしっかりと総括すれば、必ず次に役立てることができるのだ。

勇気ある撤退は、けっして汚点ではないことを覚えておきたい。

置かれた状況を正しく知るための4つの視点

業績が上がらない時、「売上げ20パーセントアップ！」などと数値目標だけを掲げる人がいるが、これはうまいやり方とはいえない。なぜなら、数字の目標だけでは、現場に立つ従業員たちに具体的な方策が伝わらないからだ。

そこで役に立つのが、バランス・スコアカードだ。これは「財務」「顧客」「業務」「学習・組織」という4つの視点からなる業績評価システムである。

どれだけ利益を上げたいかという「財務」、客に何を提供するかという「顧客」、具体的に何をすればいいのかという「業務」、どんなスキルが必要なのかという「学習・組織」の4つの観点について、それぞれに目標設定をしたり、達成度を評価していくのだ。

このバランス・スコアカードを取り入れることで、自分自身や部署ごとの目標と、組織全体の目標を関連づけることができる。その結果、モチベーションのアップにつながり、結果的に目標の実現性を上げることができるのである。

４つの視点のバランスを整える

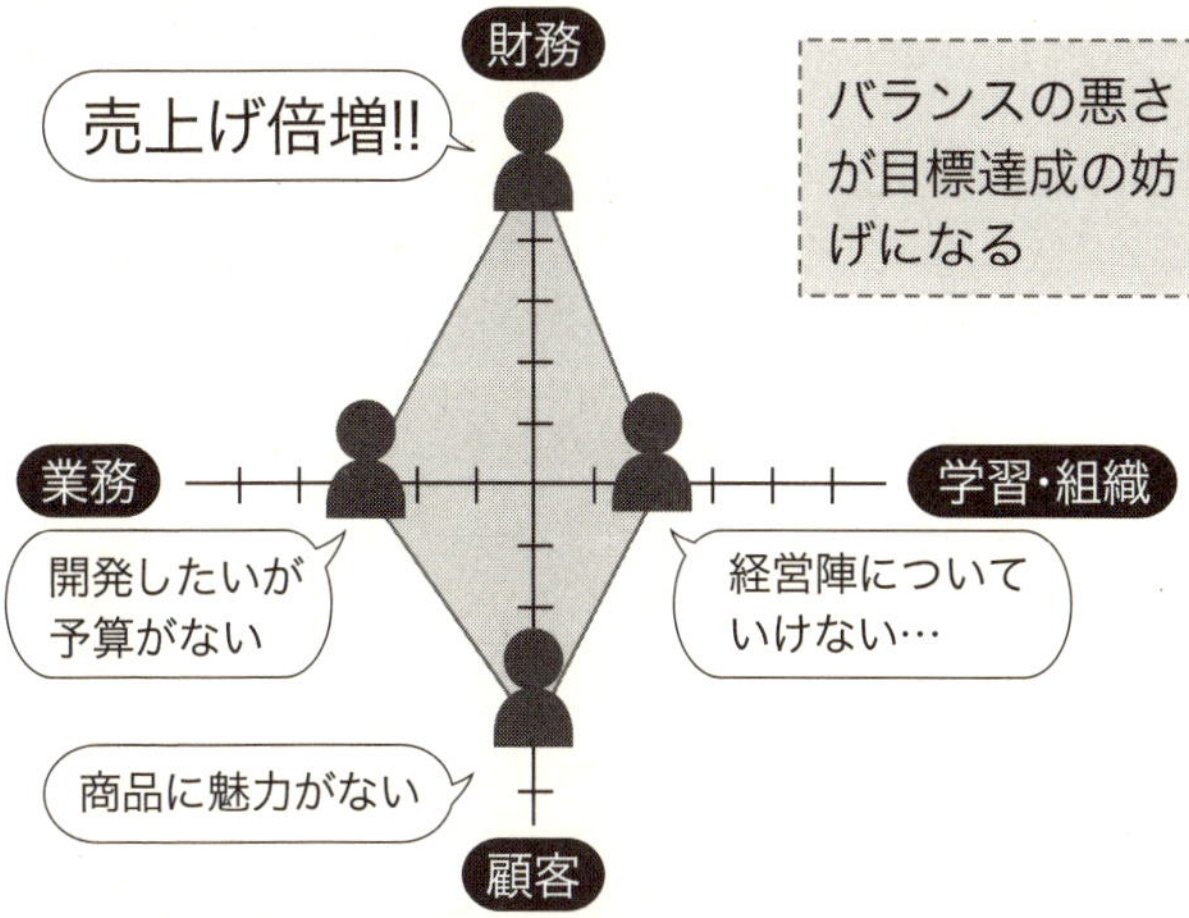
財務
売上げ倍増!!
業務
開発したいが予算がない
学習・組織
経営陣についていけない…
顧客
商品に魅力がない
バランスの悪さが目標達成の妨げになる

バランスを整えるために

財務
売上げ
20%アップ！

業務
市場に求められる
製品を開発しよう！

顧客
こんなものが
欲しかった！

学習・組織
高い商品知識を身に
つけて、顧客満足度
を高めよう！

現実的な戦略が社内の士気を高める

きちんと「いい結果」を出すためのムダの省き方

効率が悪いと言われればムダをなくすことばかりを意識してしまいがちだが、限られた時間を余すことなく使うことで会社に利益をもたらすこともできる。その方法を説いたのが「5Sの法則」だ。

この手の法則は英語の頭文字をとったものが多いが、5Sの「S」は日本語で、「整理」「整頓」「清掃」「清潔」「しつけ」のことである。この5つに取り組むことで、社員の意識改革だけではなく経営改革も同時にできるのだ。

一見、子どもに教える生活習慣の基本のようだが、5Sの定義は少し違う。たとえば、整理はただ片づけるのではなく、「不必要なことを取り除くこと」を意味している。つまり、必要なものだけを残すことである。

また整頓は、「必要なものをすぐに取り出せるようにすること」であり、清掃は「ゴミ（汚れ）の量が一定であること」をいう。

業績を復活させるための5つのポイント

5S	整理	不要なもの（モノ、情報など）を取り除く
	整頓	必要なものをすぐに取り出せるようにする
	清掃	ゴミ（汚れ）の量を一定にする
	清潔	整理・整頓・清掃の3Sを維持する
	しつけ	4つのSのルールを正しく守る

さらに、清潔とは「整理・整頓・清掃の3Sを維持すること」で、常に高いレベルで3Sを保ち続けることが清潔の定義なのだ。

そして、これらすべての「約束事を守ること」がしつけになる。社内全体がこのルールを守ることでその効果はより高まるのだ。

5Sを実践して大きな成果を上げたことで有名なのが、販売台数で常に世界のトップを競っているトヨタ自動車だ。

トヨタの工場では部品や工具は決められた場所に並べられ、それを工員が最も短時間で手にできる場所に配置されている。

どこに何があるのか、誰もがわかることが大切で、探し物をする一瞬さえも「ムダ」と考えられているのだ。

「チャンス」かどうかが一瞬で判断できる現状分析のコツ

戦略を練ったり状況を分析する時に、ついモノの見方が近視眼的になってしまうことがある。だが、目先のことにとらわれていると、状況を的確に把握することができない。全体像を理解するためには、前述のとおり、物事を俯瞰してみることが大切だ。

そこで、大きな視点に立って思考する時に役立つのが「ＰＥＳＴ分析」である。

ＰＥＳＴとは、政治（Politics）、経済（Economy）、社会（Society）、技術（Technology）の頭文字で、企業や組織を取り巻く大きな外的要因をこれらの４つに大きく分けて分析する手法がＰＥＳＴ分析だ。

Ｐは政治や法律の面から、Ｅは経済成長率や個人消費といった経済の流れ、Ｓは人口や消費動向など社会全体のトレンド、Ｔでは技術の進歩などから環境を精査するのである。

目先のことにとらわれて気づかなかったことも、大きな視点から見直せばフォローすることができる。視野を広げるためにも、この４つの視点は忘れずに意識しておきたい。

環境を読めば次の一手がわかる

経営戦略の捉え方

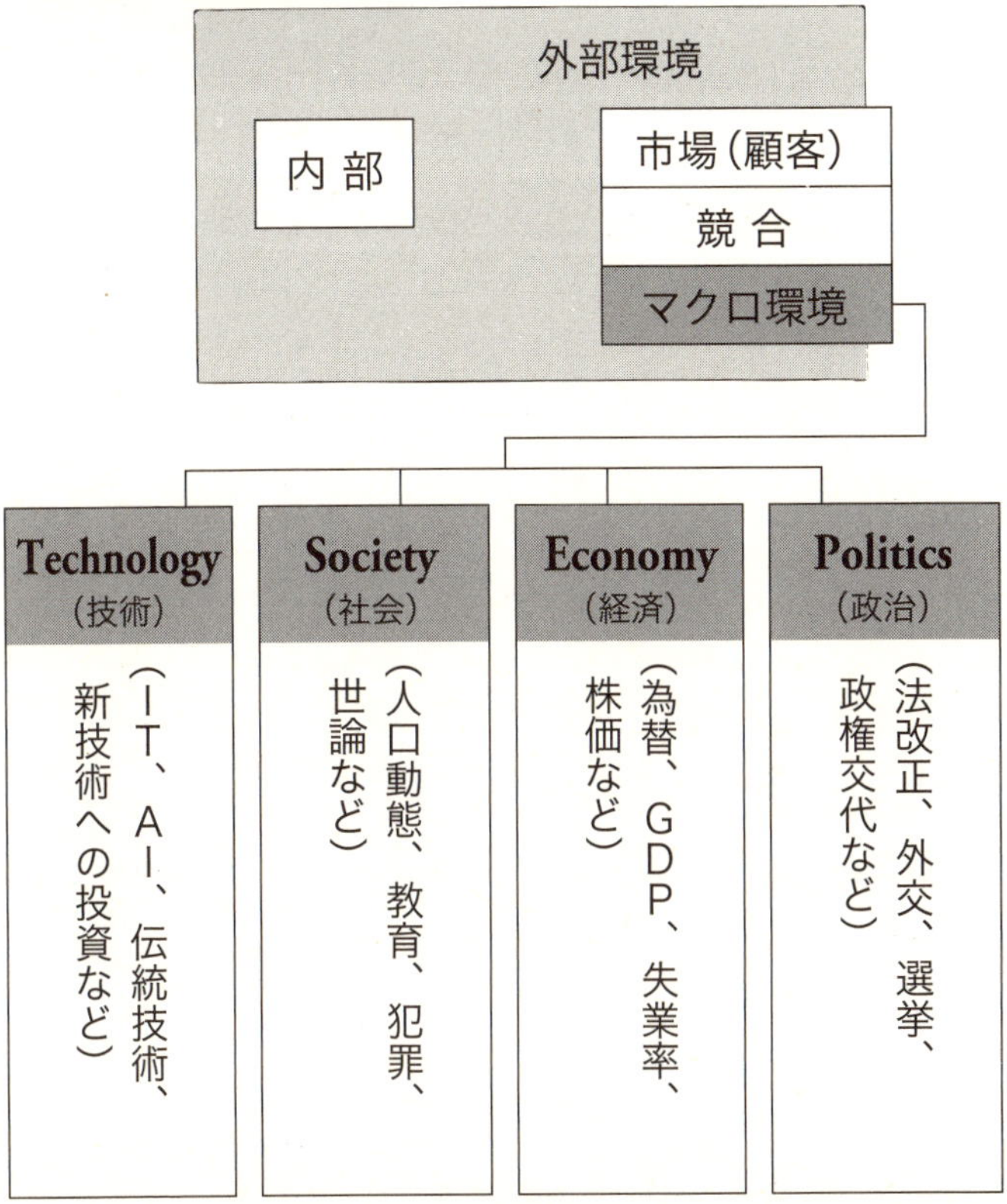

4つの分野の「チャンス」と「脅威」について分析する

いま組織に何が足りないかを知るための7項目

うちの会社は組織として何かが足りない…。そんな疑問に対する答えを導き出してくれるのが、有名なコンサルティング会社であるマッキンゼーが提案した、企業を多面的に分析するための7Sだ。これは、ハードの3Sとソフトの4Sの要素を検討することで、企業全体をもれなく把握することができるというものだ。

ハードの3Sは組織（Structure）、戦略（Strategy）、システム（System）、ソフトの4Sは人材（Staff）、スキル（Skill）、スタイル（Style）、価値観（Shared Value）である。この7Sがバランスのいい関係にある企業は、健全で優良な状態にあると判断できるのだ。

ただし、ハードとソフトは性質が違う。ハードの部分は短期間にある程度変化させることが可能だが、ソフトの部分は短期的に変えることが容易ではない。

つまり、ハードの3Sではある程度短期的に、ソフトの4Sに関しては中長期的に、バランスのいい戦略を立てることが改革を成功に導くコツなのである。

7つの項目で社内を分析する

ハードの3S

System
（システム）
情報伝達の仕組みは万全か

Strategy
（戦略）
事業の優先性を保てる強みは何か

Structure
（組織）
組織はどうあるべきか

ソフトの4S

Shared Value
（価値観）
社員が同じビジョンや理念を共有しているか

Style
（スタイル）
企業文化や社風は育っているか

Skill
（スキル）
社員を含む企業の能力や技術は高まっているか

Staff
（人材）
いかに有能な人材を確保し、育成するか

自分を取り囲む「競争要因」を正確に知る方法

ビジネスには競争がつきもので、まわりは敵だらけといった状況もありえるだろう。敵といえばつい同業他社などを想像するが、むしろ目を向けなくてはならないのは、自分や会社を取り巻く環境すべてに存在する競争要因だ。

たとえば、内的要因である「顧客」「供給業者」、外的要因である「代替品」「新規参入業者」に加えて、「競合企業」という5つの観点から競争要因を分析する方法を「ファイブフォース分析」という。この方法を使うと、近視眼的になることなく戦略を立てることが可能なのだ。

ベンチャー企業や外資系企業などの新規参入者、代替品といった競争相手、大口顧客による値引き要請、供給業者による原料価格の値上げなどを考慮に入れないと戦略としては致命的にもなりうる。この5つの視点のどれをとっても、競争社会を勝ち残るためには欠かすことができない必須条件だといえるだろう。

業界の構造を整理して分析する

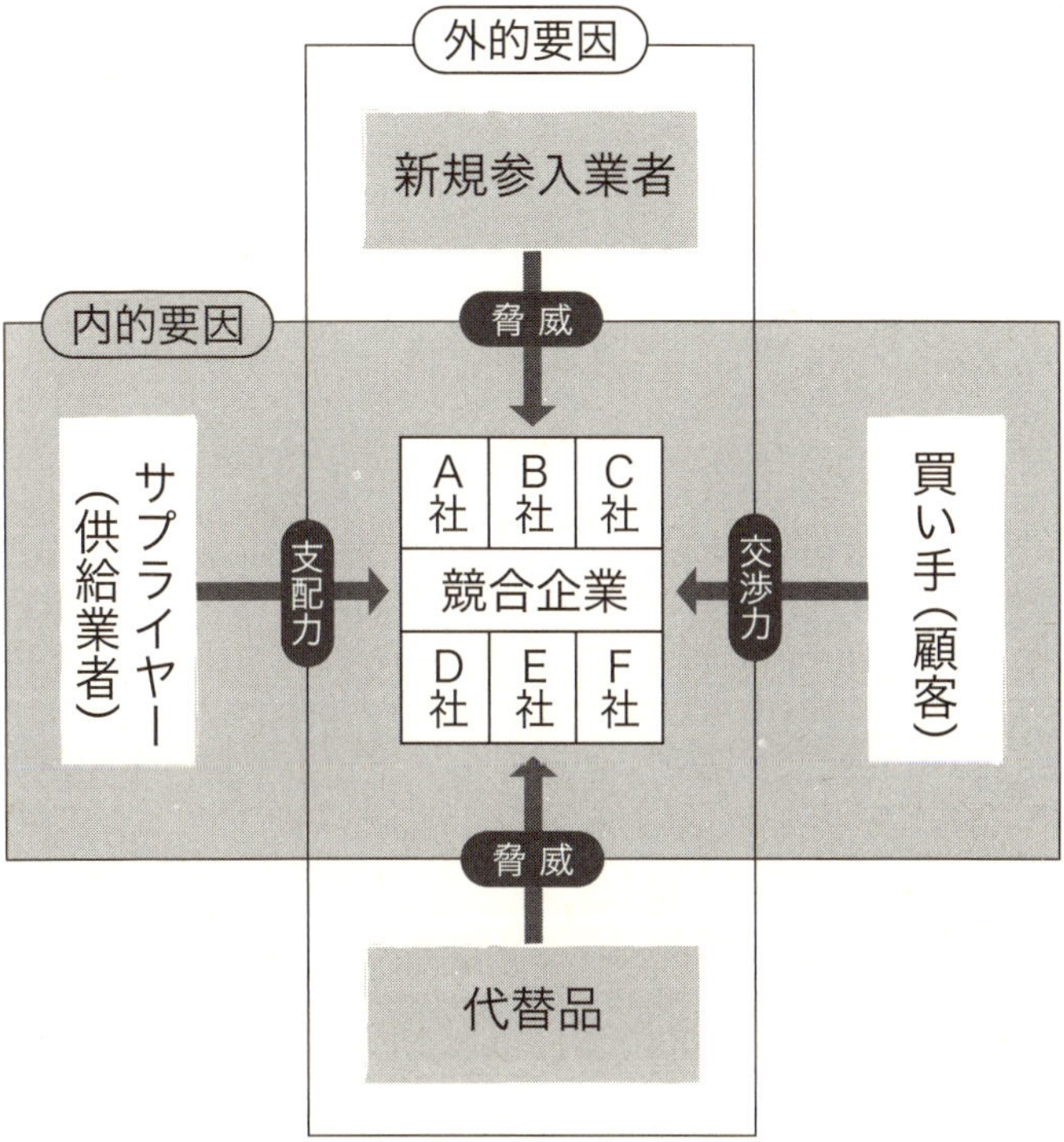

5つの要因が業界の競争環境を強めたり弱めたりする

他社が絶対にマネできない「中核スキル」を見出す

交渉や自己アピールが苦手という人は、自分のウリや強みをしっかりと把握できてないことが多い。これは企業も同じで、他社がマネできない独自のスキルを分析することが企業間競争を勝ち抜くための力になる。これを「コアコンピタンス分析」という。

この分析法の提唱者であるハメルとプラハードは、その著書の中でコアコンピタンスの例としてホンダのエンジン技術、ソニーの小型化技術、シャープの薄型ディスプレイ技術を挙げている。どれも、業界の中では他社の追随を許さない優れた技術であるうえ、消費者からも広く支持されている製品を生み出している。

つまり、ただ単にオリジナルのスキルであるというだけではコアコンピタンスになり得ない。そのスキルを顧客に対して価値を生み出す分野で発揮できるかどうかがカギになってくる。同じような製品があふれているなかで、自社が持つスキルの価値を最大限に発揮させるような戦略を立てなければならないのだ。

自社のコアコンピタンスを明確にする

ステップ1 … 他社より優れている、自社の強みを抽出する

↓

ステップ2 … ステップ1で抽出した強みがコアコンピタンスになるかどうか判定する

↓

ステップ3 … コアコンピタンスを最大に生かした経営戦略にシフトチェンジする

そこで、自社のコアコンピタンスを分析する際には、まずステップ１で製品開発に限らず人事、生産管理、広報など、各事業分野に関する強みを思いつく限り挙げてみる。

　ステップ２では、それらの強みの中で、そのスキルを他の事業にも展開できる中核となるものを見つける。それこそがコアコンピタンスとなる。ステップ３はそれを生かした経営戦略にシフトチェンジするのである。

　コアコンピタンスをしっかりと把握できれば、他社がマネのできない、より戦略的な経営戦略を立てることができる。

　顧客価値を高めていくことで、市場の中で存在感を増していくことができるのだ。

売れないのにはワケがある① 優良顧客の正しい見極め方

モノを売る時に忘れてはならないのが「顧客目線」で考えることだ。商品開発でも販促戦略でも、「誰に売るのか」という視点がなくてはピントがずれたものになるはずだ。

そこで、商品別に優良顧客を見分ける有効なやり方がある。「ＲＦＭ分析」というもので、顧客をＲ（Recency＝最新購買日）、Ｆ（Frequency＝購買頻度）、Ｍ（Monetary＝累積購買額）という3つの観点で分析していく手法である。

たとえば、Ｆが高くてもＭが低い顧客の場合は客単価が低いので、販促をかける際には、高額な製品よりも低価格な製品のラインナップのほうが有効ということになる。

また、Ｍが高くてＲが下がっていたら、購買意欲の高い優良顧客の足が遠のいていることが読み取れるのだ。

ＲＭＦ分析を使って顧客を分析して細分化していくと、販売の現状と問題点が見えてくる。まさにマーケティングの基本中の基本といえるだろう。

顧客情報から優良顧客を見つけ出す

ID	Recency（最新購買日）	Frequency（購買頻度）	Monetary（累積購買額）	ランク
2005001	2017/07/20	12	125,832	A
2005002	2016/12/08	7	97,855	B
2005003	2017/06/12	8	85,222	B
2005004	2015/01/08	1	6,092	E

ランクが高い顧客に対して積極的にアプローチする

例）

・メール、DMによる販促

・年間購買額ごとの優待ポイント

次につながるアプローチ

売れないのにはワケがある② 大事なのは「顧客が何をしたいか」

顧客満足度を高めることが企業の利益につながるというのは、今や当たり前の認識だ。ところが、企業が新たな製品やサービスを企画、開発する時に競合他社よりもいいものを作ることや、今ある製品やサービスをモデルチェンジすることばかりに入れ込んでしまい、顧客が何を望んでいるかを理解することがおろそかになってしまうことが多い。

そこで、「なぜ、今この製品なのか?」の答えを明確にするのがバリュー・プロポジションである。

このバリュー・プロポジションをあぶり出すには、まず重なり合う3つの円を描き、ひとつの円には「自社が提供できる価値」を書き出し、もうひとつの円には「競合他社が提供できる価値」を記入する。そして最後の円には、顧客が本当に得たいものとは何なのかを分析して、その答えを書く。この1つ目の円（自社）と、3つ目の円（顧客）だけが重なりあった部分が、自社のバリュー・プロポジションになるのだ。

顧客のニーズに合った価値を提案する

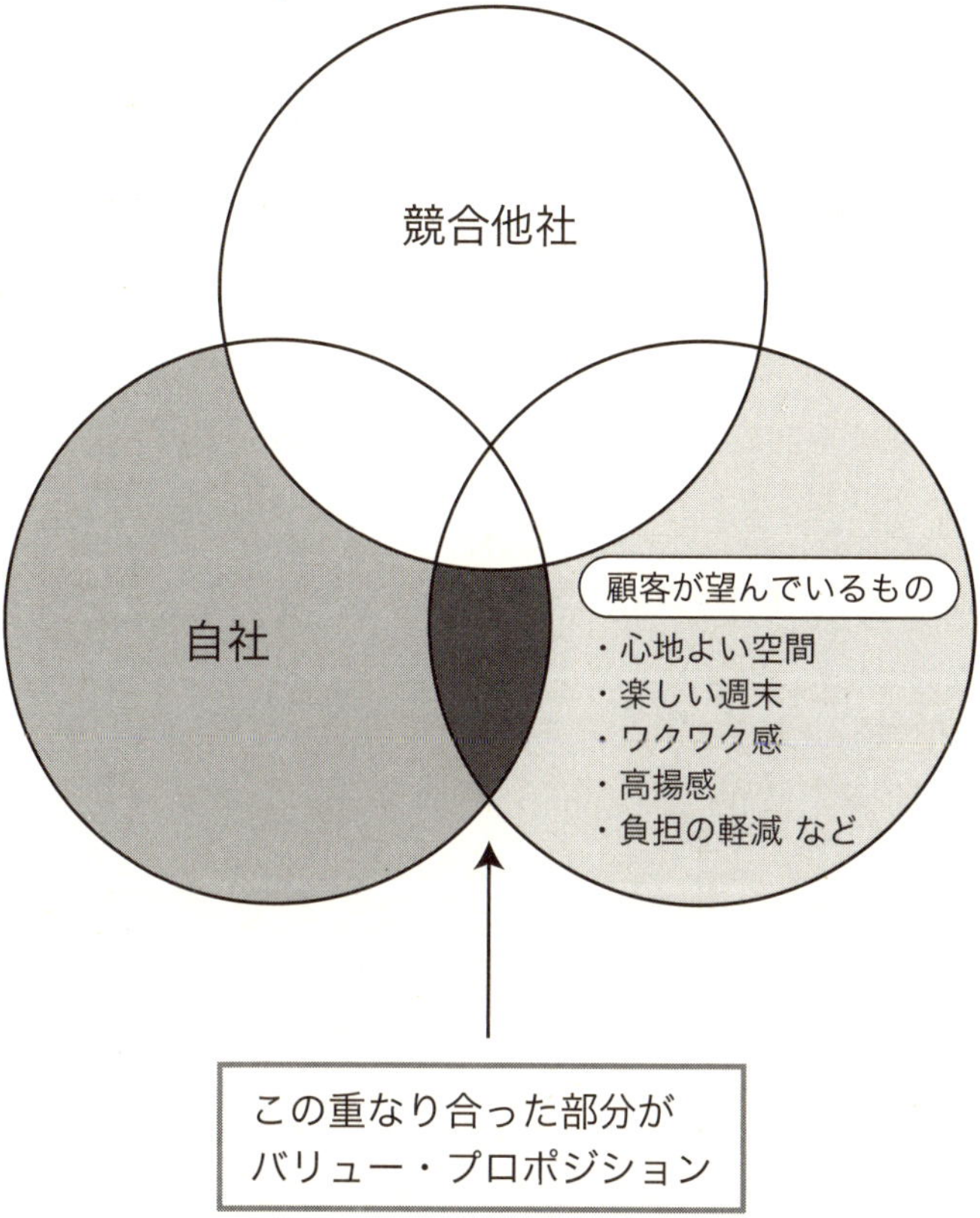

新陳代謝に「スクラップ&ビルド」は欠かせない

どんな企業も成長を続けていくためには定期的に事業の見直しを進めなくてはいけないが、この時に有効な手法が「スクラップ&ビルド」だ。

その言葉の通り、採算の悪い部門や事業は廃止（スクラップ）し、将来性のある部門や事業を新規に立ち上げて（ビルド）いくのである。

たとえば、チェーン店などはほとんどが毎年のようにスクラップ&ビルトを実施している。同じ商圏の中で売上げの悪い不採算店舗を閉鎖し、新たに立地条件のいい場所に売り場面積の広い店舗を出店して販売シェアを拡大するのだ。

すでに立ち上げられている事業から撤退するのは勇気のいることだが、ビジネスを取り巻く環境は日々刻々と変化している。どうしても黒字化が望めない事業や、今後の先行きが怪しい事業は思い切って廃止する。そして、そのぶんの経営資源を新規事業に投入し、企業としての新陳代謝を絶えず続けていくことが成長には不可欠なのである。

新陳代謝で成長を継続させる

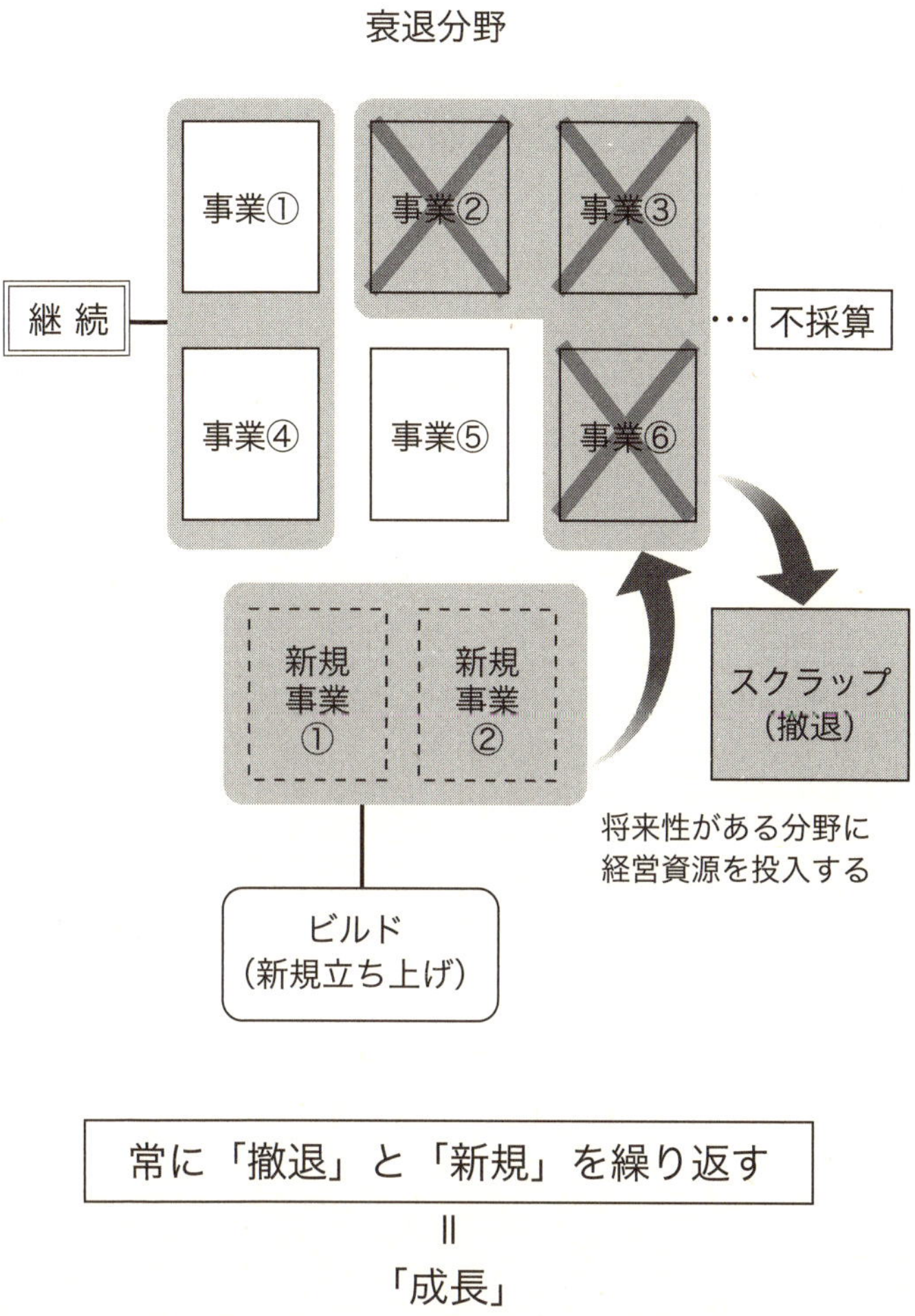

問題点をそのままで終わらせないための反省の技術

イベントが終了したあとに反省会をしても、ダメだった点をただ列挙していくだけでは次にはつながらない。そこで、「KPT」の出番だが、KPTとは、K＝Keep（継続したいこと・良かったこと）、P＝Problem（問題点・悪かったこと）、そしてT＝Try（次に試したいこと・改善策）の略である。

たとえば、対象となるテーマがイベントだったら、KとPをことごとく洗い出していく。K＝入れ替え制で会場が混雑せずよかった、P＝スタッフが説明不足だったなど、イベント自体を振り返ってどんどん列挙していくのだ。

そのうえで、Kをさらによくしていくには次に何を試したらいいのか、Pを改善していくにはどうしたらいいのかを検討して、Tを導き出していくのである。

ただ漠然と反省するのではなく、具体的に次のイベントで挑戦することや改善策がリストアップされ、回を重ねるごとにイベントにも磨きがかかっていくはずだ。

❗ 次につながる振り返りの3つの手がかり

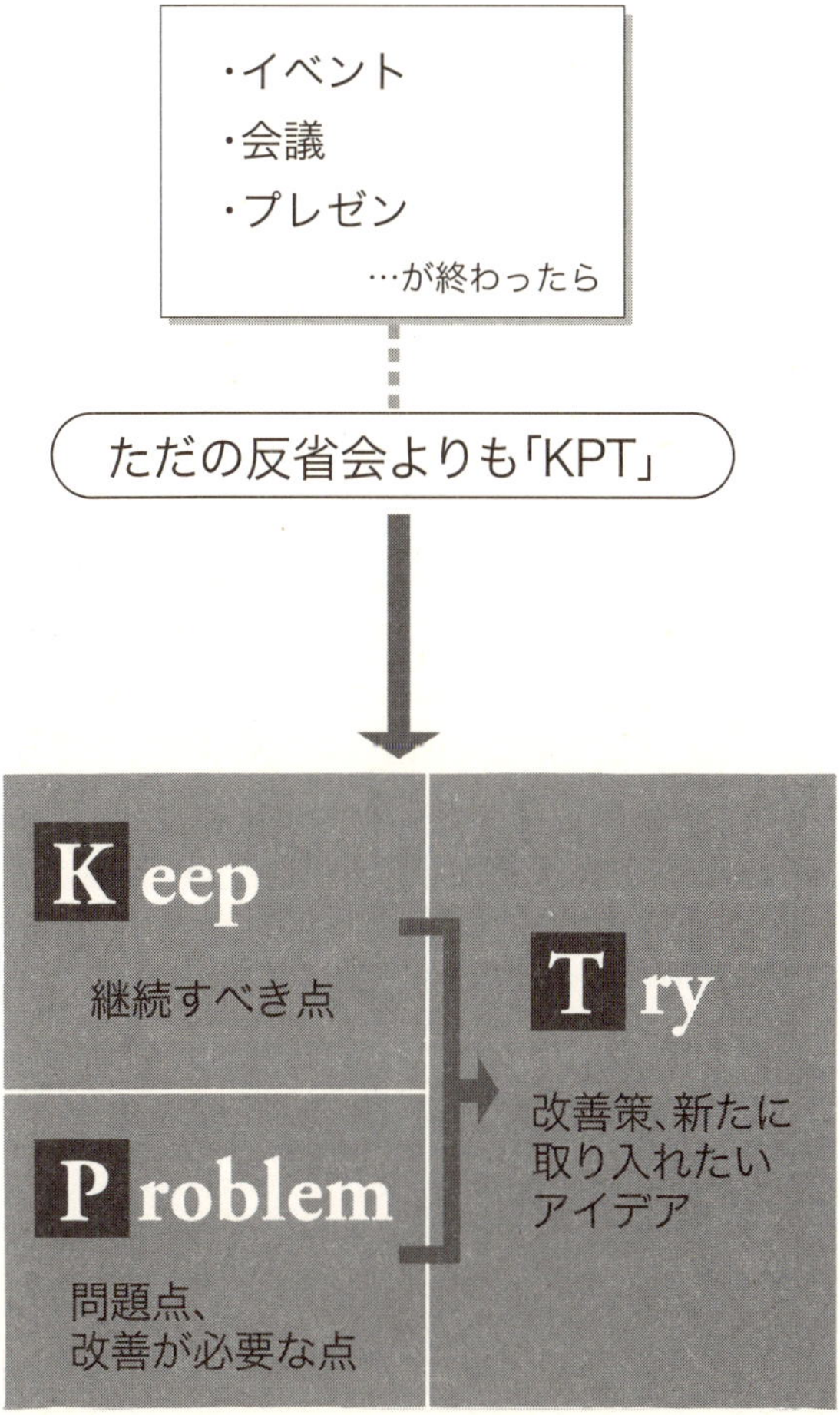

カネ・ヒト・モノだけでは問題が解決しない時代の新発想とは？

経済が成長期にある時に勝ち組になるのは、資本を持っているいわゆる大企業だ。「カネ（Money）」と「ヒト（Men）」、そして「モノ（Materials）」を大量に投下して、自社製品を大量に市場に送り込むことができるからだ。

この3つの経営資源のことを、その頭文字をとって「3M」というが、経済が成熟して市場にモノが行き渡ってしまえば、3Mだけでは経営は立ち行かなくなってしまう。そこで、新たなる経営資源として認知されているのが「情報・知識」、「時間」、「関係」である。

現代人はモノやサービスによって得られる喜びや感動をお金と交換している。

そこで製品に付加価値をつけるために、より多くの情報を収集すること、顧客とのよい関係を築くこと、またタイムリーかつスピーディに展開することが必要になってくる。

新たな経営資源を駆使して製品を分析してみると、まだまだ活用できるモノが眠っている可能性もあるのだ。

自社が持つ経営資源を集中投下する

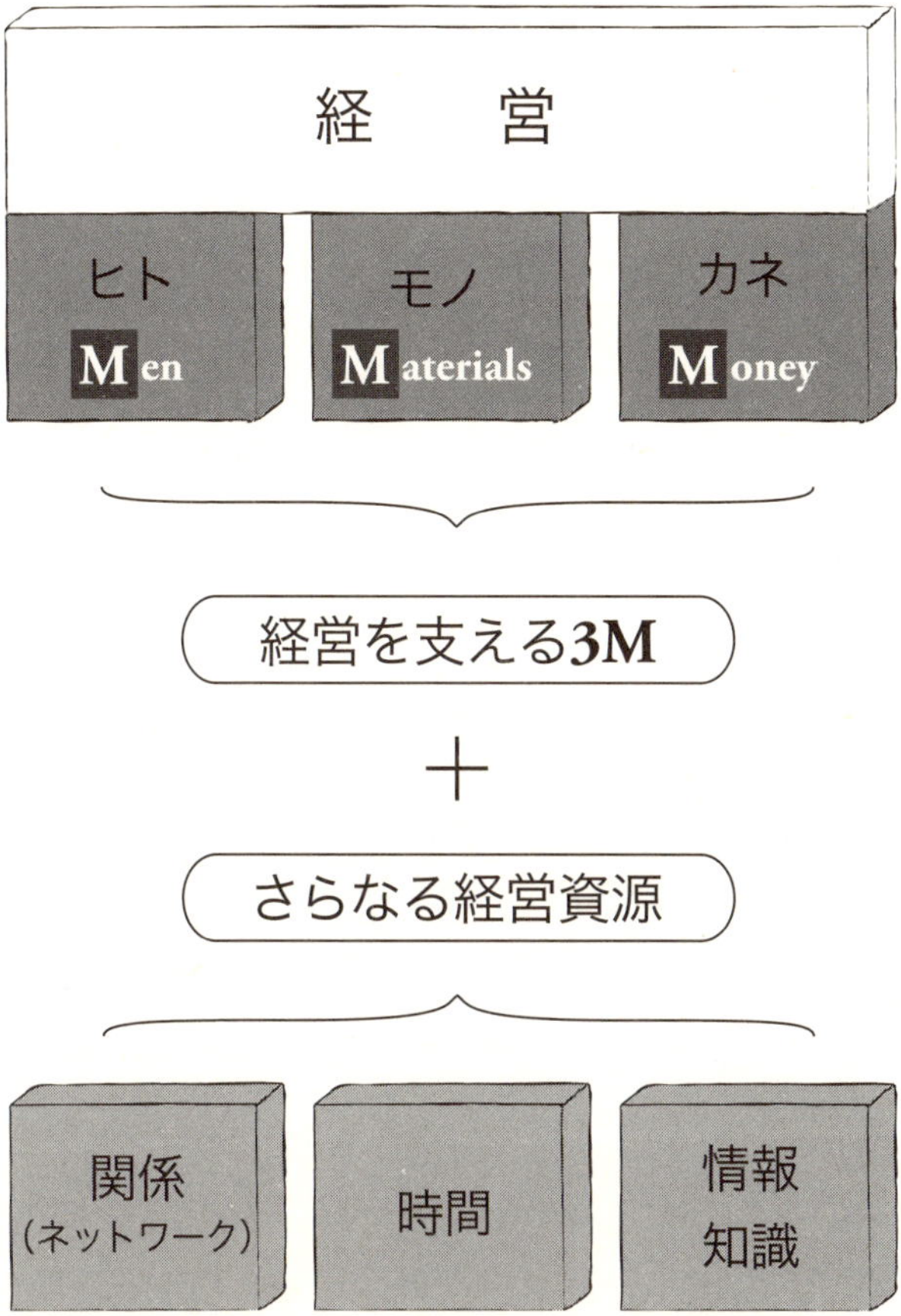

待っているだけでは、偶然のチャンスに巡り合わない

キャリアアップにつながる偶然のチャンスは、ただ待っているだけでは訪れない。そこで、自分の将来について考える際に取り入れたいのが「計画された偶発性理論」である。これは、アメリカのスタンフォード大学のクランボルツ教授が提唱した「個人のキャリアの8割は、予想もしない偶発的な出来事によって形成される」という理論だ。

この理論の中心にあるのは、自分から積極的に行動したり意識することで、偶然のチャンスを計画的に引き寄せようという考えだ。そのためには、①好奇心、②持続性、③楽観性、④柔軟性、⑤リスクテイキングの5つが重要なカギになる。

ようするに、①何事にも好奇心や興味を持って自分の守備範囲を狭めない、②少しくらい失敗してもすぐに諦めずに続ける、③マイナスの出来事が起こっても、きっとプラスに転じるとポジティブに受け取る、④思い描くキャリアに固執しすぎず、柔軟に考えて行動する、⑤たとえリスクがあっても恐れずに行動する、ということが大切なのである。

キャリアは偶発性とともに育つ

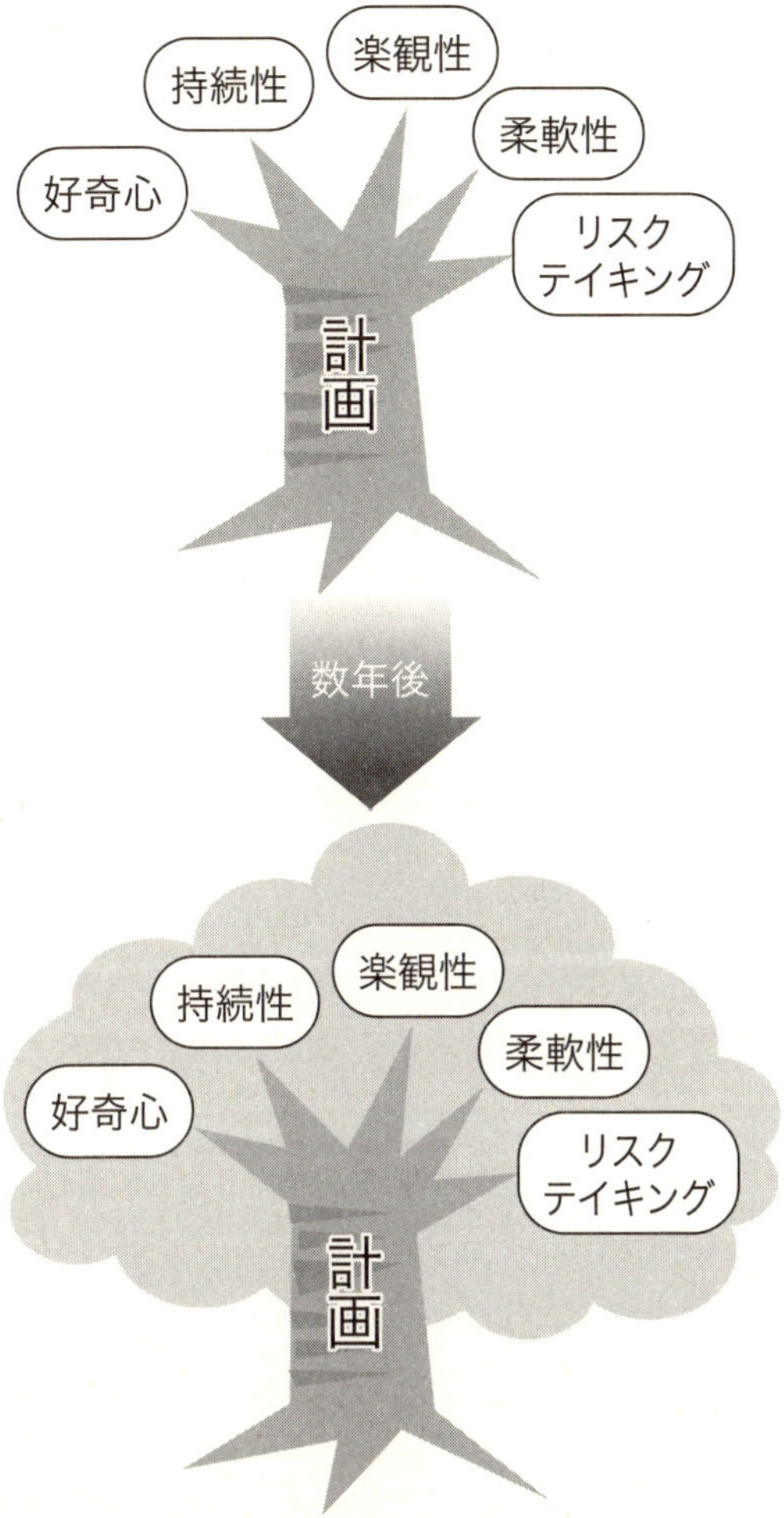

どんな変化にも素早く対応できる「シナリオ・プランニング」の心得

10年先どころか1年先、1カ月先も読めない現代社会の中で、将来を予想するのは至難の業だ。どんな状況になっても対応できるように備えておきたいものだが、そのために役立つのが、シナリオ・プランニングという方法だ。

シナリオを作成するプロセスとしては、まず技術の進歩や政治情勢、自然的な要素など、不確実な要素に関してできる限り情報を集める。そして、集めたそれらの情報に基づいていくつかのパターンの骨格をつくり、肉づけしていくのだ。

あり得そうなシナリオを多く準備しておけば、状況の変化にも素早く対応できるようになる。大切なのは「いつどうなるか、わからない」という視点でシナリオをつくることだ。

現在の小学生の半数以上は、現在ではまだ存在していない職業に就くといわれている時代だ。この荒唐無稽に思えるようなシナリオも現実になる可能性が十分にある以上、描くべきシナリオは多いほうがいいことは間違いないだろう。

不確実な世の中を生き抜くための備え

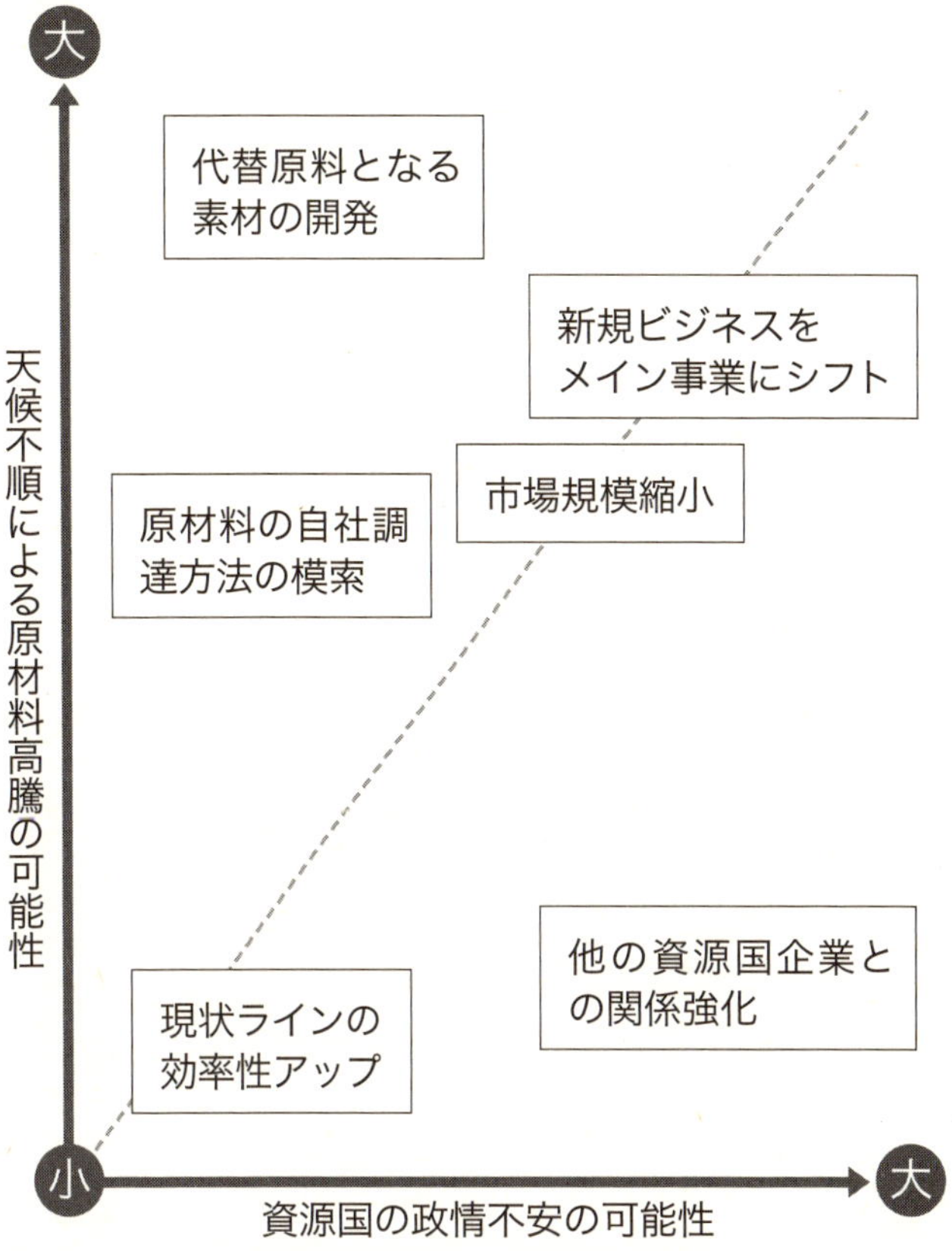

あらゆる可能性を考慮して、どんな変化にも対応できるようプランニングしておく

「機能」に注目すれば、難しい問題も解決できる

製品やサービスを改善しなければならない時に、とかくやってしまいがちなのが従来のやり方に捉われた検討のしかたである。しかし、これだと固定概念に縛られているから思い切った製品開発やコストダウン、サービスの向上にはなかなか結びつかない。

そこでおすすめしたいのが、「バリュー・エンジニアリング」という手法だ。これは、アメリカのＧＥ社のマイルズ氏が１９４７年に開発した価値を向上するための技術で、従来の先入観からいったん離れ、まずはその対象が果たすべき「機能」に着目する方法である。

Value（価値）＝Function（機能）／Cost（コスト）という式が基本になっていて、同じ機能を持った製品でもコストが下がれば価値は高まるし、コストは同じでも機能が高まれば価値は高まると考える。

仮にある製品の材料が品薄で入手困難だった場合、躍起になって同じ材料を探し求めることもできるが、バリュー・エンジニアリングの視点で考えれば、その材料と同じ「機

問題解決と価値向上のための公式

V(value) ＝ **F**(function) ／ **C**(cost)

価値　＝　ファンクション（機能、効用、意図、役割）／　コスト

↓

従来のモノ、コトにこだわらず、あらゆる可能性を探る

例　代替品でファンクションが満たされ、コストが下がれば、価値は高まる

能」を持った別の材料を探して調達すればいいことになるのだ。

価値の向上を検討する時のポイントは、利用者の立場に立って分析・検討をしていくということである。

いくら今までより機能が改善し、コストを下げたとしても、利用者にとってそれが必要とされていない機能やコストダウンなら価値が向上したとはいえないからだ。

こうした利用者の視点を常に優先し、機能本位で考え続けることで、ただの改善にとどまらない革新的な発想が生まれることがあるのだ。

リスクの見積もりに失敗すると、問題は大きくなる

大きなプロジェクトを計画して実行する場合には、事前にどのようなリスクが潜んでいるのかを洗い出し、リスクを軽減させる対策を練っておくことが重要である。

こうしたプロセスを「リスクアセスメント」というが、まずはプロジェクトにかかわるメンバー全員で想定されるリスクをすべて洗い出すのが先決だ。ここでモレがあるとまさかの事態が起こった時に対応できずに、プロジェクトの成否を左右しかねない。

次に、縦軸に発生頻度、横軸に危険度を配したマトリクスをつくり、リストアップしたリスクをマッピングしてリスクの程度を見積る。そして、発生頻度や危険度が高そうなものから順に軽減策を立てておくのだ。

回避できるものは回避し、それが無理ならリスクが発生しない状況に舵を切る。コントロールさえできればピンチをチャンスに変えられる可能性もある。やみくもにリスクを恐れるのではなく、リスクとどう向き合っていくかがカギになるのだ。

！リスクを先取りしてチャンスに変える

①リスクを想定する

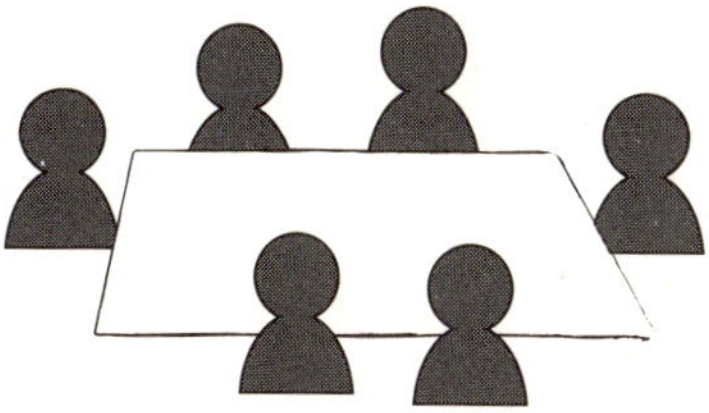

プロジェクトにかかわるメンバー全員でリスクを徹底的に洗い出す

②マトリクスにマッピングする

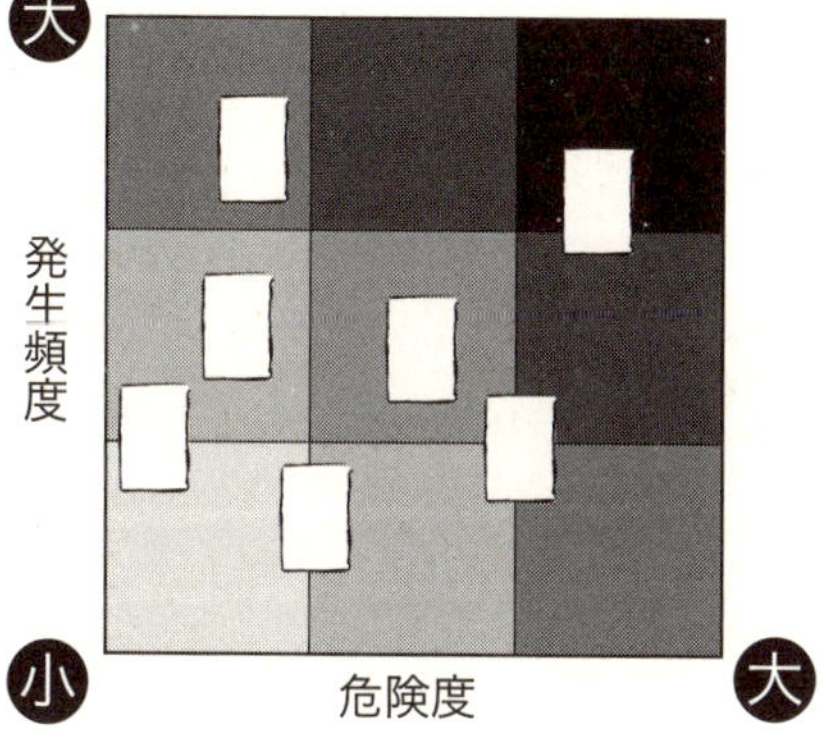

③軽減策を検討する

選択肢

・避ける
・コントロールする
・織り込む
・専門家に委譲するなど

お互いに関係しあって変化する数字に着目する

「ボーナスの平均支給額が2年ぶりにアップ！」「○○牛丼店の売上げが20パーセント減」など、新聞の見出しには毎日さまざまな気になる数字が並んでいる。

しかし、ただ数字を眺めただけでわかった気になっていないだろうか。数字をあらゆる角度から分析することによって、その背後にある、現実に起こっていることが推測できるようになるのだ。

そのためにも「ビジネス」「企業」「経済」の3つの数字に強くなることが大切である。

まず「ビジネス」の数字とは価格や売上げ高、経費など、毎日の仕事で使う数字のことである。

たとえば、業績が好調な店舗があるとしよう。売上げ高は客数に客単価をかけたもので、利益は売上げ高から諸経費を引いたものだ。業績が好調な店は、客数または客単価が伸びているか、あるいは経費を抑えていると推測できる。

数字を正しく解釈するための３つの視点

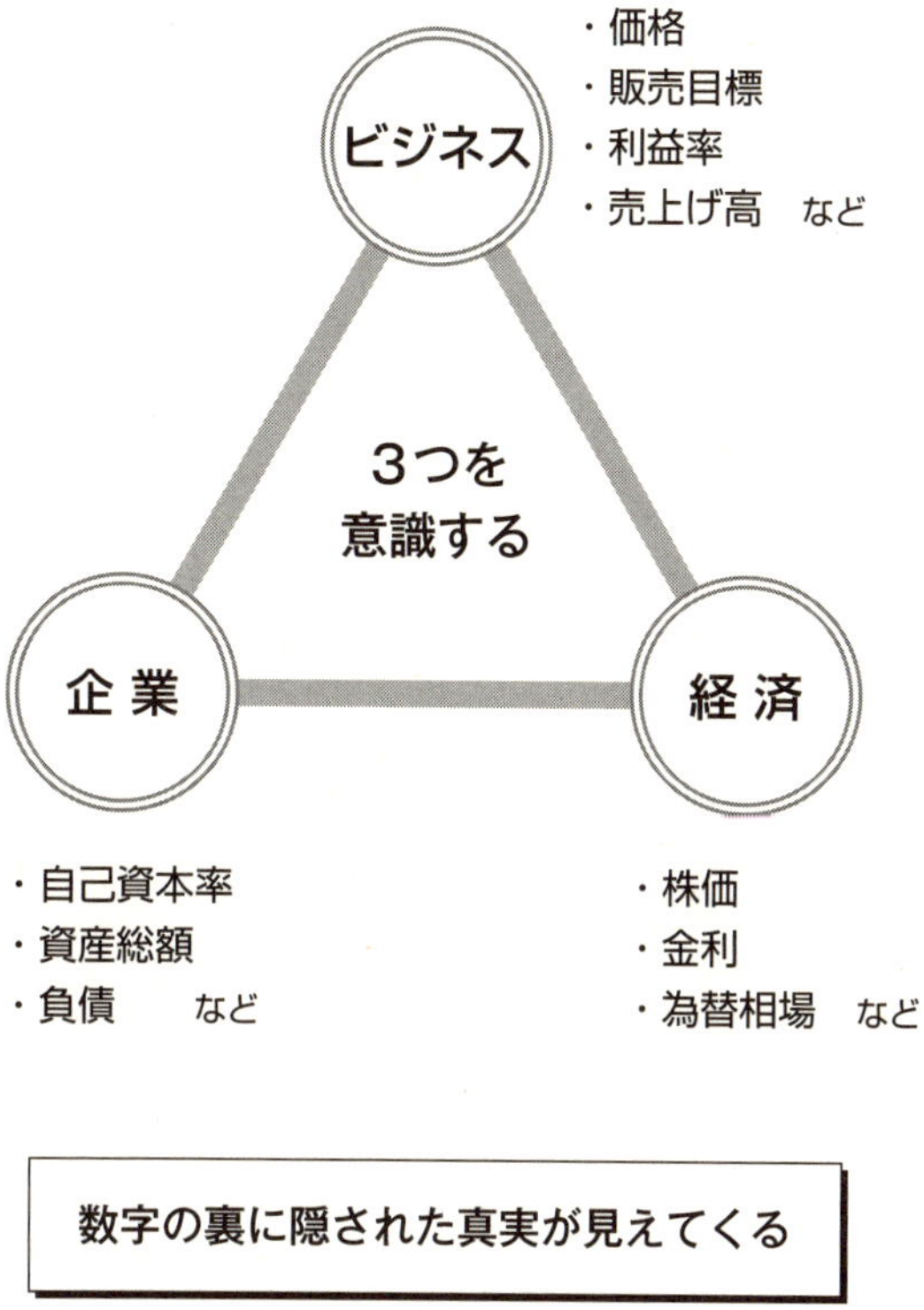

次に、なぜ客数や客単価が伸びているのかを考えてみよう。周囲に競合店が少ないから、サイドメニューが豊富だから、道路に面していて駐車場が広いからなど、いろいろな〝要因〟が思い浮かぶはずだ。

すると、その店舗が現在置かれている状況はもちろん、店を取り巻く周辺の様子や変化、業界についても自然と見えてくる。

また、「企業」の数字とは、貸借対照表や損益計算書、決算書などの財務諸表の数字のことで、「経済」の数字とは株価、為替、金利、失業率など経済全般に関わる数字のことである。

経済における数字の場合、たとえば長期金利が上がれば住宅ローン金利も上がり、家計を圧迫させるなど相互に関連し合っている。

このように、まずは身近な「ビジネス」の数字を理解して洞察力を磨いていけば、しだいに「企業」や「経済」の数字の裏に隠された真実、すなわち状況を正しく理解できるようになる。

反対にいえば、「ビジネス」の数字がわからなければ、「企業」「経済」の数字を読み解く力は高まらないということだ。

自分の優位な〝立ち位置〟を見つければ、ドツボにははまらない

業界や市場において自社や自社の製品がどのようなポジションにいるかを把握するのは、販売戦略などを立てるうえで欠かせないことである。

たとえば新商品を例にとると、競合商品がすでに激戦を繰り広げている領域にわざわざ踏み込んでいくより、他社とかぶらないように〝すき間〟を探し出し、そこで顧客に販促をかけたほうが勝算もあるだろう。

そこで、それらがどのような位置にいるかを知りたい時に使うのが「ポジショニングマップ」である。このマップを分析することで、他社と差別化できる優位な立ち位置を見つけることができるのだ。

ポジショニングマップは、一般的に縦と横の２つの軸を組み合わせて描かれる。

たとえば、縦軸には購買決定要素となる「高級感」や「カジュアル」など各社の商品の持つ特徴となる要素を置く。

そして、横軸には「女性向け」「男性向け」などターゲットとなる要素を置いて、各社の商品がどの領域にあるのかを書き込んでいくという具合である。

マップの中で各社の商品が密集している領域があれば、そこはいうまでもなく各社がしのぎを削る競争の激しいエリアになるので、この領域に手を出しても限られた顧客を奪い合うだけだ。効果的に売上げを伸ばせるとは考えにくい。

一方で、空白の領域があれば、そこにはまだ他社が乗り出していない新しいポジションということになる。

このエリアにうまく商品を投入できれば、他社との差別化が図れて激しいシェア争いに巻き込まれることもない。自社商品の独自性を発揮して、大きな利益につなげることも可能なのである。

ただし、他社がそれまで踏み込んでいないということは、そのエリアでの収益が難しいということも考えられる。ターゲットとなる顧客がそもそも薄いエリアだったり、何か技術的に問題があって手が出せないということもある。

優位となるポジションがなかなか見つからない場合には、いろいろな組み合わせを考えながら何度も購買決定要因となる要素を変えて分析してみるといい。

ポジショニングマップのつくり方

①同業他社の商品をマップの中に書き入れる

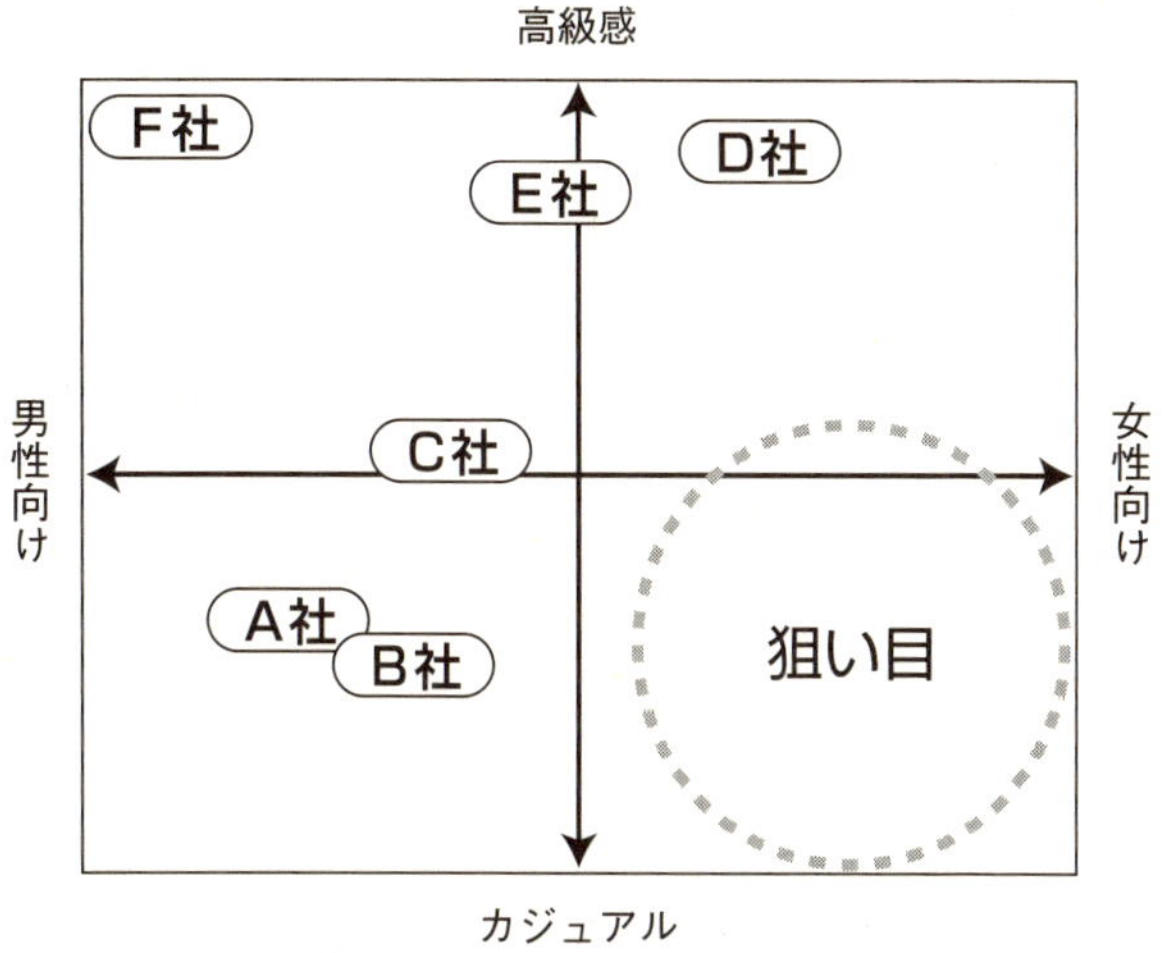

②どのポジションに入れば自社の商品が優位に立てるかを考える

Step5

正しい解決法はどこにある？

その道のプロの分析術

風景を眺めるように、データの〝印象〟をぼんやりつかむ

データを分析するというと、膨大な数字を統計学に基づいて解析していくようなお堅いイメージを描いている人もいるかもしれない。

ビッグデータやＡＩも本格的な時代を迎え、こういった「分析力」は問題解決のために今後ますます重要になる。実際、データ分析のプロであるデータ・サイエンティストの需要も伸びている。自分はアナログ派だからとか、詳しくなくても生きていけるといって知らぬ存ぜぬではすまされない時代なのだ。

ただ、そこまで本格的でなくてもデータを読み解くスキルくらいは簡単に身につけられる。では、実際に使える分析力を身につけるためにはどうすればいいのかというと、まずはグラフや表を見た時にざっくりとした印象をつかめるようにすることを目指したい。

たとえば、デザインは似ているものの、素材や機能の異なる手袋が売られているとしよう。価格は５００円、１０００円、２０００円、３０００円、４０００円、５０００円の

6種類だ。

それらの売上げ個数を集計してみたら、最大の売れ筋は2000円の商品で、次に3000円のものがよく売れている。最も安い500円と最も高い5000円はあまり売れていないという結果になった。これを棒グラフに落とし込んでみると、グラフは2000円の手袋を頂点にしたちょっと左寄りの山型になっているはずである。

そこからわかることといえば、中間の値段のもの、つまり〝そこそこ〟の値段の商品が売れ、安すぎたり極端に高すぎたりするとあまり売れ行きはよくないということだ。あまりも大雑把過ぎると思うだろうが、極端にいえば分析の基本とはこの全体の〝印象〟をぼんやりとつかむことなのである。

また、ある動向の変化の推移をまとめたグラフであれば、グラフの形が右肩上がりであれば成長期にあり、水平であれば成熟期、V字型なら衰退期から回復したことなどがひと目でわかる。

そのデータが表わしている情報から何かを感じとれるようになれれば、そこから次にどのような戦略を立てればいいのかも見えてくる。まずは、細かい数字に惑わされずに、ぼんやりと風景でも眺めるようにより多くのグラフを眺めることから始めてみよう。

世の中で起きていることに正しい答えがあるとは限らない

専門家の話を聞いたりニュースの解説記事などを見ていると、その根拠となるデータの出所は、総務省統計局や農林水産省などの省庁をはじめ、各業界団体などが公表しているものであることが多い。

そんな公的なデータをもとに、「現在の日本は○○であり、今後は△△になるだろう」などと結論づけられると、つい何の疑いも持たずに描かれたとおりの未来になるだろうと考えてしまいがちだ。

だが、実際にはほとんどの場合、その見立て通りになるわけではない。

たとえば、「少子化によって日本の人口は減少する。これを食い止めるためには婚外子を認めるべきだ」という意見があるが、婚外子を認めたところで母親が働きやすい職場環境がなければ出生率の増加は期待できないとも考えられる。

どれだけ信頼できるデータに基づいて専門家が出した結論であっても、それを加工する段階で、その人の見立てに合った結論になるように〝工夫〟が凝らされていることがあるからだ。だから、どんなに著名な専門家や評論家、学者の意見でも、実際には一概に「こう」とは言い切れない事案は多い。

つまり、同じデータを素材にしていたとしても、違う人が見れば異なった結論になることは十分に考えられる。この世の中で起きていることには、「1＋1＝2」のような正しい答えがいつもあるとは限らないのだ。

だから、専門家が言っていたからとか、新聞に書いてあったからという理由だけですべてを鵜呑みにしないようにしたい。まず疑ってかかるという姿勢が大切なのだ。

もし、その事実が自分の感覚とズレていると感じたら、根拠となったデータや数値を自分の目で確認してみることだ。自分が感じていることを仮説としてデータを分析していけば、問題解決に向かうことができる。

人間は、他人の言葉を批判することなく受け入れてしまう傾向がある。「その通りだ」と判断する前に、それは本当に正しいのか、自分はどう思うのか、どうすべきかをよく考えてみることが大切なのである。

データの裏側に潜む、誰も気づいていない〝物語〟を探せ！

新聞の経済欄を見てみると、そこにはさまざまな企業のデータが大きく見出しとして踊っているが、それらの数字が意味することに正しく反応できているだろうか。

たとえば「営業利益２割増！」とか「最終赤字６００億円」、「売上高20パーセント減」など、それだけを見るとただの味気ない数字だが、このデータの裏にはじつは誰も気づいていない〝大きな物語〟が隠されているのだ。

いうまでもなく企業は日々活動している。世の中の状況を判断しながら競合他社の動向にも注視し、顧客によりよいアプローチをするためのさまざまな戦略のもとで利益を出すべく努力している。

にもかかわらず、順調に業績を伸ばしている企業があれば、苦戦を強いられている企業もあるのが現実だ。上っ面の事実だけを見ていてはその企業の本当の姿を見誤るのだ。

たとえば、大型ショッピングモールを運営するA社とB社があり、A社は業績が順調に

数字の裏にある物語を考えてみる

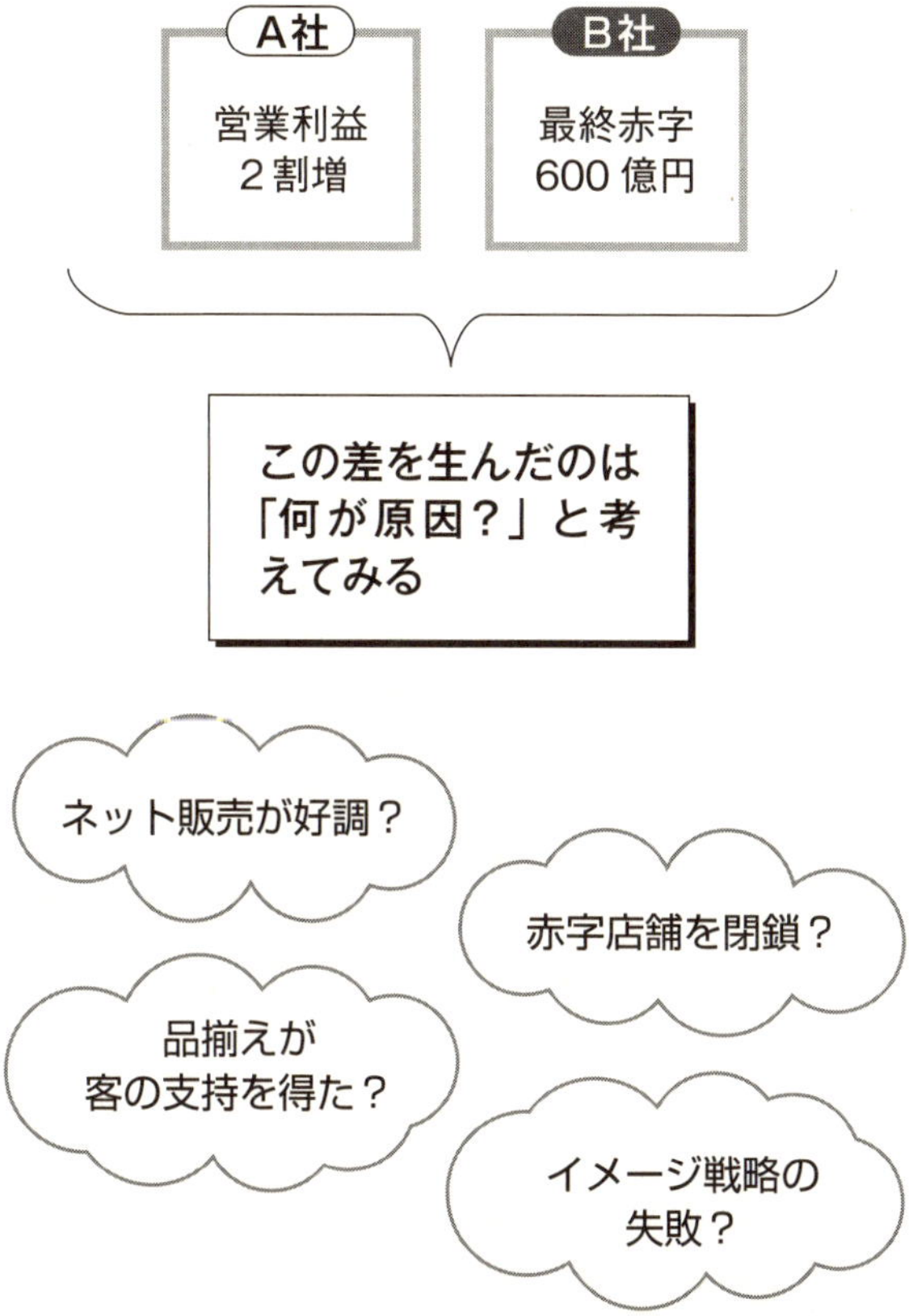
A社
営業利益
2割増
B社
最終赤字
600億円
この差を生んだのは「何が原因？」と考えてみる
ネット販売が好調？
赤字店舗を閉鎖？
品揃えが
客の支持を得た？
イメージ戦略の
失敗？

伸びていて、B社は赤字を出してしまったとする。

一見すると、どちらも似たようなテナントを揃えていて、休日ともなると大勢のカップルや家族連れでにぎわっているように見えたのに、なぜそんなに差がついてしまったのだろうか。

こんなふうに考えてモールの中を振り返ってみると、「そういえば…」といくつか思い当たる節がいくつかあるのではないだろうか。

たとえば、A社は商品単価は高めだが生鮮食品は新鮮で品揃えが幅広い。一方のB社は安さばかりを強調している気がする。しかもB社の店舗はどこか暗い感じがするが、それが客離れにも関係しているのかもしれない。

そういえば、A社はアジアに進出したと聞いたが、それが業績アップにつながったのだろうか…。

というように、自分が感じていることをもとにして公表されている数字の背後で何が起きているのかを冷静に考えてみるのだ。

このように数字を裏読みするクセをつけておくと、世の中のメカニズムが見えてくるようになるはずだ。

数字に置き換えれば、誰でも全体像を実感できる！

1チームを5人編成にして、チームごとに全国で1000件の新規契約を取る、あるいは10日後にA4用紙200枚分の資料をデータ化するなど、時には誰が見てもとうてい不可能だと思われるような仕事が舞い込んでくることがある。

このようなノルマを前にして、とにかく急げとばかりに何のプランも練らないままに突っ走ってしまう人がいるが、それではうまくいくはずはない。

それよりも、まずはその仕事を一度数字でとらえてみて、全体像を把握することから始めたい。

たとえば、5人で1000件の契約を取るというノルマを達成するためには、1人当たりにすると200件の契約を結ぶ必要がある。

それでもまだキツイように思えるが、それを47の都道府県単位で考えると各県4件ずつ契約を取ればいいという計算になる。そう考えると、がんばればできない数字ではないという気がしてくるのではないだろうか。

同じように、10日後までに200枚分の資料をデータ化するという仕事についても、まず枚数を日数で割ってみるといい。計算してみると1日につき20枚をこなせばいいことになる。

20枚なら部内で手分けすれば午前中に6枚、午後に10枚、残りの4枚は1日に2時間残業してこなせばなんとかなるという見通しが立つ。

このようにやらなければならないことを数字で小分けにしてみると、ゴールにたどり着くためのステップを頭の中でイメージすることができるのだ。

このような方法は、メジャーリーグのイチロー選手などがよく語っている夢を実現させる時のプロセスと似ている。

まだ手の届かないところにある大きな夢をいきなり実現させようとすると、何をどうすればいいのかわからなくなるが、現時点でできることをたゆみなく積み重ねていけば徐々に問題解決に近づいていくことができるのだ。

ゴールが見えれば人は動くことができる。数字は人を効率のいい行動に導いてくれるのである。

すべてのデータのうち"お宝"は2割に眠っている

毎日、何億もの人がツイッターやインスタグラム、フェイスブックなどに新しい写真や情報をアップしているインターネット上には、想像をはるかに超える膨大なデジタルデータがあふれ返っている。

2020年には人間が生み出す総データ量が35ゼタバイト（1ゼタバイト＝約10垓《がい》バイト）に膨れ上がるという予測があるほどだ。

データ量が増えれば、それだけ有効な情報も集めやすいと思うかもしれないが、しかしコトはそう単純にはいかない。

デジタルデータには、「構造化データ」と「非構造化データ」という2種類がある。

企業が日頃から扱っているような顧客情報や販売データは前者の構造化データにあたり、これらはデータベース化しやすく、またそれらを使った分析も容易だ。

問題は非構造化データのほうである。ここにはやりとりされた電子メールのテキストデータや画像、ＳＮＳへの書き込み、オンライン・ショッピングの購入履歴などのあらゆるデータが含まれる。

つまり、この非構造化データを整理・分析するのがかなり難しいのだ。

たとえば、「ヤバい」というフレーズがつぶやかれたとしても、それが危ない状況を表しているのか、それともヤバいくらいおいしいのか、あるいは単に感激したといういい意味での使われ方をしているのか、シチュエーションごとの判断が必要になってくるのだ。

しかも、ビッグデータの８～９割は非構造化データだといわれるほどその量が多いのである。

統計学では数量で測ることができるものを「量的データ」、感想や感覚といった数で表せないものを「質的データ」と呼ぶのだが、非構造化データの大部分は後者の質的データが占めているといってもいいだろう。

ただ、質的データは簡単に分析できないとはいえ、次のトレンド予測につながっていく可能性もある。

それをどう活用し、課題をクリアするのかは利用者の能力にかかっている。大量の情報の中から何をピックアップすればいいのかを見極めることが重要なのだ。

「なぜ？」と聞かれて答えられないのは分析が甘い証拠

売れるか、売れないかというのは単純なギモンだが、多くの会社にとって経営の根幹に関わる最も大きな問題である。

そこで、自社の製品をいかにして売るかという戦略が練られるわけだが、そんな時に、とにかくみんなが知らないネタを集めるのが大事だとばかりに、ひたすら情報やデータをかき集めることだけに必死になってしまう人がいる。

たしかにテレビを見たり新聞を読んでいると、さまざまな企業の動向が紹介されている。その内容はすばらしい業績を挙げた企業や人物の話題であることもあれば、単なるプロモーションの一環という場合もある。

そのような情報にアンテナを張っていると、大手のメーカーではこんな戦略で販売して50パーセントの売上げ増につながったとか、海外ブランドで新しい売り場づくりをしたところ新店舗に３００メートルの行列ができたなど、めぼしい情報はいくらでも引っかかってくるものだ。

しかし、そんな表面的な情報ばかりをむやみやたらと増やしているだけでは何の役にも立たない。

いくら、「△△社は利益が前年度の2倍になった」ということを知っていても、「だから？」とか「なぜそうなった？」と聞かれて、「さて？」と首をかしげるようでは何も生かせていない証拠だ。

それよりも、次のステップである「そこから何を導き出すか」が大切なのだ。

また、集めた情報があまり信憑性のないものだったり、どうでもいい内容のものであればいくら検討してもいい結論は導き出せない。

問題の分析は物事の本質に近づく作業である。さまざまなデータを集めて、それらがどう関係しているのか、あるいはなぜ予想外の結果になってしまったのかなどを洗い出し、より適切な方向性を導き出していくのである。

デジタルの時代になって、情報は集めやすくなった反面、つまらない、しかも役に立たない情報にヒットする確率も高くなっている。だからこそ、世の中にあふれている情報に翻弄されて時間をムダにしたくないものである。

問題解決のためには、「分析」に必要な数字を恐れてはいけない

事業を展開することで利益を得るためには、コストパフォーマンスを考えることが重要になってくる。だからといって何の策略もなしに利益追求に先走ってはいないだろうか。

たとえば、最新の機器を導入して作業効率が上がり、今までよりも多くの仕事をこなせるようになったとしても、機器そのものにかけた初期費用が大きかったり、消費電力などの固定費がやたらと増えたりすれば、いくら仕事が増えたところで利益を上げるという目標にはほど遠い。

だが、すでに触れたように「数字力」を身につけておけば、そんな読み違えも防ぐことができる。そのためにはまず、ふだんから基本的な数字を頭に叩き込んでおくことだ。

冒頭のような場合であれば、今まで使ってきた機器では1時間でどれくらいの作業がこなせるか、また、それを収益に換算するとどれくらいになるのかといったことなどをざっくりと計算しておくのだ。

また、電気代や消耗品にかかるランニングコストが1カ月でどれくらいかかっているのかも知っておいたほうがいい。

すると、商品スペックを見るだけでも最新機種に交換した場合のメリットとデメリットがだいたいわかるので、正確に比較検討することができるのである。

また、世の中の基本的な数字を覚えておくと新聞やテレビなどのニュースに出てくる数字も実感をもってみることができる。

たとえば、新聞に「新興国インドで糖尿病患者が約6000万人にのぼる」という見出しがあったとしよう。6000万人というと日本の人口の半数になるが、人口13億人のインドならばその割合は大きく変わる。

このような日本と主要国の人口や面積、GDP、国家予算、個人消費といった数字をあらかじめインプットしておけば、世の中で起きていることを正しく判断することができるようになるのだ。

もちろん、細かな数字まで覚える必要はない。日本の人口は1億2000万人、GDPは500兆円くらいのざっくりとした数字でいいのである。

これを覚えておくだけで世界の読み方が違ってくるはずだ。

比較できるデータと並べて初めて数字は意味を持つ

新聞には毎日のように「A社の今年度の売上げは○○億円！」とか「新製品の出荷台数○万台」などという見出しが躍っているが、数の大小だけを見て「すごい！」と感心してしまうのはちょっと安易すぎる。

というのも、こういう数字は比較できる数字を並べてみて初めて意味を持つからだ。

たとえば、2016年に日本を訪れた外国人旅行者の数は1985万人だったというデータがある。

1985万人という数字にどういう意味があるのかは、この時点ではまだわからない。

ここで比較する数字のひとつめは「過去の数字」である。

たとえば2012年の訪日外国人旅行者は837万人で、翌2013年には初めて1000万人を突破し、さらに2015年には一気に1973万人にまで増えている。

4年で1000万人以上も増えたことがわかるが、2015年以降はそれほど劇的に増えていないことがわかる。

そして、もうひとつ比較しなくてはならないのが「他国の数字」だ。

世界で最も外国人旅行者が多いフランスの場合、同じ2012年は8300万人、2015年も8450万人と、日本のおよそ4倍以上の数値を叩き出している。

ちなみに、同じアジアでは香港が2377万人、シンガポールや韓国も1000万人を超えている。つまり、いくら日本を訪れる外国人旅行者が増えたといっても、世界の中ではまだまだ並のレベルであることがわかる。

これはビジネス上の数字でも同じことがいえる。

たとえば「A社の今年の売上げ3億円！」と聞いても、前述のとおり数字だけを見て判断してはいけない。その会社の過去の売上げや競合他社の売上げと比較することで、初めてそこから数字の持つ意味を読み解くべきなのである。

もしかしたら、「3億円」は前年度よりもダウンした数字かもしれないし、競合他社より劣るかもしれない。

数字をただ漠然ととらえてもそれを活かすことはできない。常に比べる対象を探す習慣を身につけることが大切なのだ。

グループに分けて考えるのが問題解決のためのポイント

今日のテーマは「塩」です。このテーマについてさまざまな角度から情報を分析してくださいといわれたら、いったいどのようにして始めるだろうか。

多くの人はノートや紙の真ん中に「塩」と書いて、そこから「塩の定義」とか「塩の種類」、「塩の歴史」などというように、テーマを軸にして情報を掘り下げようとするのではないだろうか。

だが、このような垂直に掘り下げる考え方では、ある程度まで調べると行き詰まるし、誰がやってもほとんど同じような内容になってしまうことが多い。これでは、誰もがあっと驚くような情報や結論にたどり着くことはできないだろう。

じつは、情報を分析する時に必要なのは、狭い範囲の情報だけではなく多岐にわたる幅広い情報だ。

そこで、ひとつの物事についてより広く、そして時には深く情報を集めて検討するためには、まずテーマとなっているものが属している「ひとつ上のグループ」は何かと考えてみるといい。

ひとつ上のグループとは〝大きなくくり〟のことである。

たとえば、「リンゴ」ならひとつ上のグループは「果物」であり、「小説」であれば「書籍」、「冷蔵庫」であれば「白モノ家電」などといった具合だ。

となると、塩の場合なら大きなくくりは「調味料」である。

そして、そこからもう一度下のグループに戻り、先に塩と書いていた部分にそのほかの調味料、砂糖や醤油、みそ、酢などの調味料を列記していくのだ。もちろん、列記した砂糖やしょうゆなどについても、塩と同じように定義や種類などを調べていくのである。

このように、テーマの塩と横につながるものの情報を集めていくと、思いもよらなかったような発見にたどり着き、それらが〝化学反応〟を起こして意外なアイデアにつながることがあるのだ。

さらに、さまざまな情報を掛け合わせて追求していくことで、深みも幅もある思考ができるようになる。

グループをひとつ上がって、ひとつ下がる――。ぜひ覚えておきたい。

グループを“ひとつ上がってひとつ下がる”思考術

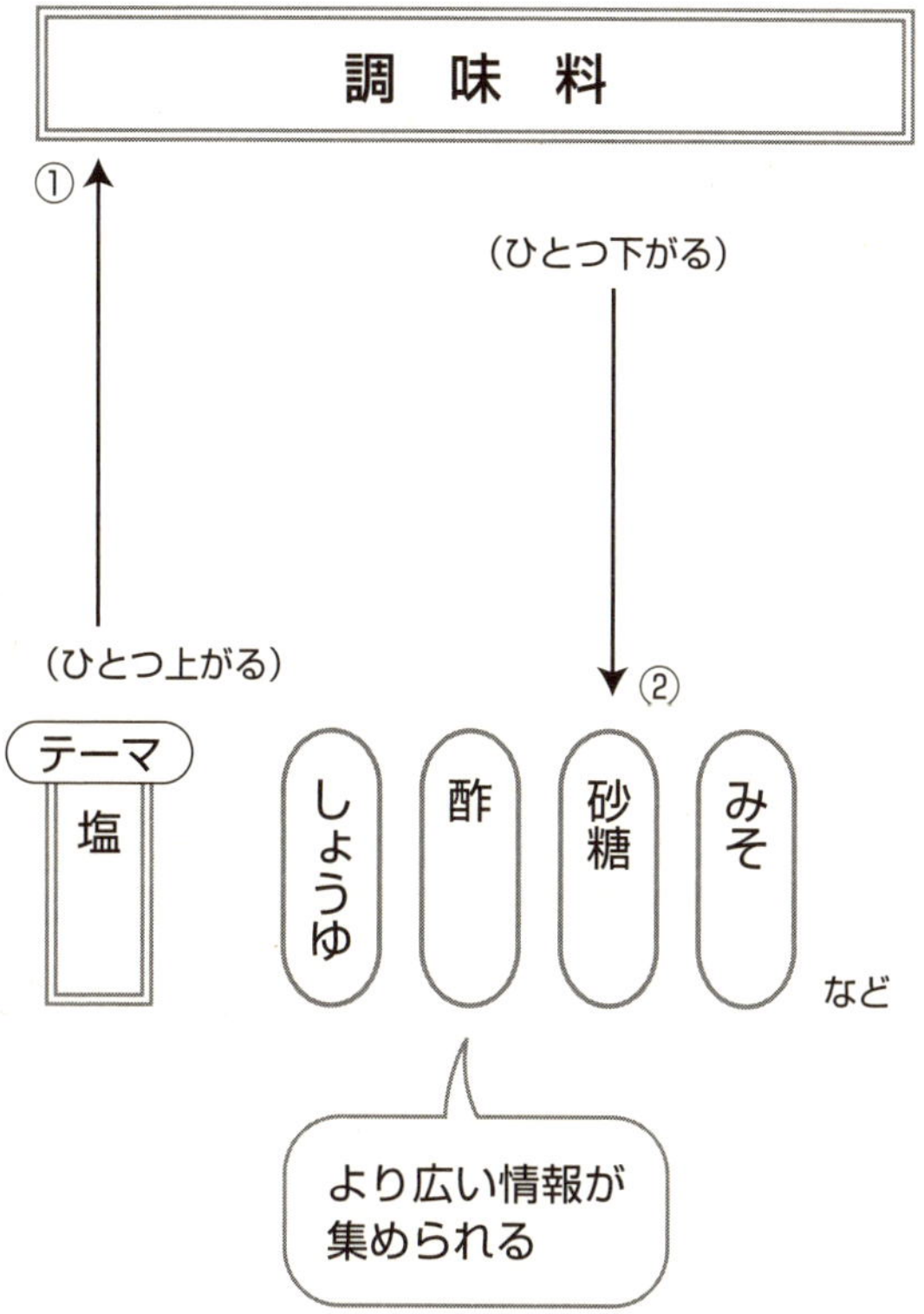

ついダマされてしまう数字の「誤用」トリック

ここに、映画館の年間来館者数を男女比で表したグラフがあるとしよう。それによると、男性の来館者数を「1」とすると女性は「1・4」だった。

このデータを比較して検討した結論として、「映画館で映画を観ることは、男性よりも女性のほうに好まれている。だから、もっと女性に喜ばれる映画をつくるべき」と締めくくられていたら納得できるだろうか。

もちろん、納得できないという人もいるだろう。

これは、いわゆる「誤用」というもので、元来、比較ができないものを比べてしまっているために、誤った結論が導き出されているのである。

なぜ、この結論は誤っているのかというと、そもそも映画館に足を運べる日数が男女ではかなり違ってくるからだ。

たとえば、女性の中でも専業主婦や比較的時間に余裕がある学生であれば、観たい作品

「誤用」が起こりやすいデータとは

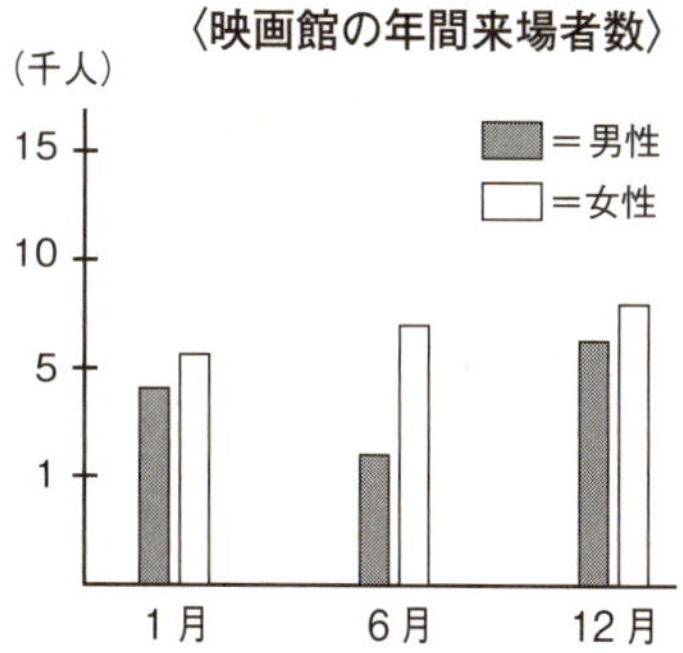

このデータだけを見て「女性のほうが映画好き」と結論づけるのは間違い！

正しく分析するには…

男女の条件の違いを考慮して数字を補正する

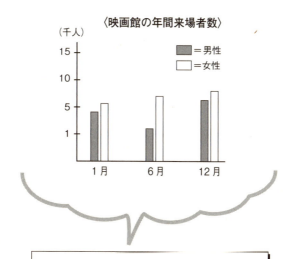

があれば平日の昼間に映画館に行くこともできる。さらに、毎週水曜日に設けられている「レディースデー」なら、女性は終日1100円で映画を楽しむことができるので足を運ぶ人も増える。

だから、人気の映画となると、平日の午前中にもかかわらずたくさんの女性で席が埋まることも珍しくないのだ。

一方で、会社に勤めている男性が映画館に行ける日は限られている。仕事が休みの週末や、もしくは退社後のレイトショーくらいしか選択肢はない。

つまり、1カ月間で来館できる日を比べてみると、女性のほうが圧倒的に映画館に行ける日数は多いことになる。つまりこれは、そもそも比較しても意味がないデータを比較しているとみていいだろう。

そこで、このような比較できないデータを検討するためには、男女の来館可能時間や日数を割り出し、それらの要素をプラスして数字を割り出す必要がある。これを「データの補正」という。

このように適切な補正なくしては、次の一手につながるような有効な分析結果は得られないのである。

グラフに施された「演出」からその〝思惑〟を見抜く

ビジネスパーソンの悲しい性なのか、「右肩下がり」と聞くと「不景気」とか「顧客離れ」「衰退期」などのネガティブな連想をしてしまいがちだ。

だが、そのような心理は企業としても同じで、広告などにはじつに都合のいい販売実績のグラフが掲載されていたりする。

その中でよくありがちなのが、「売上げ急増中！」「前年比なんと2倍」などのコピーとともに、その商品の売上げ高のグラフが掲載された広告だ。

そこに掲載されている棒グラフの伸びは、たしかに前年の2倍になっていて、これだけを見れば今年になって人気に火がついたのだろうと誰もが思うはずだ。

だが、そこに問題がある。じつは前年の販売実績の数値がなく、伸び率だけが強調されていたら、実際にはどれだけの数が売れているのかはわからない。

もし、前年の販売個数が１００個だったとしたら、単純に２００個売れれば「前年比２

倍」になる。50個が100個になっても2倍は2倍だ。

このように、消費者には気づかれないように、じつは重要な部分が意図的に隠されているグラフは意外と少なくないのだ。

また、実際には販売数は右肩下がりなのに、毎年販売数が伸びているようにグラフをつくることもできなくはない。累計で記載すればいいからだ。

たとえば、2009年に200個、2010年に150個、2011年に100個、2012年に50個が売れたとしよう。この数字だけを見れば、毎年販売数が減っていて明らかに右肩下がりである。

だが、これを累計にしてグラフにすると、2009年は200個、2010年は350個、そして、2011年は450個…と、右肩上がりのグラフをつくることができる。

グラフの隅に「販売数は累計です」と小さくただし書きを入れておけば、一応問題ないということになる。

売れている、あるいは多くの消費者に選ばれているということをアピールするために広告などに用いられているグラフはウソではない範囲でつくられていることもあることを知っておいて損はないだろう。

「変化率」のグラフの裏にある知られたくない本音

グラフにはさまざまな種類がある。円グラフや折れ線グラフならいいが、あまり見慣れないものだとそこから何をどう読み取ればいいのかわからないということもある。

たとえば、「変化率のグラフ」もそのひとつかもしれない。ある一定の期間ごとに、数値がどれくらい動いたかを知るのに便利なのが変化率で、企業の株価が数日前に比べてどのように変化しているのかをポイントで示す時に用いられたりもする。

だが、じつはこの変化率をグラフにすると、それを見た人にとんでもない錯覚を起こさせることがある。

それは、変化率はひとつ前の数値を基準にしてプラスになったか、あるいはマイナスになったかを算出するからだ。

たとえば、２０１１年に１株あたり年平均１０００円だった銘柄があるとしよう。それが２０１２年に１５００円になると、変化率はプラス50パーセントである。

ところが、株が上がったと喜んだのもつかの間で、翌年の２０１３年には７５０円になった。すると、変化率はマイナス50パーセントとなる。

さらに、翌年２０１４年に１１２５円に上がったら、またプラス50パーセントになる。そして２０１５年に５６２円に下がったら、またマイナス50パーセントということになる。

そこで、これを横軸が「０」になったグラフに表すと、毎年交互にプラス50とマイナス50の座標が記入されていくことになるので、見る人には「プラスマイナス０」という印象を与えることになる。

しかし、実際には最初１０００円だった株価は５６２円にまで下がっているのだから、通算すると完全にマイナスである。同じ率で上がったり下がったりすれば、必ずその数値は下がっていくからだ。

このように、変化率はグラフにすると大きな誤解を生んでしまうことがあるので、変化率のデータは表で示したり、実際の価格の推移を重ねて表示したりするのである。

だから、もしもそのような配慮がなく、変化率のみを示したグラフがあったら、何か裏の意図があるのではないかと疑ってみたほうがいいだろう。

設定の範囲を変えるだけで思いどおりのグラフになる

プレゼンや新聞記事などで、ある事柄についてわかりやすく説明したり、説得力を持たせたりするために用いられるのがグラフだ。

しかし、前述しているようにそのグラフは全体のごく一部でしかないことが多い。それを鵜呑みにしてしまうと、ある意味、ダマされてしまうことにもなりかねないのだ。

特に相対的なグラフは、どこを基点にしているかによって見方がまったく異なるので注意が必要だ。

たとえば、ある店舗の1カ月の売上げをグラフにしてみたとしよう。

1日〜10日までは売上げが順調に伸びているために右肩上がりになっている。10日〜20日までは、ほぼ毎日同じくらいの売上げが続いたためになだらかな線が続く。そして、20日〜30日までは徐々に売上げが減ってきて右肩下がりになっている。

このグラフを、1日〜10日、10日〜20日、20日〜30日と、3分割して切り取ってみると、まるで印象が異なるのがわかるだろう。

1日~10日は活気があり、10日~20日は安定した売上げを保っている、20日~30日は停滞したというイメージを抱くのではないだろうか。

このように、どこを基点にしてどの範囲をグラフにして表すかで、見る側のとらえ方はまったく違ったものになる。

つまり、相対的なグラフを見る場合は、なぜ、そこを基点にしてその範囲を選んだのかという推察が必要になってくるのだ。

もちろん、スペースが限られているなかで、すべてのデータを掲載できないという事情もあるだろうが、うっかり、それがあたかも全体を表現しているような感覚に陥らないように作り手の思惑にも注意を払うことが必要だ。

反対に、グラフをつくる時には、強調させたい部分のみをピックアップして見せることで、相手に強烈な印象を与えることもできる。

順調に売り上げていることを見せたい時はその部分のみをグラフにすればいいし、あえて停滞部分を最初にクローズアップさせることで、逆に急激に売上げを伸ばしたことをアピールするということもできるのだ。

サンプルが偏っていては、正しい判断が下せない

データを収集する際、調査対象全体を「母集団」、実際に調査をした人や世帯を「標本（サンプル）」というが、できるだけ正確なデータを得るためには、このサンプルに偏りがないように配慮することが大切だ。

ところで、サンプルについてどれだけ知っているだろうか。ただ上がってきたサンプルデータをながめて、判断していないだろうか。

たとえば、新聞やテレビなどのニュースのアンケート調査では、「無作為に抽出した○人に聞いたデータです」という言葉が目につくが、これは無作為抽出と呼ばれる調査法で、「ランダムサンプリング」ともいう。文字どおり、母集団からランダムにサンプルを選んでいるということだ。ただ、一般的には母集団から30人おきにするなど一定の間隔で選ぶ「系統抽出」をとることが多い。

しかし、無作為抽出がまったく偏りのない、一般化されたデータかといえばそんなことは

ない。母集団が大きくなればなるほど、個人の情報を把握したうえでサンプルを抽出するのは大変な作業になる。そこで、「多段階抽出」という方法をとることがある。多段階抽出とは、何回かに分けてサンプリング作業を行うことだ。

たとえば全国を対象に調べる場合、まず調査をする地域をランダムに抽出し、さらにそこからサンプルをランダムに選ぶといった具合だ。つまり「二段階抽出」だが、場合によってはこれが三段階や四段階になるケースもある。

何段階も抽出したというと何となく綿密な調査を行ったように見えるが、じつは逆だ。抽出の回数が増えるごとにデータの精度は落ちるのである。多段階抽出ではできるだけ偏りが出ないように調整はされているものの、完璧ではないのだ。

また、完全な無作為抽出ではないこともある。たとえば、雑誌が行う読者アンケートによる調査のような場合には、母集団が購読者に限られてしまうからだ。

このような分析結果をもってして一般的な傾向だとみなしてしまうのはやはり無理があるだろう。

ちなみに、サンプル数があまりに少ないものはデータとしての信用度が低い。調査内容にもよるが、最低でも300程度はあったほうが望ましいといわれている。

「一人当たり」に置き換えれば、大きな数字を実感できる

２０１０年に、中国がＧＤＰで日本を抜いて世界第2位になったというニュースがメディアで大きく取り上げられたことがある。ＧＤＰとは、その国で１年間に産み出された商品やサービスの総額である。

この年の中国のＧＤＰはドル換算で5兆８７８６億ドル、日本は5兆４７４２億ドルで、中国はついにアメリカに次ぐ経済大国になったのだ。以来、中国のＧＤＰは伸び続け、２０１４年にはついに10兆ドルを突破した。まさに飛ぶ鳥を落とす勢いである。

これを聞いて、中国もずいぶん豊かになったと思った人もいるだろう。だが、早合点しないでほしい。たしかに経済規模は大きくなったかもしれないが、そこに住んでいる国民が豊かになったかどうかは別問題である。

なにしろ、中国の人口は日本の10倍以上の14億人にのぼる。ということは、中国人１人当たりのＧＤＰは日本人１人当たりのそれよりも1ケタ少ないのである。

さらに、大きな問題になっている中国都市部の富裕層と農村部の収入格差を鑑みれば、両国の1人当たりの豊かさにはかなりの開きがあることがわかる。

中国経済が数字の上で日本を優に上回ったからといって、それを日本人の生活感覚に当てはめて鵜呑みにしてしまうと、物事に対する正しい判断を見誤ってしまうことになるのだ。

そこで、大きな数字はとりあえず「1人当たり」に置き換えてみるようにするといい。

たとえば、日本人の何人くらいが車を所有しているのかと考えた時、まず国内の保有台数を調べてみると7000万台であることがわかる。

これを単純に1億2000万(人)で割るとだいたい2人に1人が所有していることになるが、そこには免許を持っていない18歳未満の人数も含まれる。

さらに、営業車なども含まれるとなると3人、ないし4人に1人、だいたい一家に1台くらいというおおまかな数をつかむことができるのだ。

このように数字を理解するためには、自分の実感がわくところまで数字を小さくしていくといい。

それによって、ひとつの数字からさまざまな予測を立てられるようになるのだ。

問題解決のためには、調べる範囲を広げるべき？　狭めるべき？

あるデータを分析して物事を判断しようとする時に、どんなデータを使うかをよく考えることがあるだろうか。というのは、まず何を使うかによって結果はかなり異なってくるからだ。

たとえば、株価の動向を知りたいといった時には、日経平均のデータを参考にするだろうが、同じ銘柄の株でも今日のデータ、ここ1カ月のデータ、そして過去1年のデータとさまざまな種類がある。

仮に今日の数字だけを見て昨日よりも株価が下がっていたとしても、1カ月というレンジで見たらだいたい上昇傾向にあり、今日の下落はわずかなものでしかないことがわかるかもしれない。

さらに、1年単位では上昇と下落を繰り返していて、その傾向をひと言で表現するのが難しいということもありうる。

このように、同じテーマでもどの範囲をピックアップするかによって得られる情報は違ってくるのである。つまり、データを有効活用するためには、この範囲の設定が大事になってくるわけだ。

この時、「そのデータによって自分が何を知りたいか」をポイントにすると、絞り込む範囲を間違えずにすむ。

もし、女性用化粧品を開発するために女性の意識の変化や生活サイクル、今後の傾向を知りたいというのであれば、当然、対象は女性になる。

商品ターゲットが若い層であるのならば、化粧品を使う年齢を考慮して20～30代のデータをメインにしてもいいだろう。だが、これがアンチエイジングの化粧品なら、年齢の範囲を40代や50代へと広げることになるといった具合だ。

データはより多く集めればいいというものではない。目的に合ったデータが集まってこそ、正確な分析ができるのだ。

場合によっては週単位と月単位のように、データを比較したほうがわかりやすいこともある。その際には、両者の違いが起きた原因まで検討しておくとよりよい分析結果を得ることができるのだ。

「平均値」だけでは見落としてしまう大事なこと

数字を見たら、何でもいいから平均をとれば中間がどこにあるのかがわかると考えている人がいるが、それは間違いだ。

たとえば、AクラスとBクラスでテストを行った結果、どちらも平均点は70点だったとする。では、平均点が同じだから、2つのクラスの学力レベルは同じなのかといえば、そうではないというのは小学生でもわかる。

たとえば100点、90点、50点、40点と高い点数と低い点数がバラバラだった場合でも平均点が70点になることがあるし、80点、75点、65点、60点と平均点と同じくらいの点数をとっていた場合でも70点になることもある。

平均値の裏に隠された実態を見極めるには、「散布図」を見ればわかる。散布図とは、データの広がりの様子を表したものだ。

そこで、AクラスとBクラスのテストの結果を散布図に表してみるとしよう。縦軸を点数、横軸を人数として図の中にプロット（打点）を加えると、次のような形ができあがる。

Ａクラスはプロットが上下左右に広がり、一方のＢクラスは図の中央付近に集まる。これが意味していることとはこうだ。

Ａクラスの場合は、点数がまちまちのために大きく左右に広がった形になった。一方のＢクラスの場合は、平均点に近い点数をとっている人が多いためにＡクラスほど広がっていない。

つまり、同じ平均点でも、Ａクラスには成績の優秀な人とそうでない人が混在しており、Ｂクラスはだいたい同じくらいのレベルの人がそろっているということが読み取れる。平均点が同じだからといって、すべての人がその平均点に近い点数をとっているとは限らないのである。

たとえば、平均月収が同じA社とB社を分析する場合にもこの散布図を見てみるといい。散布図の幅が広ければ月収の開きが大きいということになり、反対に幅が狭ければ、多くの人が同じくらいの月収をもらっていることがわかる。

平均という言葉に惑わされず、実態を知りたいと思ったら散布図を大いに活用するといいだろう。

平均からは見えてこない事実がわかる「散布図」

テスト結果	点	100	90	80	70	60	50	40	30	20	10	0	平均点
	Aクラス	7(人)	9	5	2	2	1	2	3	2	2	0	70点
	Bクラス	3(人)	5	6	6	7	6	2	0	0	0	0	70点

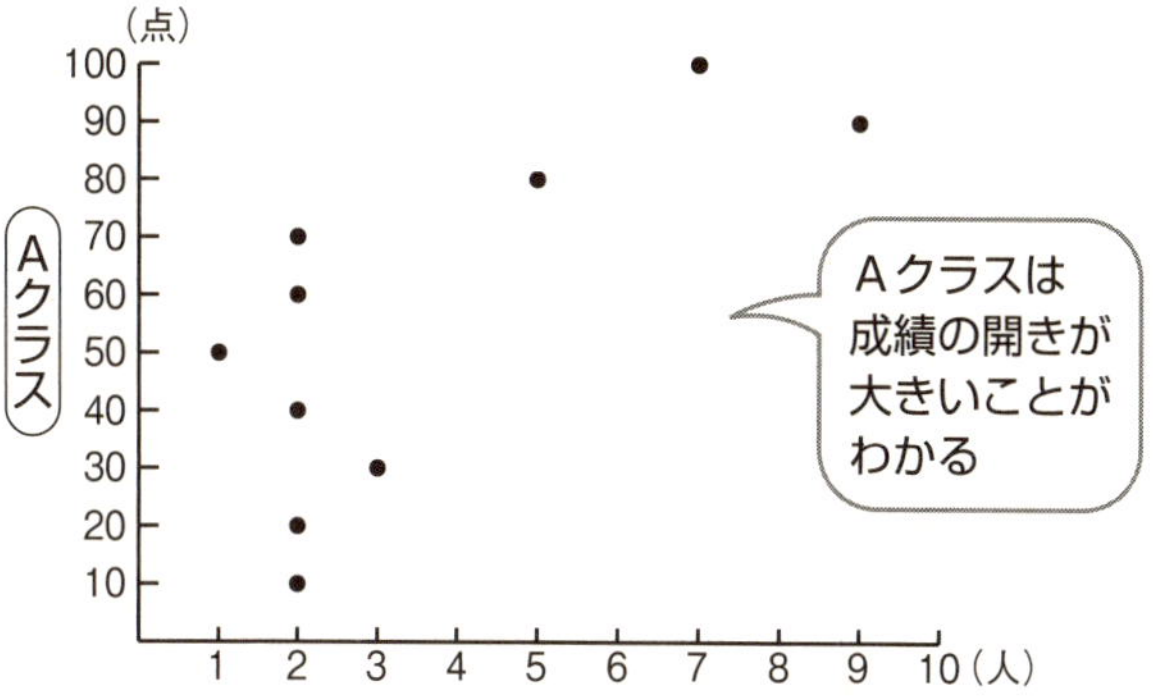

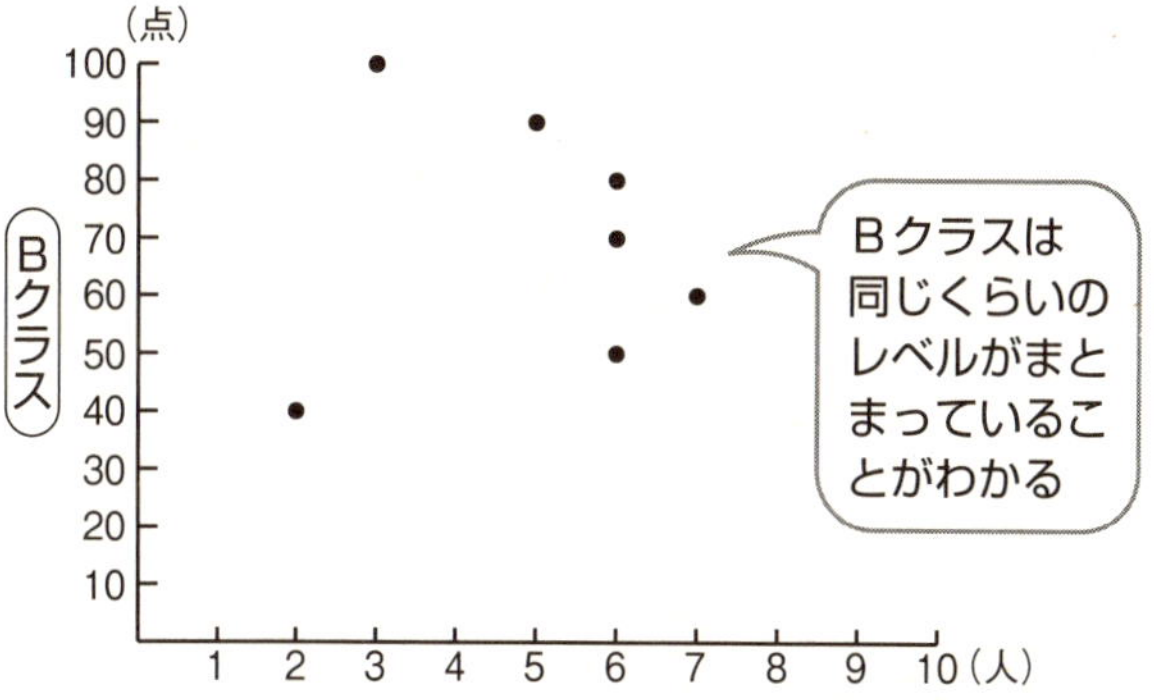

根本の原因は「なぜなぜ分析」であぶり出す

トラブルが起こると、なぜそういう事態になったのか、原因を究明して再発防止に役立てなくてはならない。しかし、これがなかなか難しい。多くの場合は、表面的な問題を解決しただけで終わってしまい、根本的な原因にまでたどり着けないからである。

そこで試してほしいのが、「なぜ？」を繰り返してトラブルの原因を掘り下げていくという「なぜなぜ分析」だ。これは、トヨタ自動車工業の元副社長である大野耐一氏が著書『トヨタ生産方式』（ダイヤモンド社）の中で提唱した手法で、「なぜ？」を一度だけではなく、5回繰り返していくことでトラブルの根っことなっているのは何かを探っていくものだ。

うまく根本原因にたどり着くコツは、トラブルの要因を論理的に漏れなく出していくことだ。「Aさんが失敗したから」などと誰かに責任を押しつけたり、ただの言い訳のような回答では問題は解決しない。

組織としてどう仕組みを変えればいいかを考えた回答を出すことが大切なのだ。

問題のモトを見つけて根本的に解決する

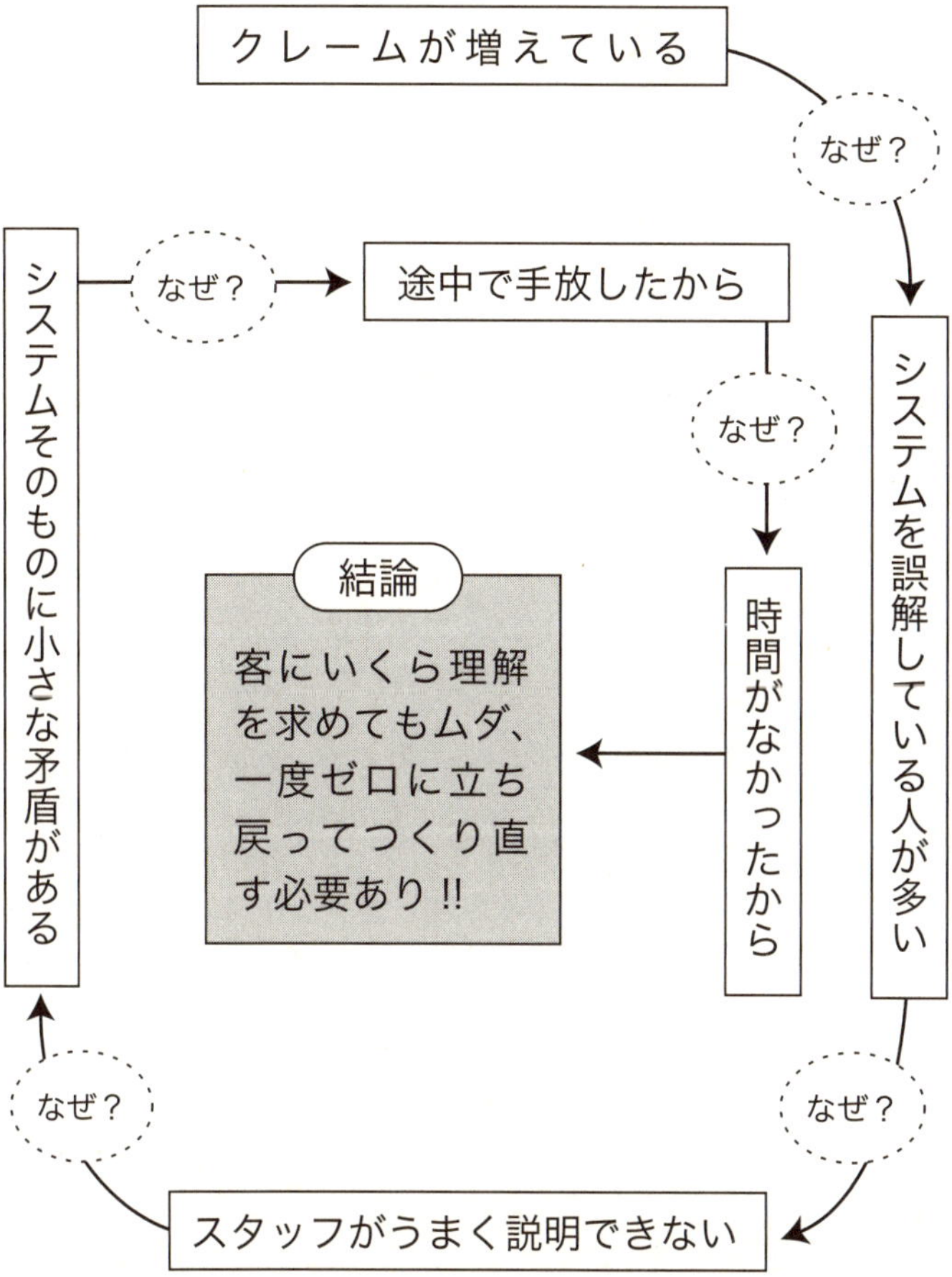

図解にできないものは、どこかに「矛盾」がある証拠

企画書などではその内容を説明する文章とともに、それらを補足する図表やチャートがよく用いられる。きれいな図表やチャートがさまざまな色を駆使して入っていると、文字だけの企画書よりもわかりやすくて断然インパクトがあるものだ。

だがよく見てみると、「そういうことか！」とひと目で納得できる図表もあれば、何を説明しようとしているのかさっぱりわからないものもある。図にすることがかえってマイナスになることもあるのだ。

なぜ、わざわざ図解にしてあるのに理解してもらえないのか。それは、もともとの理論展開に矛盾があることが少なくない。

たとえば、「サマーキャンペーンで前年比の2倍の売上げをめざす！」としているものの、そもそもなぜサマーキャンペーンが必要なのか、どういう計画のもとで売上げを2倍にするのか、その根拠があいまいだと図解にしたところで何の説得力もない。

こういう企画書は多くの場合が最初にテーマと結論ありきで、その根拠として提示されている図表はこじつけだったりするものだ。

またよく見かけるのが、「夏はビールの売れ行きが伸びるから、ビールを核にしたキャンペーンを展開する」と説明があり、そこに年間のビールの出荷量のグラフとともに、予想されるキャンペーンの効果を図解にしたものが描かれているような企画書だ。

すると、ほかの季節に比べて夏はビールの出荷量が増えるので、たしかにこれなら説得力があるように思える。

だが、ビールの出荷量自体が年々減少していることは、よくテレビや新聞で取り上げられてニュースになっている。

そうなると、日本人全体のビールの消費量が減っているなかで、ビールにスポットを当てたキャンペーンにどこまで説得力があるのか疑問になってくる。

それを単純に「夏＝ビール」で押し通そうとしても、見る人が見れば納得できない企画書になってしまうのだ。

辻褄が合わないと感じたら、そのプランは潔く〝ボツ〟にする勇気が必要だ。

キチンと結果を出す人は問題を分析するだけでは満足しない

競争社会の中で生き残っていくために、経営改善のためのプランを一般の社員から募集する会社は少なくない。

こんな時、現場にいる社員はふだん自分が感じていることを提案しようとしてつい張り切ってしまうものだ。気持ちはわかるが、何の根拠も裏づけもないアイデアはすぐに見透かされてしまうだろう。たとえば、

「もっと客を呼び込むために、駅前の目立つ場所に店舗を構えましょう」

「うちの店はレジ待ちが長いと不評なようなので、あと2台設置しましょう」

などは、どちらももっともな提案ではあるが、それを実現するにはコストがかかる。

もし会社にこのような提案をしようとすれば、もっと具体的な説明が必要だ。どれだけ投資が必要で経費はどれくらいなのか、その結果、売上げが確実に伸びるという裏づけがなければ採用されない。

そこで、提案を単なる思いつきだと思われないためには、まずは相関関係を分析してみることだ。表計算ソフトのエクセルを使えば、冒頭のようなプランと売上高の関係はすぐにわかる。

たとえば、「うちの店はレジ待ちの時間が長いことが敬遠されて、来店者数が伸びないのでは?」と感じているのであれば、まず客1人につきどれくらいのレジ待ちの時間があるのかを調べ、他の店と比較して分析してみるのである。

その結果、レジ待ちの時間の長さと来店した客数に密接な相関関係が見られたら、自信を持って「レジを増やしましょう」と提案できる。

だが、それがはっきりとしない微妙な結果が出た場合は、ほかにもっとお金をかけずに工夫することで経営改善につなげられないかを具体的に考えてみる必要がある。

どれだけ経営改善のプランを出しても採用されないという時には、このような分析と解決策をワンセットにして説得してみると、会社の経営陣や上司の心を動かすことができるようになる。

分析がすんだらゴールではない。それをいかに相手に伝えるかというところに意味があるのだ。

データのばらつきを考慮して、リスクを減らす方法

ふだんよく目にする「平均値」だが、これは前述しているとおり、あるデータのおおよその傾向を表す数値である。その算出方法は小学校での算数で習ったとおり、データの値をすべて足したものをデータ数で割って出す。

しかし、この平均値だけに的をしぼって計画を立てると、しばしば失敗することがある。それは、データのばらつきに着目していないからだ。

そのデータのばらつきを表すひとつの数字が「標準偏差」というものである。標準偏差とは、それぞれのデータと平均値がどれだけ差が開いているのか、その差の平均を出したものだ。

たとえば、毎月の売上げの平均が1000万円、標準偏差が700万円という会社の場合、売上げは300万円から1700万円までとなり、月によってばらつきの差が大きいことがわかる。

「標準偏差」でわかる経営の安定度

標準偏差とは

集めたデータのばらつきを数値化する統計手法

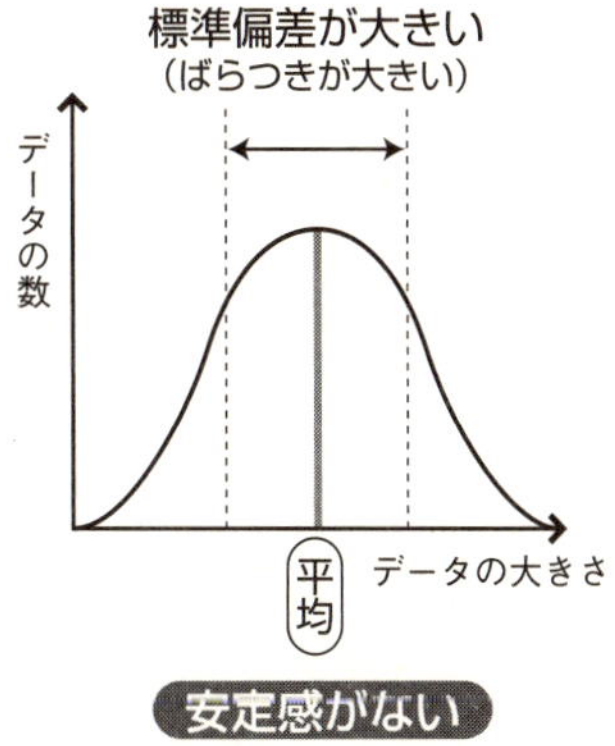

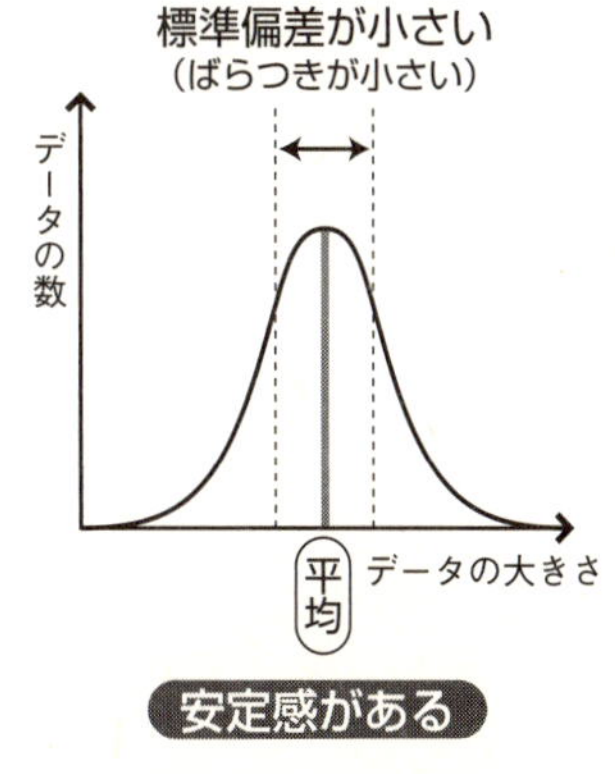

つまり、この会社の経営は多少なりとも不安定要因があると推測できるわけだ。

それよりも売上げが平均６００万円で、標準偏差が１００万円の会社のほうが月々の売上げは５００万円から７００万円とばらつきは小さくなり、経営状態が安定していることを示している。

このように、標準偏差では売上げの平均値だけでは見えてこない内情を分析できるようになるのだ。

また、データにどれだけばらつきがあったとしても、平均値を中心に標準偏差の値分だけ左右に開いた範囲にデータ全体の３分の２が収まっているといわれる。

たとえば、ある店舗で１日あたりの来客数を１カ月間調べたとしよう。この店の１日の来客数が平均50人で標準偏差が15人であれば、50人からプラスマイナス15、つまり35～65人の範囲内に１カ月の３分の２日間（約20日間）のデータが収まっているというわけだ。

このように、標準偏差がわかれば、データのばらつきの大きさやデータ同士の差がよくわかり、全体を想定して計画を立てることができるのである。

問題点がすっきりわかる！「グラフ」と「図」の使い方

会議やプレゼンテーションなどで現状分析や未来予測を説明しようとする場合には、図やグラフを使うことが多い。

「過去10年間の売上げは、○年がいくらで…」と、口頭で説明されるとわかりにくい内容でも、図やグラフが伴えば一目瞭然になる。

その点では、図解というのは説明をする際に効果的なテクニックのひとつだといっていいだろう。

ただ、それだけではもったいない。図を見る側にもちょっとした知識があるとよりスピーディーに、しかも正確に理解できるようになるのだ。

たとえば、たいていの図は実線で書かれることが多いが、ときおり点線が使われていることがある。この点線は単にデザイン的なメリハリをつけているわけではなく、ちゃんとした制作者側の意図がある。

多くの場合、それが意味しているのは過去の出来事や将来の予定、計画だと考えていいだろう。つまり、現時点では存在していないものを示しているのだ。

たとえば、A社とB社がこれから合併しようとしていることを表わしたいなら、両社の間を点線でつなぐという具合である。

合併はあくまでも予定であるにもかかわらず、実線で結んでしまうとすでに行われた出来事のようにとらえられてしまうことがある。そこで、点線を用いることで現実と未来を区別しているのだ。

逆に、以前は協力関係があったものの、今は解消されているといった場合も点線で描かれる。これも現存しない過去の出来事を示すという意図があるのだ。

また、A駅とB駅の間に新しい駅ができる計画があるといった場合には、新駅そのものを点線で描くこともある。企業同士の関係性だけでなく、実在していないモノを表す時にも有効なのだ。

図解に点線で書かれた部分があったら「予定」「見込み」「過去」「元〜」という内容が含まれていると考えればいいのだ。こんなふうに認識しておくことで、図が訴えたい内容は飛躍的に深く広がるのである。

儲からない理由は「現在のどこか」にあるって本当？

「負の連鎖」というといい意味では使われることがないが、物事はどこかで歯車が狂い始めると何もかもがうまくいかなくなることは多い。

ビジネスでも同じで、どこかで問題が起きているとそれが事業全体に波及して、すべての状況が悪化してしまうことはよくあることだ。

そんな時に必要なのが「現状分析」である。

たとえば、あるサービスを行っている会社が業績不振に陥っていたとしよう。理由は顧客離れだ。

「サービスの質が低下しているからもう利用したくない」と消費者から次々にクレームが届くようになり、調査してみると従業員の知識不足や接客態度が原因であることに行き当たった。

さて、こういったケースではどこを改善すべきだろうか。

これは、「サービス・プロフィット・チェーン」に当てはめてみると、サービスにおける利益と、従業員や顧客満足との因果関係がわかりやすくなる。

企業に利益をもたらす理想的なサイクルというのは、まず社内環境や教育制度、評価制度が充実していて、従業員一人ひとりの職業意識が高いのが特徴だ。

このような企業であれば、常に高水準のサービスが提供できるうえ、顧客の満足度も高まる。それによって利益がもたらされ、その利益が従業員に還元されるというプラスの連鎖ができ上がっているのである。

このフレームワークに先の例を当てはめると、業績が伸びないのは従業員の態度に問題があるからであり、その原因は従業員の満足度が低いからという点に行き当たる。

つまり、いくら上から「ちゃんとやれ！」と叱咤されても、そこで働いている従業員の満足度や会社への忠誠度が低ければサービスの向上は期待できない。

そうなると当然、顧客の満足度は高まらず、しかも売上げにもつながらない。プロセスの起点を高めなければ「正の連鎖」は生まれないのだ。

問題となっている部分だけを見るのではなく、全体をしっかり分析していい流れをつくることで利益はもたらされるのである。

サービス業における循環サイクル

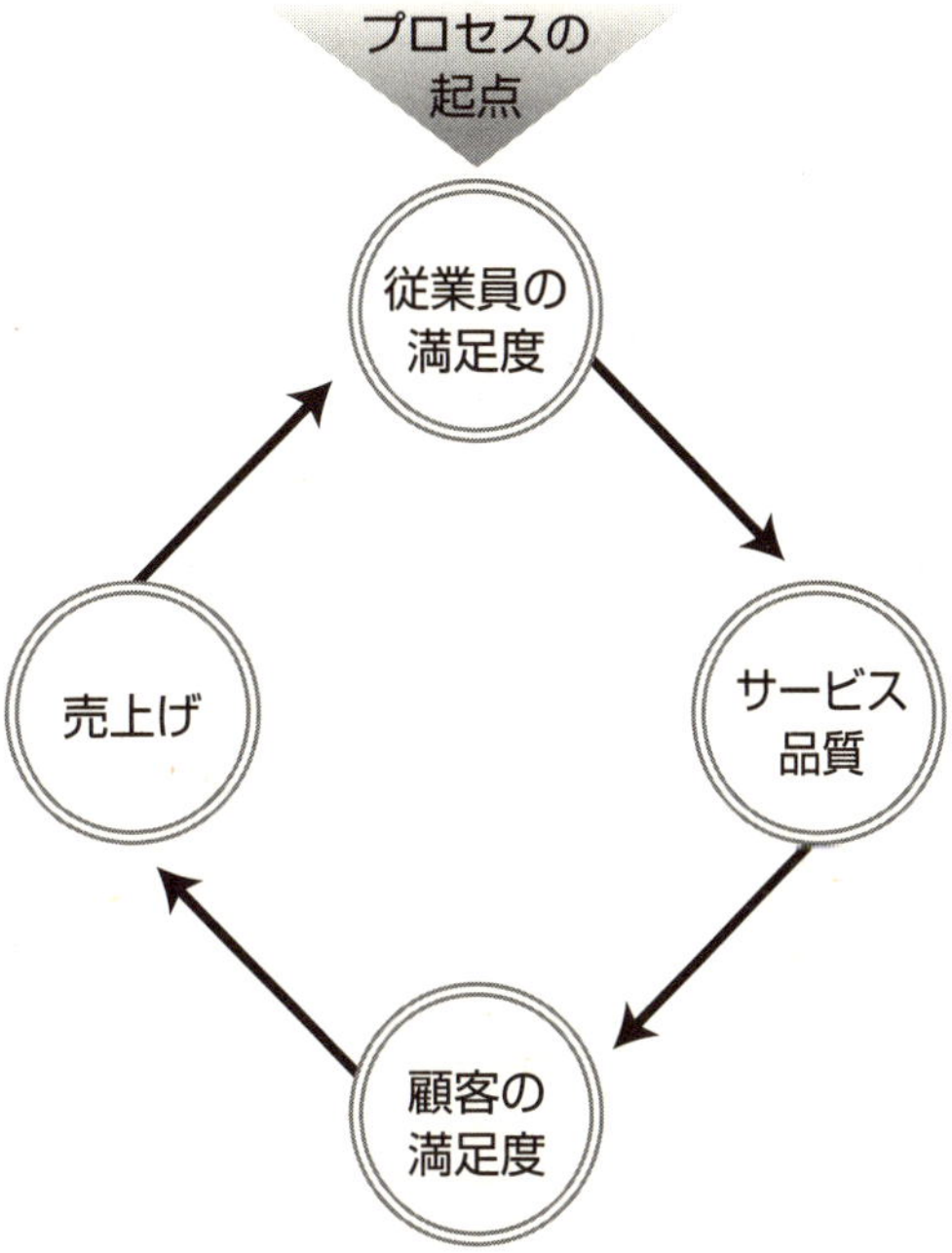

**起点を高めれば「正の連鎖」が起こり、
低くなると「負の連鎖」が起こる**

その商品を買った目に見えない本当の理由を探せ！

スーパーマーケットや商店にはいろいろな商品がそろっている。ペットボトルのお茶ひとつをみても、さまざまなメーカーのものが並んでいてよりどりみどりだ。

消費者はこのようにたくさんある選択肢の中からなぜその1本を選ぶのか、考えたことがあるだろうか。何気なく手に取っているようにみえても、消費者の心理というのは意外とデータに表れてくるものなのである。

その手がかりとなるのが、購買履歴のデータだ。このデータは、誰が、いつ、どんなブランド（メーカー）の商品を買ったのかがわかるもので、小売業者などが収集していることが多い。

このデータにはまた商品の価格も記録されているため、価格とブランドの選択にどんな関わりがあるかも読み取ることができる。

たとえば、あるブランドを1円安くしたらほかのブランドの売れ行きにどういう影響があったかを具体的な数値で知ることが可能なのである。

もちろん、たいていは少しでも安いほうに魅力を感じるものだが、そうとも言い切れないのがブランドの面白いところだ。そのブランドが好きだとか、好きなタレントが愛用している、メーカーが信頼できるなどといった理由で高くても買う消費者はけっして少なくないのである。

これは、特に高額な商品に見られる傾向だが、国産車に比べて故障が多いといわれているにもかかわらず、外国車の人気が高いのはそのメーカーの持つブランド力が大きいためだといえるだろう。

また、購買履歴データの分析にはもうひとつ考慮に入れたいポイントがある。それは「確率的効用」である。

モノを買う際には、CMを見た、友人に勧められた、売り場でのパッケージが目についたなどの理由で購入を決めることもある。これらの目には見えない流動的な理由を確率的効用というのだ。

価格、ブランド力、そして確率的効用という3つの要素が影響し合って消費者はどれにするか決めていたのである。

3つのチェックリストで次に進むべき道を探る

一度、市場に投入した製品は、できるだけ長く消費者から愛されたいものだ。

しかし、発売から何年も経ってくると、新製品に押されたりして製品自体の立ち位置すらあやふやになってくることがある。なかでも特に売れているのかどうかがわかりにくいのが季節物の商品だ。

たとえば、扇風機は夏前からよく売れるが、冬場は当然のことながらほとんど売れない。

こうした商品の販売状況が季節によって変化することを「季節変動」といい、月々の売上げだけをグラフにするとそれが明らかになる。

しかし、これだけでは前年に比べて売上げが好調なのか不調なのかを判断することはできない。そこで役に立つのが、ひとつのグラフに「月々の売上げ」「売上げ累計」「移動年計」の3つのデータを盛り込んだチャートである。

同じメモリを共有するグラフに3つの要素を入れると、「月々の売上げ」は数が少ないので低空飛行しているような曲線を描く。また、「売上げ累計」は月々の売上げを累計するので、順調に売れていれば月を追うごとに右肩上がりになる。

そして、「移動年計」は、その月の売上げに過去11カ月分のデータを加えた、直近1年間の累計データを指しているのでグラフの上部を推移する。

この3つのデータを組み合わせると「Z」のような形になることから「Zチャート」と呼ばれているのだ。

Zチャートは過去と現在の売上げ数によって形が変わるため、それぞれの形から売上げ傾向を把握することができる。

たとえば、移動年計が横ばいだと売上げに変化がないことを示しているが、その結果、「Z」の形が整ったグラフになる。前年と比べて売上げが伸びている時は、移動年計は右肩上がりになって「Z」の形も右上がりになる。反対に、前年と比較して売上げが落ちている時は右下がりになる。

Zチャート最大の魅力は、毎月の売上げ累計と月別の売上げによる季節変動、そして移動年計による売上高の動向がひと目でわかる点にある。

このため、このデータから事業の方向性を模索することもできるのだ。

金額が小さくても、勢いのある商品がわかる「ファンチャート」

ひと口に売上げといっても、数字を見ただけではわからないことがある。そんな時に役立つのが、ある時点の数値を100パーセントとして、その後の数値の変動をパーセンテージで表した折れ線グラフである「ファンチャート」だ。

たとえば、図1のような単純な売上げグラフだと、金額が小さいⒷの売上げの伸びは、どうしてもわかりづらくなってしまう。実際には売上げが伸びているのだが、図1のグラフではそれを見落としてしまう可能性がある。だが、図2のようなファンチャート形式なら、Ⓑの売上げは順調に推移しているのがわかるのだ。

逆にⒶは、図1ではⒷのはるか上を推移しているが、ファンチャートだとほぼ横ばいに推移している。これはⒶの売上げ高はⒷより高いが、伸びは低いことを示している。

つまり、数字を見ているだけでは気づかないのである。金額の数値が低くてもファンチャートで横ばいか右肩下がり状態だったら改善の余地があるということだ。

売上げの推移がわかりやすい「ファンチャート」

図1

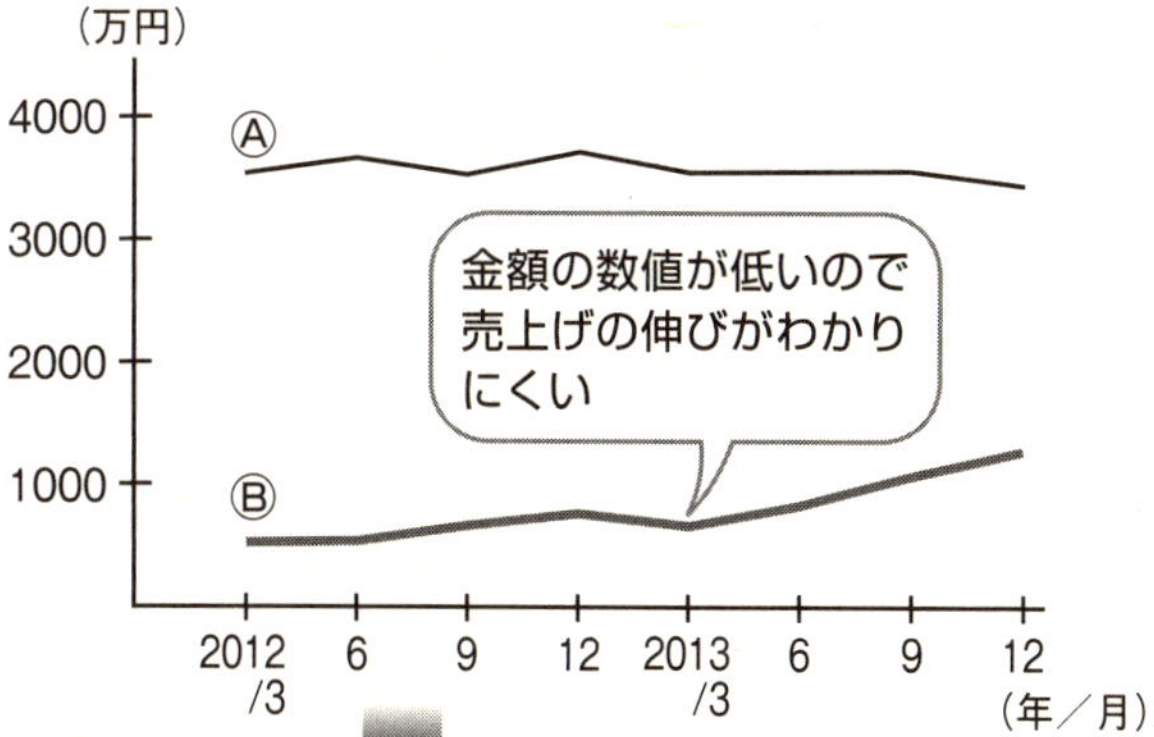

ファンチャートなら

図2

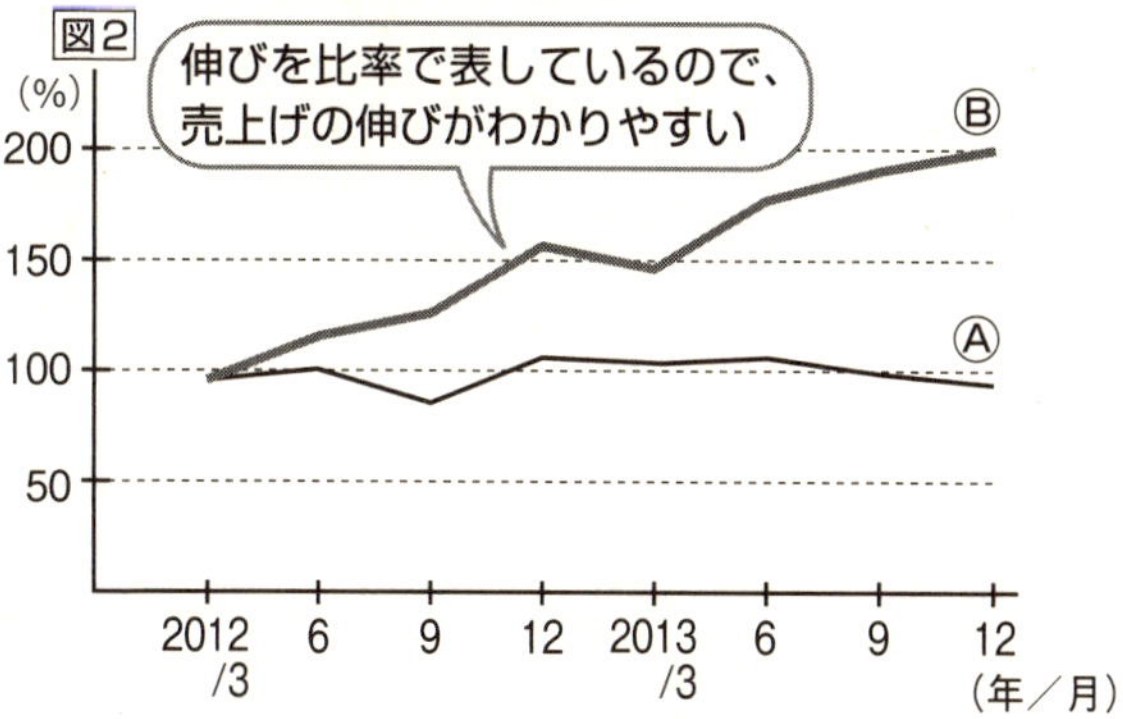

あらゆる問題を検討した人の報告書には3つの「R」がある

ビジネスパーソンの毎日の業務の中で欠かせないのが、報告書の作成と上司への提出だ。しかし、ただ書いて出せばいいというわけではない。簡潔で要領を得た報告書をまとめるにはやはりコツがあるのだ。

まず、ここでやってはいけないのが、見たまま、聞いたまま、感じたままをだらだら書くことだ。これでは何を言いたいのかまったく要領を得ないし、単に自分の感想を記しただけの調査報告書は、いくら読みやすくとも報告書とはいえない。そこにはより主体的で具体的な内容が必要なのである。

そこで、必ず盛り込みたいのが「3R」だ。

3Rとは「research（リサーチ）＝調査」、「result（リザルト）＝成果」、そして「risk（リスク）＝危険」のことを指している。

まずリサーチ（調査）だが、本やインターネットで調べたことをただ書くのではなく、できるだけ自分で実際に現場に足を運び、自分の目で見たことを報告する。伝聞だけではいまひとつ説得力に欠けるのは明らかで、真偽のほども確実とはいえない。

またリザルト（成果）は、調査結果から考えられる自分なりの結論やそれに基づくプランのことである。報告書であれば客観的に結果だけを報告し、その判断は相手に委ねてもいいが、そのような指示をあえて受けていない場合は、自分なりの意見を書き加えるべきだろう。

なぜなら、上司がその報告書を読む時のひとつの判断材料にするからだ。そうでないと「ただ現場を見てきただけ」という判断を下されてしまう可能性がある。

一方、３番目のリスク（危険）とは、調査結果から必然的に想定できる今後の危険性のことである。そのまま放置しておくと、今後どのようなことが考えられるか、またすぐ手を打てばどこまでリスクを回避できるのかを記すのである。

このような「３R」を盛り込んだ報告書をまとめれば、調査はより具体的な内容となって正確に伝えられ、自分に対する評価はワンランク上がるはずだ。

ともすれば、事実関係だけを並べたものになりがちな報告書も書き方さえ少し工夫すれば読み応えのある内容に大変身するのである。

マイナー商品がヒット商品を凌ぐこんなケース

数ある取扱商品の中で、上位2割の人気商品の売上げが総売上額の80パーセントを占めているという法則を聞いたことがあるだろう。

これはいわゆる「パレートの法則」といわれるもので、ビジネスではこの法則を用いて有力な2割のほうに経営資源を注ぐといいといわれている。

ところが、最近ではインターネットでの無店舗販売により、この法則が崩れるという現象が起きている。年に1回売れるかどうかのレアなコンテンツも揃えておくことで顧客の期待にピンポイントに応えることができるため、マイナー商品の総売上げがヒット商品の売上げを上回るのだ。これを取扱商品の売上高別に表にしてみると、恐竜のしっぽのようにどこまでも長く伸びる。だからロングテール（長いしっぽ）と呼ばれているのだ。

マイナー商品だからといって倉庫に置きっぱなしにしていたものが収益を生むこともあるのだ。

！人気商品以外の品揃えも大きな収益になる

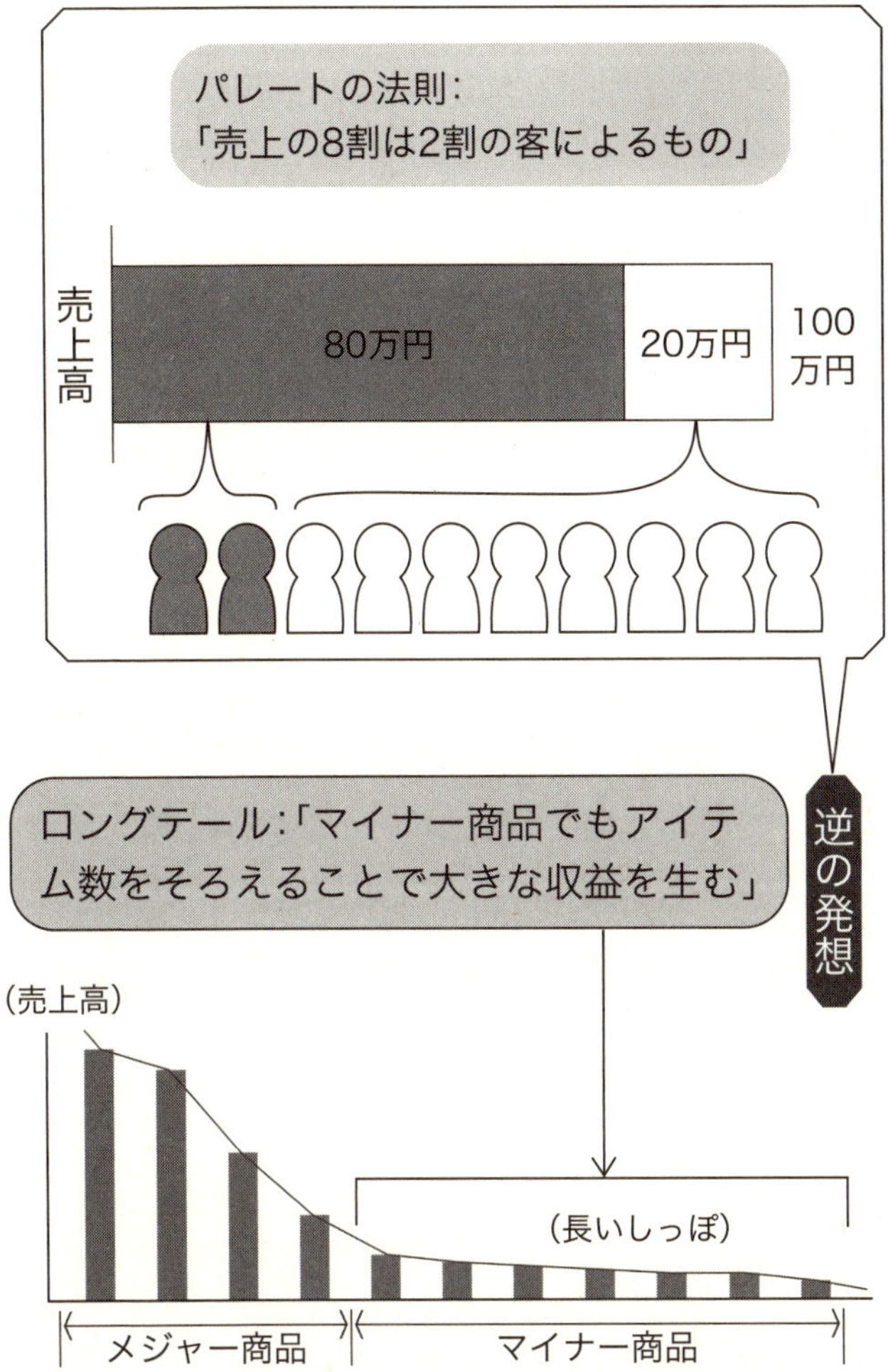

新聞や雑誌のデータ・グラフを鵜呑みにしてはいけない

新聞や雑誌には、本文の内容を補足するためにグラフや表が使われることがある。たとえば、国際比較をするための「日米欧の失業率の比較」とか「各国の消費税の比較」のグラフなどだ。

それらのグラフを見ると、単純に「日本は景気が悪いというけれど、ユーロ圏の失業率10パーセントに比べたらまだマシ」とか、「デンマークの25パーセントに比べたら日本の消費税はまだまだ安い」などと思ってしまいがちだ。

しかし、そこには掲載されているグラフだけでは簡単に比較できないカラクリが隠れている。数字をそのまま鵜呑みにしてはいけないのだ。

なぜなら、国が違えば失業率の算出方法は違ってくるし、消費税にいたっては日本はほとんどすべての物品にかかってくるが、ヨーロッパでは生活必需品は非課税だったりするなど、一概に比較できるものではないからだ。

では、なぜそのようなグラフが用いられているのかというと、それは多くの場合、記事に説得力を持たせるためだ。特に政府案に反論をしたい場合などには、外国の例を持ち出すことでさまざまな考え方も示すことができる。

また、他に比較できる数値がなければ使うしかないということもある。その場合は、国によって算出方法が異なるなどのクレジットや注意書きがあるはずだ。

もっとも、日本経済が好調であるという根拠に算出方法が違う他国の失業率の数値をもってきても意味がないことも多いが、データとして発表されている数値としては間違いがないので、このようなグラフができ上がってしまうのだ。

新聞や雑誌の記事には、それぞれの社の編集方針や記者の論調が反映される。同じ数字でも、見せ方を変えれば読者に異なる印象を与えることもできるわけだ。

だから、何も疑問を持たずに同じソースに接していると、どうしてもそこに書いてあることを鵜呑みするハメになる。

「あの新聞だから大丈夫」と思わずに、さまざまなデータに当たって自らの勘を磨くようにしたい。

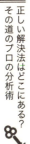

自分の中のふつうの感覚を侮ってはいけない

タイムカードのある会社で働いている人なら、毎日、同じ駅から同じ電車に乗って、いつもの道を歩いて通勤しているという人は多いだろう。

何年も、毎日毎日そんな同じような日々を送っているのをつまらないと感じる人も多いかもしれないが、あながちそうとも言い切れない。じつは、そんな行動こそ統計学でいうところの大切な「ふつうの感覚」を磨くチャンスなのだ。

なぜなら、同じ時間に同じところにいる、同じ場所を通るというのは、いわば定点観測のようなものだからだ。

たとえば、何気なく電車内の乗客を見ていて「以前に比べて女性より男性のほうが肥満率が高くなっているような気がする」とか、「朝の通勤電車に乗っている小学生の数が年々増えている」などと感じることは、同じ条件のもとで比較しなくては気づくことはできない。

このような微妙な変化を察知する感覚を磨けば、ビジネスなどで相手を説得するためのいい素材になるのだ。

もちろん、何の証拠もなしに「最近は、女性より男性のほうが肥満率が高いのではないかという気がします」と言ったところで、その〝感じ〟を相手に受け入れてもらえなければ説得力に欠けてしまう。

そこで、データの出番である。つまり、自分が日常生活で得た感覚を数字で客観的に証明してみるのだ。自分が感じたことを公的なデータとつき合せてみてもいいだろう。

男性の肥満率が気になるのであれば、厚生労働省などから出ている日本人男性の体重増加率の推移を見てみたり、朝の通勤電車に乗っている小学生の増え方が気になるのであれば、その地域の公立小学校と周辺地域の私立小学校の入学者数の変化や、小学校の受験者の推移などが役に立つかもしれない。

実際、自分が感じた変化と統計学が示す数字に驚くほどかけ離れた結果が出ることはほとんどない。

このようなちょっとした訓練で問題解決センスを磨くことができるのだ。

折れ線グラフの目盛りに透けて見える〝思惑〟とは？

折れ線グラフというと、小学生の時に使ったグラフ用紙を思い出す人もいるのではないだろうか。理科の授業などで気温の変化を記録したりした記憶があるだろう。

実社会においても、商品の普及率などひとつのテーマについての変化や動きを表すのに便利なのが、折れ線グラフだ。

ただ、グラフ用紙でつくった時のイメージが忘れられないせいか、折れ線グラフをつくる時は、タテとヨコのメモリの幅を律儀に、しかも均等にとるのが当たり前だと思っている人も少なくない。

しかし、グラフの目盛りはもちろんタテとヨコが均等である必要はない。むしろ、つくり手がそのグラフを見る人に何を伝えたいか、何を訴えたいかによって目盛りの幅が〝操作〟されていることもあるのだ。

たとえば、ある商品の売上げ額を経年で表したグラフがあるとしよう。

これを、年数を示す横軸の目盛りの幅を広くとって横長のグラフにすると、折れ線の山の形がゆるやかになり、その形から発売から現在までの経年変化の大きな流れがわかるようになる。

一方、同じデータでも、数を示す縦軸の目盛りの幅を大きくとり、年数を表す横軸の目盛りを狭くした縦長のグラフにするとどうだろうか。

横長でつくったグラフとは違い、点と点をつないだ時の線の傾斜がかなりきつくなる。すると、売れた年と売れなかった年の増減の差がくっきりと大きく広がって表れ、まったく印象の異なるグラフになるのである。

つまり、縦の目盛りを大きくとったグラフは、変化する過程をより強調したい時に適しているのだ。

ちなみに、変化する度合いが大きくなっている部分に、その年に起きた象徴的な出来事などを書き加えたりすることで、情報提供者にとって都合のいいグラフを意図的に演出することもできる。

グラフを読む時は、そんな作り手サイドの隠された思惑や意図を見抜けるようにしたいものだ。

最後のツメが甘いときは「フロー型図解」が武器になる！

組織の中で働いている限り、仲間うちで情報を共有することは仕事の成否を占ううえでの重要な要素となる。

情報を共有する際には口頭で簡単にすませられることもあるが、しかし、それだけでは伝わりきらない場合もある。

たとえば、大きなプロジェクトの進捗状況をチームの中で報告しなくてはならないような時は、「マーケット調査は先月の第1期でおおむねすんでいます。その2週間後の第2期では試作に入りました。続く第3期では…」などと、この程度の内容なら口頭で説明しても理解できる。

だが、そこへそれぞれの具体的な戦略や消費者の反応など、付随する要素を加えようとするとたんに全体の流れはつかみにくくなる。

こんな時は、やはり図解にして情報をわかりやすく可視化するのが最善の方法である。

特に、時間の流れとプロセスの関係を表したい場合には、「フロー型」の図解が最適だ。

これはいわゆるフローチャートと呼ばれるもので、一定方向の時間軸に向かって進んでいるプロジェクトを工程ごとにフレーム化し、時系列でまとめていくものである。

この図の優れているところは、ある工程では時間の流れが逆行していたり、複数の工程が同時並行することを表しつつも、全体ではちゃんと同じ方向（ゴール）に向かっていることがわかる点だ。

時間的な流れを可視化できるとともに、そのプロジェクトの停滞部分や課題となるところや問題点の原因、結果なども浮き彫りにできる。また、「主流」に対して同時進行する「支流」関連のプロジェクト情報を書き込むこともたやすい。

文字だらけの報告書と異なり、誰の目にもわかりやすく、また追加項目や修正の書き込みも簡単だ。それに一度、枠組みをつくってしまえば、それをたたき台にしてさまざまな形にアレンジできるのも大きなメリットである。

この形で情報を共有すると、それを見た誰もがプロジェクトの分析に参加できるようになる。現状を客観視するためにもぜひ取り入れたい手法だ。

Step6

めげない！　へこたれない！

問題解決に強い人の思考法

やる気が持続する〝目標設定〟のコツ

問題解決力がある人は、自分を〝高める〟ことに労を惜しまない。本章では、彼らの思考、習慣などから、とりわけおさえておきたいノウハウを紹介していこう。

本能の命じるままに行動する野生の動物とは違い、人間は何らかの理由づけをしてからでないとなかなか行動したがらない動物だ。これは裏を返すと、しかるべき理由さえあれば誰でもそれが強い動機となって行動に結びつきやすくなる、ということである。

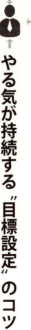

一見すると当たり前のことのように思うかもしれないが、今ひとつやる気が出なくて後回しにしてしまうことが多いという人は、この〝理由づけ〟があれば強い動機を持てるようになる。

たとえば、スキル・アップのために英会話を始めたとしよう。それがただ漠然と「英語が話せたら仕事に役立ちそうだ」というだけでは、たいていは途中で嫌気がさしてしまい、英会話教室に通い続けられなくなるものだ。これではせっかくの高い授業料も無駄になりかねない。

そこで、今度こそは確実に英会話を身につけたいと決心したなら、より具体的な動機をとるようにするのである。

英語が仕事に役立ちそうだと思えば「米国企業のA社と英語で取り引きしてみよう」と考えてみるのもひとつの方法だ。

そうでなければ、英会話を仕事と切り離して「字幕なしでアメリカ映画のＤＶＤを観たい」とか「外国人ホステスを英語で口説いてみたい」ということでもいい。ようするに、英語が話せるようになってこんなことをしてみたいという、より具体的な目標を持つのである。

人間の行動を研究する行動科学では、「行動できない人は自分自身で動機づけし、行動できる環境を整えるといい」としており、これをセルフマネジメントの極意のひとつにあげている。

行動力を高めるのは、じつは思い悩むほど難しくはない。自分の願望を叶えたい、ただそれだけなのだ。

「目標を達成できる自分」に意識改革する方法

ビジネスマンの必須アイテムといえば手帳だ。万一、紛失でもしたら財布を失くすよりも困るという人は少なくないだろう。

そこに書かれているのはスケジュールのほか、取引先のアドレスだったり会議のメモなど、仕事をするうえでの重要な情報ばかりだ。

ところで、今後はそこにもうひとつ書き加えることをおすすめしたい。それはズバリ「目標」だ。

人間は誰でも頭の中ではさまざまなことを考えているが、それを表に出すか出さないかで実行力が変わってくる。もちろん「不言実行」は理想だが、どちらかといえば「有言実行」するほうが自分自身にもわかりやすくていい。それを手帳に記すのだ。

たとえば、「社内コンテストで1位をとる」「受注額1億円を達成する」「課長に昇進する」など何でもいい。「部下の存在を絶対に軽視しない上司になる」「ノーを言わない営業マンになる」など、目標だけでなく「なりたい自分」を書いてもいいだろう。

書くタイミングは手帳が切り替わる時がベストだ。「1年後の自分」というタイトルをつけ、見やすい場所に大きく書き留めるのである。

しかも、それを書くだけでなく、ことあるごとに読み返して暗唱してみよう。そうすることで、常に自分に対して「目標」を再確認させることができる。

というのも、ある程度の年齢やキャリアになると、仕事への取り組み方やスタンスが決まってしまい、無用な努力や頑張りをしなくなる。たいていの人はこの現状維持の状態をよしとしている。

しかし、それだと何かひとつつまずいた時にモチベーションが下がりやすくなるのも事実だ。だからこそ、毎日読み返すことで潜在意識に刷り込み、「目標に近づきたい自分」へと意識を改革してしまうのだ。

もちろん途中で軌道修正が必要だと思ったら、どんどん書き換えればいい。いうなれば、改革前の自分が立てた目標を「おかしい」と感じるのも、効果の表れかもしれない。

なりたい自分を設定することは、判断力や決定力の向上にも役に立つのだ。

モチベーションが上がる「寝る前1分日記」のつけ方

理由はともかく、ちょっとした気配りを怠ったことでつまらない失敗をした経験が誰でも一度や二度はあるだろう。

特に急いで仕事を片づけようとした時などは、トラブルも起きやすい。しかし、こんなことが続けばモチベーションが下がってしまうのも当然だ。

そんなミスを防ぐには、就寝前の1分間にちょっとした工夫をするといい。それは、自分で自分に伝言する「1行伝言法」の実践である。

これは同じ失敗を二度と起こさないように、その失敗した原因を振り返り、自分は何を心がければいいのかを寝る前に紙に1行で書いてみるのである。

たとえば、忙しさにかまけて手帳に書き留めた得意先への連絡を忘れたのなら、「手帳を見る」と枕元に置いたノートに書く。そして、朝起きたら家を出る前に必ずこの伝言を見るように習慣づけるのだ。

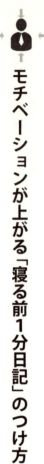

すると「よし、今日は必ず手帳を確認しよう」と自分に言い聞かせるようになるので、同じ失敗をすることが少なくなるというわけだ。

ただし、この1行の伝言は標語のように簡潔で、モチベーションが上がるようにするのがポイントだ。

「○○会社○○課長へ連絡を忘れるな」などと書いてしまうと、忘れてはならないということがプレッシャーになってしまい、これから寝ようとする時に余計な心配を抱えるのは睡眠不足になりかねない。

失敗した理由を明らかにするというよりも、同じ失敗を繰り返さないようにするには何を心がければいいのか、もっと仕事を効率よくできるように自分にアドバイスするように書くのである。

そうでないと、ただの反省文となりモチベーションが上がるどころか、いつまでも昨日の失敗を引きずるような結果になってしまいかねない。

「ゆっくり、確実に」や「明るく、挨拶」などでもいいだろう。1行伝言法はあくまでも自分への励ましなのである。この1行伝言を日記のようにクセをつけて書くと、毎日のモチベーションのアップにつなげることができるはずだ。

目標達成率1パーセントアップで底力が湧いてくる！

あなたはふだん、自分の仕事の達成度に対する目標設定を何パーセントにおいているだろうか。

ほどほどに「80パーセントくらい」という人もいれば、完璧にこなしたいから「100パーセント」という人もいるだろう。高い向上心を持っている人なら「120パーセント」と答えるかもしれない。

だが、他の誰よりも上を目指したいと思うなら、目標設定はさらに1パーセント上乗せして「121パーセント」にすることをおすすめしたい。

100パーセント以上の上乗せ分は、いわば付加価値である。その月のノルマを達成する、つまり目標を100パーセントこなす仕事をしているだけではドングリの背比べ状態から抜け出せないのだ。

そこから20パーセント多く仕事をすることで付加価値のある人間として認識されるので

ある。しかも、それは自分にとって大きな飛躍につながるのだ。

しかしそこで満足してはいけない。

たとえば、営業マンなら新規顧客開拓数を達成したとしても、あと1件増やすために何ができるか行動してみるのだ。

また、ビジネススキルを高める本を1冊読み終えたら、必ず誰かにその内容をアウトプットをするなど、目標を達成したところからさらに〝ちょっとした努力〟をつけ加えることを習慣にするのだ。

120パーセントの仕事を達成したあとにプラス1パーセントの努力をすることで、次の仕事の時には121パーセントの自分からスタートすることができる。

それを10回重ねていけば、120パーセントの仕事をしている人よりもさらに仕事力が増すことになるのである。

最初からあきらめるのは早計だ。わずか1パーセント多い目標設定が、塵も積もれば何とやらであなたの大きな底力になるというわけである。

問題解決の糸口が見つかる行動の起こし方

何度トライしても先の展開がまったく見えずに、途方にくれてしまったことは誰にでもある。

たとえば、営業マンなら新しく担当した商品をどう売っていいのかわからず、場合によってはそれまでの自分に自信を失ってしまうことさえあるかもしれない。

そんな目の前に立ちふさがった壁を乗り越えたいなら、まず行動をすることが何より大切だ。いくら考えても打つ手がわからない時は、くよくよ考えたりせず、手探りでもいいから、とにかくがむしゃらに前に進んでみるのである。そうすれば、なぜ新しい商品が売れないのか、その理由に突き当たるかもしれないからだ。

ただし、いくら〝がむしゃら〟といっても、ただ闇雲に進めばいいというものではない。顧客を訪問したらその話に耳を傾け、身近に参考になる事例がないか目を皿のようにして探し、もし参考になるものがあればそれをしっかりと観察するのである。

このように手探りしながらも行動に移していると、たいていその答えが見つかってくるものだ。

たとえば、それは顧客の「それは○○だから」というひと言にあったり、あるいはライバル商品の売り方からヒントが見つかったりするものなのだ。

つまり、先入観を持たずにただがむしゃらに行動すると、答えを見つけるチャンスが増えるのである。さらに、他人のアドバイスや意見をより多く聞くことで、視野が広がり知識も増えていくのである。

これは言い方を換えると「現場主義」ということにもなる。なぜ問題が起きたか頭で考えるより、とにかく現場に足を運んで情報を徹底的に収集するのである。迷宮入りしそうな事件でベテランの刑事が「現場百回」と言いながら、何度も事件が起きた場所に通うのと同じである。

それでもどうしても途方にくれた時は、体を動かせば「答えにぶつかる」と考えてみればいいだろう。問題の解決はまず行動することなのだ。

勉強意欲がみるみる湧く「テーマすり替え法」

「勉強するぞ！」といざ机の前に座っても、なかなかその気になれないことがある。しかも「これだけは今日中に覚えなければならない」と自分に厳しく命じるほど、なぜか気が散ってしまうものだ。

じつは、このように気持ちと行動が逆になってしまうことを心理学では「心身相反の法則」と呼んでいる。

つまり、「勉強しなければならない」と強く自分にプレッシャーをかければかけるほど、心の底ではそれから逃れようとする気持ちが働いて「できればやらずにすませたい」と思ってしまうのだ。

そこで、こんな心理を克服するのに効果抜群の方法がある。テーマをすり替えてしまえばいいのである。

たとえば、法律の勉強をするのなら、条文を丸暗記するのではなく、その中で「疑問に思っていることを調べてみよう」とテーマをわざとすり替えるのだ。

するとと、覚えようとしていることが個人情報保護法についてならば、これをより身近なことに置きかえることで、仕事で取引先からもらった名刺はこの法律の対象となるのか、あるいはパソコンにデータとして打ち込んだ自分の住所録も個人情報になるのか、というように次々と疑問がわいてくる。

こうすると、それまで暗記して覚えようとしていた法律の条文に興味が生まれてくるはずだ。そうなれば自然と「もっと知りたい」という気持ちが強くなって、心身相反の法則を克服できるのである。

あるプロ野球選手はこの方法を巧みに利用することでプレッシャーに打ち克ち、高打率を達成したことが知られている。

その選手はバッターボックスに立つ時に「ヒットを打って塁に出よう」とは考えず、「今日のバッティングフォームはこうしよう」と考えながら打席に立っていたという。

このことによって〝打たねばならない〟というプレッシャーから解放され、逆にフォームに気を配ることでバッティングに気持ちを集中できたのである。

人は気の持ち方を変えるだけで勉強の能率を高められるのだ。

「継続は力なり」を証明する15カ月スケジュール術

「継続は力なり」という言葉がある。

これは何事もあきらめずに努力を続ければ、やがてそれは必ず自分のものとなり、実力となって表れてくるという意味だ。

事業でもプロスポーツでも分野を問わず、その道を究めた人たちは必ずといってもいいほどこの言葉を口にする。なかには成功した後もこの言葉を座右の銘にして、日々の努力を怠らない人もいるほどだ。

とはいえ、いくら「続けよう！」と思っていても、いつまでたっても成果が表われないようだとしだいに嫌気もさしてくる。

そこで考えてみたいのは、はたして努力をいつまで続ければいいのだろうかということだ。

じつは、人は15カ月間、毎日同じことを行っていると必ず変化するといわれている。

これはプロのスポーツ選手だけでなく、さまざまな分野の著名人が同じようなことを指摘していることからもうかがえる。さらに、この期間は調査研究をするうえでもひとつの目安として使われている。

たとえば、ある地方自治体が交通安全の対策を取った場合、その効果が上がっているかどうかを評価する際に、15カ月後の状況をその調査期間に盛り込むことが多い。これは、この期間を経過すると、その対策がドライバーの意識に周知されて意識が変化するためだという。

つまり、日々努力を積み重ねるなら、目安として15カ月間を目標に置いてスケジュールを組んでみるといいのだ。

すると、その間は期間を区切ったことで気持ちが引き締まり、「やり遂げよう！」という気になって必然的にモチベーションも高まるはずだ。

そもそも、努力に対してすぐに効果を求めるのは、野菜のタネをまいて、その翌日に収穫を期待するようなものである。

いくら努力しても成果が出ないと「自分の夢は破れた」と思いがちだが、意外と自分から夢を捨てていることもあるのだ。

モチベーションが高い人、低い人の本当の違い

仕事にやりがいを求める気持ちは誰しも持っているはずだ。通勤時間を入れると1日の約半分、そして1年の多くの日数を会社に捧げていることになる。

だが、多くの人がそんな理想と現実にギャップを感じながら働いている。本当にこの仕事でいいのだろうか、もっと自分にできる仕事があるのではないか…。

自分探しと称して転職を何度も繰り返す人もいるが、それによって運命のような仕事を見つけたというケースは実際にはあまり聞かない。

では、どうすればやりがいのある仕事を見つけることができるのだろうか。

やりがいを感じるということは、自分に与えられた仕事に対するモチベーションが高いということである。

たとえば、単純な作業や裏方的な仕事であっても、それが会社にとって重要な仕事のひとつだと感じられる人はやりがいを見出せるし、そうでない人はつまらない仕事だと思っ

てしまう。

自分には向いていないと思いながらも、真正面から取り組む人もいれば、手抜きをしてすませようとする人もいる。

つまり、自分が「やるべきこと」の枠の中にどんな気持ちを当てはめるかで、その仕事は経験として蓄積される一方で、徒労にもなってしまうのだ。

小さな仕事にもモチベーションを高く持っていれば、そのうちに自分にはどんな仕事が向いているのかがわかってくる。また、その仕事に集中して取り組んでいれば周囲もそれに気づき、しだいに自分に向いている仕事が集まるようになってくる。そうなると、また一段とやる気が湧いてくるだろう。

このような小さな積み重ねで、自分に合った仕事とは何なのかがわかり始め、やる気につながっていくのだ。

この段階を踏むためには、自分をいつも正しく評価しておくことだ。自分を過大評価して、「自分はこんな仕事をする人間ではない」と思っていれば経験は蓄積されないし、逆に過小に評価しすぎて欲をなくしてしまうとキャリアアップのチャンスを阻んでしまう。

自分を客観的に見る目を持つことで、理想と現実のギャップを埋めることができるのだ。

「エピソード記憶」なら必要なことを一瞬で思い出せる

記憶力の衰えを感じて悩んだことはないだろうか。たとえば社会人になってから本を読むと、学生時代のように一度読んだだけではなかなか覚えられないことがある。じつは、これもやり方さえ変えれば難なく解決することができる。

じつは、記憶には「意味記憶」と「エピソード記憶」のふたつがある。このうち意味記憶とは本を読んだだけで覚える能力だ。これは若い脳ほど力を発揮し、物事を深く考えることなく丸ごと単純に覚えてしまう。

たとえば、学生などは英単語や歴史の年表を何度かそらんじるだけで丸暗記してしまったりする。ただし、この方法の唯一の難点は時間とともに忘れやすいということだ。

これに対してエピソード記憶は、それにまつわる情報を一緒に覚えてしまうことだ。意味記憶のように丸暗記して瞬時に思い出すことはできないが、関連したことを覚えているので端緒となることさえ思い出せれば、あとはイモづる式に記憶を引き出すことができる。

たとえば、「コンプライアンス」という用語を例に挙げてみよう。これを記憶する時に、ただ「法令遵守」と日本語に翻訳した単語をそのまま暗記せずに、ニュースに取り上げられた一連の企業の不祥事も一緒に覚えてしまう。「最近は食品偽装問題などで企業のコンプライアンスが問われている」と覚えるのだ。

すると、このことが頭に浮かんだ時にコンプライアンスの意味がすぐに出てこなくとも、まず食品偽装問題のニュースを思い出し、そこから企業の違法行為を引き出してみる。

次いで、企業の法令遵守が求められているということから、法令遵守＝コンプライアンスというように、記憶を手繰りよせることができるのである。

こうしてエピソード記憶で覚えておけば丸暗記するよりも忘れにくくなる。

一般に「記憶力がいい」というのは、暗記力である意味記憶が優れているという意味でとらえられがちだが、これが衰えたからといってけっして記憶力が悪くなったわけではないのだ。

むしろ、必要な時に必要なことを思い出せるエピソード記憶に優れていたほうが、記憶をすぐに頭の中から引き出せるのである。

マンネリ化を避けて次に進むには「やってみたいことリスト」を作る

毎日、同じような仕事を続けていると、最初はいくらヤル気になって燃えていてもしだいに仕事がマンネリ化し、始めた頃のような面白さがなくなってくるものだ。これを防ぎ、スムーズに仕事をこなしていくためには効果的に気分転換を行いたい。

ただし、いくら仕事が忙しいからといって、デスクの前に座ったままコーヒーを飲みながらただボーッと窓の外を見ているだけではあまり効果はない。

これでは、頭や体は休まるかもしれないが、心身共にリフレッシュするとはいいがたいだろう。

そこで、効果的な気分転換をはかるためには、日頃から15~20分程度でできる「やってみたいことリスト」を手帳につくっておくといい。

たとえば、気になっているアーティストの音楽を聴いてみたいとか、近くの公園で季節を感じられる植物を探してみたいとか、あるいは手品を覚えてみたいといったことでもO

Kだ。

とにかく何でもいいから興味がある、あるいは興味を持てそうなことで、なおかつ短時間でできることだけを箇条書きにしておくのだ。

こうしておけば、ひと息入れる時にその手帳を取り出して「今日はちょっと公園に行ってみよう」となる。

しかも、今やっている仕事とはまったく無関係で、なおかつ興味のあることばかりなので、頭の中の思考を180度変えられるのだ。さらに体を動かせば心身共にリフレッシュさせることができるはずだ。

ちなみに、やってみたいことリストには、アフターファイブ用に1~2時間程度かかることも併せて記入しておくといい。

仕事帰りにこれをちょっと見て、その場所に短時間でも立ち寄れるようにすれば、その日の気分をすっかり変えられるだろう。

これで明日から再び新しい気持ちで仕事に取り組むことができるにちがいない。

仕事で1日が終わってしまう人の時間設定の手順

似たような仕事量なのに、なぜか自分だけいつも残業しているような気がしてならない——。こんな時は、自分の処理能力の低さを嘆く前に、1日の時間の使い方を見直すことが先決だ。

仮に、その日やるべき仕事が10あったとしよう。優先順位をつけて朝からコツコツとこなしていくのはけっして間違いではないが、それではその日のうちに確実にすべてをやり遂げられるかどうかは怪しくなってくる。

6割か7割あたりで終業時間になってしまい、翌日に持ち越すか、あるいは残業をしてこなすしかない。

皆と同じにやっているのに遅れをとってしまうのはなぜか。それはズバリ、仕事の処理時間を設定していないからである。

まず、自分の仕事をざっと並べたら、それらにいったいどのくらいの時間を要するのか見積りを立ててみよう。1の仕事は30分間、2の仕事は1時間、3の仕事はちょっと時間をかけて、しかし昼休みまでには確実に終わらせるのである。

このように「終わりの時間」をキッチリ決めておけば集中力も格段にアップするし、何より1日の行動にメリハリがつくのだ。もし、決めた時間内に終わらなくてもそこでいったん区切りをつけることが肝心だ。もちろん会議や打ち合わせなど、自分ひとりの仕事ではない場合でも同じように時間を決めるようにしていく。

会議や打ち合わせは、開始時間は決まっていても終了時間まで決められていることは少ない。特に要点を得ず、だらだらと話すタイプの相手は要注意だ。顔を合わせたら真っ先に「15時までに終わらせましょう」とか「きっかり1時間、集中してやりましょう」と言い切ってしてしまえばいい。

一つひとつの仕事に締め切りを設定することで、これまで以上に仕事の処理能力が向上する。慣れてくれば時間にゆとりができるので、そのぶん周囲よりもスピーディに業務を消化できるようになるはずだ。

時間に追われるのではなく、時間をコントロールする。これができるようになって初めて、同僚たちの一歩先を行けるのである。

2つ以上の問題を同時にクリアするためのすごいコツ

今では「ブラック企業」や「ブラックバイト」の問題で長時間労働は厳しく管理されつつあるものの、人手不足などが原因で何日も残業が続くこともあるはずだ。

もっと効率よく仕事ができればいいのにと思うものの、毎日同じメンバーと顔を合わせては同じ仕事の繰り返しで思考が行き詰まってしまい、時間をかけている割にはたいして進んでいなかったというケースが多くなる。

そもそも、人間の脳というのは同じことを続けていると疲れて飽きやすくなる。

そこで「ちょっと疲れてきたな」と感じる前に休憩をとると、脳がまた元気に動き出すのだが、この休憩時間には仮眠をとったりボーッとして何もしないほうがいいというわけではない。

むしろ、好きな本を読んだり、今やっている仕事とはまったく別の分野のことをしたほうが脳は活性化するのである。

休憩時間にまで本を読んだりすると、脳を酷使して疲れるのではないかと思われるかもしれないが、こと脳に関してはインプットする情報が違えば疲れないようにうまくできているのだ。脳が疲れを感じなければ、仕事はもっと早く進められることもできるというわけだ。

そこで、2つの机を持つことをおすすめする。といっても会社で机は2つもあてがわれないので、自分の机とは別の場所で仕事ができるようにするといい。

たとえば、会議室など空いているスペースを使うのもいいが、場所がなければ外に出るという方法もある。

そして一方の仕事に飽きてきたと感じたら、場所を変えて別の仕事にとりかかるのである。また、飽きてきたら元の仕事に戻ればいい。すると、ひとつの仕事にかける時間は半減するのにそれぞれが効率よく進むのだ。

つまり、内容がまったく違うものを繰り返せばその都度、脳の疲れが解消されるのである。

この方法は、短時間で仕事を片づけようとするため集中力が高まり、時間まで有効活用できる、まさに一石二鳥の方法なのである。

決断するのにいい時間帯、ダメな時間帯の法則

「やるのはいいけれど、果たして成功するのだろうか？」と、なかなか決断できないことがある。熟慮を重ねても達成できる確率は50パーセントと、まるでギャンブルのような決断をしなくてはならない時はなおさらだ。

じつは、こんな場合は仕事が終わった夕方よりも早朝に決断を下すといい結果に結びつきやすい。というのは、誰でも早朝はプラス思考で頭の中もクリアになっているからだ。

そんな時に「よし、やろう」とチャレンジする気になれば、先の見通しも立てやすくなり、かなりの確率で成功する可能性がある。

ただ、思考が柔軟な朝に「難しいかもしれない」と迷うようなら、実行しても成功する確率は低いと思っていい。

また、決断しきれずに「もう少し考えてみよう」と夕方まで先延ばしにしているようでは決断を誤る可能性がある。

なぜなら、夕方になるとその日の疲れが溜まって思考力が鈍くなっているからだ。早朝はプラス思考だったとしても、疲れているためにマイナス思考に変わってしまい、失敗する理由ばかりがまっ先に頭に浮かんでしまうということにもなりかねない。するとたとえ成功する見込みがあっても「やはり止めておこう」とネガティブになってしまうのである。

これではチャレンジできないばかりか、あとで「あの時やっておけばよかった」と悔いを残すことにもなりかねない。

また、決断するまでに時間があればすぐに決めずに、2～3日〝塩漬け〟にしてしまうのもひとつの方法である。

すると、最初はできそうに思えたことも、しばらく経つとかなり難しいことに気がつくこともあるし、もちろんその逆も考えられる。

ビジネスで即断即決は重要なファクターのひとつにはちがいないが、ただいたずらに急ぐのではなく、クリアな頭で考えられる時間帯を選ぶことも必要だ。

通勤時間の過ごし方が、その日の成果を左右する

もっとデキる人になりたいと思いつつも、ついダラダラと過ごしてしまう——。そんな人は、通勤時間の使い方から変えてみるといい。

毎朝の通勤電車の中であなたはどんなふうに過ごしているだろうか。睡眠不足だからといって座席に座るとすぐに居眠りを始めたり、スマホ片手にゲームやインターネットに興じてはいないだろうか。

じつは、その日が無駄のない充実した1日になるかどうかは、この朝の通勤電車の過ごし方にかかっている。会社に着いて初めて「さあ、がんばるぞ」とヤル気をみせたところで、時すでに遅し。ここから仕事モードに入る人と、すでに全開で仕事をしている人とでは大きな差が生じているのだ。

取引先に朝一番にかけなければならない電話も後回しになるだろうし、スタートが遅れるぶん仕事に追われやすくなるのは目に見えている。

さらには、上司や同僚など周囲のスケジュールに振り回されて、小さなアクシデントひとつでその日に予定していた仕事が一気に吹っ飛んでしまうことだってある。

そうならないためには、電車に乗ったらまず手帳を開き、その日1日のスケジュールを確認する。そして、それぞれの仕事を確認したら優先順位を改めて見直して、今度はそれを頭の中でシミュレーションするのである。

すると、手帳には相手の名前と約束の時間しか書いていなくても、先方とは複雑な話になりそうだから別の資料も必要になるとか、事前に何を準備しておけば間違いないのかなど、それまでうっかり見過ごしていたことが具体的に見えてくるようになる。

こうしてその日の予定をひと通り把握しておけば、会社に着いた時にはすでに臨戦モードに入っている。すぐに仕事に取りかかることができるし、突発的な仕事が入っても落ち着いて対処できる。うっかりミスも防げるはずだ。

ちなみに、日本のサラリーマンの平均通勤時間は1時間8分。首都圏ともなれば1時間30分になる。人間の頭脳が活発に働き始めるのは起きてから3時間経った頃からといわれている。こうしたことが習慣化できれば、脳が活性化され始めるのと同時に仕事にとりかかれるのである。

「反復記憶法」なら覚えるための時間が逆に減らせる！

学生の頃、試験前になると決まって一夜漬けで勉強したはずだ。確かに勉強をやらないより点数は取れるものの、1週間も経つとその内容の大半を忘れてしまっている。完璧に覚えていたはずなのに、なぜかその部分の記憶がなくなっていたという経験はないだろうか。

じつは、これは人間の脳の自然な働きと関係している。そもそも脳は記憶したことを忘れるようにできているのだ。そうでなければ、起きている間に目や耳などから入ってくる情報をすべて脳に蓄積しなければならず、いくら優れた記憶力を持っている人でもすぐにパンクしてしまうからだ。

この脳の仕組みについては有名な実験がある。

それはドイツの心理学者ヘルマン・エビングハウス氏が行った実験だ。彼は学生たちにまったく意味を持たない文字列を記憶させたところ、学生の大半は、20分後にその約42パーセント、1時間後に約56パーセント、9時間後に約64パーセントを忘れており、1週間後まで覚えていた文字列はわずか1割程度に過ぎなかったのである。

なぜこのようなことが起きるのかというと、それは脳の海馬と呼ばれる部分に原因がある。人間の脳は入ってきた情報をまず側頭葉に送り、それをそのまま海馬と呼ばれる部分に移している。ところが、海馬はその中から蓄積しなければならないものだけを選んで、それ以外は廃棄してしまうのだ。

蓄積されるのは何度も送られてくる情報で、間隔をあけながら同じ内容が繰り返し入ってくると、脳はそれを忘れてはいけない重要な情報と判断して記憶するのである。

この脳の仕組みを理解すれば、何事も1回で記憶しようとはせず、絶対に覚えたいことは何度も繰り返して復習しながら覚えればいいのである。

そこで実践したいのが「反復記憶法」だ。たとえば、何かのマニュアル本を暗記しようとするなら、2日おきに同じところを繰り返し読みながら頭にたたき込むのだ。すると、薄れていた記憶が鮮明になるばかりでなく、海馬に何度も情報が送られるので、自然と忘れなくなるのである。

覚え方を少し工夫すれば、年齢に関係なく誰でも学習能力を飛躍的に高められるのだ。

落ち込んだ気分を一瞬で切り替える「3つのスイッチ」

長い人生、誰にでも失敗はつきものだ。どんなに優秀でも仕事上のミスが一度もないという人はまずいないだろう。問題はその失敗をどのように断ち切るか、である。

同じミスでも、やり直しがきくものと、取り返しのつかない決定的なミスとふた通りある。特に後者の場合、「どうしてあんなことをしてしまったんだろう」「オレはダメな人間だ」と自責の念にとらわれ、いつまでも引きずってしまいがちだ。

だが、どれほどクヨクヨしてもそのミスは帳消しにはならない。起こってしまったものはしかたがないと納得して次へとつなげてこそ、その失敗は活かされるのである。

仕事ができるビジネスマンは頭の切り替えがじつに上手だ。いったいどのように切り替えているかというと、彼らは頭の中に複数のスイッチを持っているのだ。

ひとつは「時間のスイッチ」。たとえば目標数字が達成できなかったら、自分の中で1カ月の期限を3カ月に引き延ばしてみる。今月はダメだったが、3カ月後には達成しようと気持ちを切り替えれば、焦りがなくなり落ち着きを取り戻せる。

また、この一度のミスは、向こう10年の自分を考えれば「ほんの一瞬の出来事であると同時に貴重な体験だった」と振り返ることができるはずだ。こんなふうにイメージするだけでも気持ちはラクになるはずだ。

次は「視界のスイッチ」だ。とかく落ち込みやすい人というのは、ただでさえ思い込みが激しかったりするが、自分の考えだけで絶望せずに、できるだけ客観的に物事を見るようにしたほうがいい。

自分は○○だが「仲間は?」「課長は?」、ひいては「会社にとっては?」――。視点を次々と変えることで、物事を違った方向から眺めてみるのである。

そして最後が「役割のスイッチ」である。これは視界のスイッチをより具体的にしたもので、同僚、上司、取引先など、相手の立場に立って物事を考えてみることである。

ちなみに、仕事術の方法としてよく使われるロールプレイング(役割を決めてその立場を演じてみること)とは、まさにこのこと。立ち位置を変えてイメージを膨らませれば、自分の置かれている状況がまた違って見えるはずである。「あの人はいつもポジティブだ」などといわれる人の多くは、このようなスイッチングを行っているのだ。

ラジオを聴きながらの勉強がもたらす意外な効果

テレビでもインターネットでもそうだが、文字よりも画像で見たほうがよりわかりやすく記憶にも残りやすいと思っていないだろうか。

ところが、同じ内容のニュースを聞くにしても見るテレビと聴くラジオでは、聴いている側の五感の動きに大きな違いがある。

たとえばテレビの場合は、ニュースを聴きながら実際の映像を見ることができるので見たままの情報がインプットされるが、ラジオの場合はそうはいかない。

「今日、午前5時30分頃、国道○号線でトラックと乗用車による追突事故が発生しました。この事故で乗用車が炎上し…」というニュースがラジオから流れてきたとしよう。

耳から入ってきた情報だけでは、そこがどんな場所だったのか、事故の状況はどうなのかなど実際の状況はわからない。そこで、人はその情景を想像しようと五感をフルに働かせるのだ。

ニュースだけでなく、ＤＪのトークやリスナーからのメッセージなど、その内容も盛りだくさんで聞き手の五感は休まることはない。

特にプロ野球や競馬などの中継は、想像力を働かせるのにもってこいだ。

「打ちました！　伸びたぁ！　入るか！　…ホームラン‼」といった臨場感あふれるアナウンサーの声に脳はフル回転になる。

テレビでその映像を見ているよりも、ラジオを聴きながらその情景を想像しているほうが手に汗握る体験ができるはずだ。

ラジオはスマホでも聴くことができる。通勤電車の中ではダウンロードした音楽を聴くばかりではなく、こうしたラジオ番組を聴いて五感を鍛えると凝り固まった思考力が柔らかくなるはずだ。

また、ラジオを聴きながら勉強すると思わぬ副産物もある。

放送中のラジオの内容を思い出すことで、その時に勉強していたことが一緒に記憶から引き出されるのである。目から入る情報と耳から入る情報が頭の中で一体化して、エピソード記憶のような状態で同時によみがえるのだ。そういえば、ラジオ深夜放送といえば受験勉強の定番だが、意外と理にかなっているのかもしれない。

仕事の段取りを把握するのが問題解決の第一歩

仕事の成果を出すには何も難しいメソッドばかりでなく、シンプルなもので十分うまくいくことも多い。そこで、ひとつの例として挙げたいのが「PDCAサイクル」だ。

PDCAとは、P＝計画、D＝実行、C＝確認、A＝振り返り、の4つの要素を意味している。これは、ある仕事を達成するまで、どのような手順で行えばいいかの段取りを示したマニュアルのようなものだ。

たとえば、きちんとした計画（P）を立ててこそ実行（D）できるし、そのあとの確認（C）を徹底することで、反省点や改善点を振り返る（A）ことができる。

そして、それができれば、また新たな計画（P）が立てられ、実行、確認、振り返りと、新たなサイクルの積み重ねが可能になる。

つまり、これに沿って物事を進めていけば、問題点を解決しつつ着実に目標に近づけるというわけだ。

❗ P→D→C→Aの繰り返し

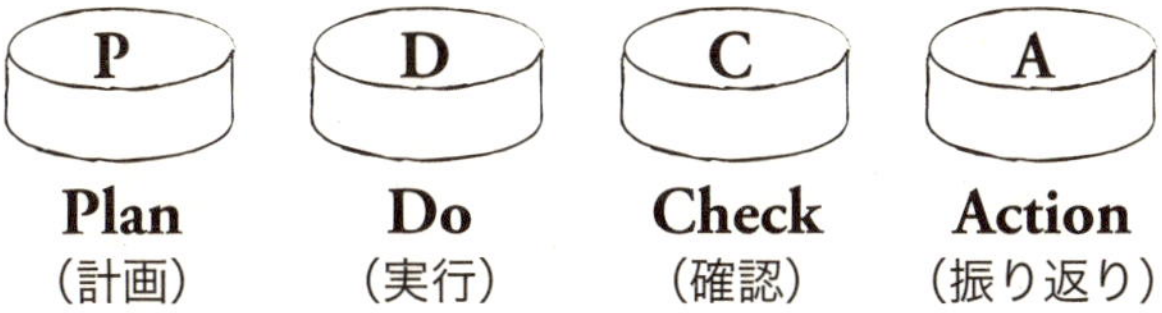
P
D
C
A
Plan
（計画）
Do
（実行）
Check
（確認）
Action
（振り返り）

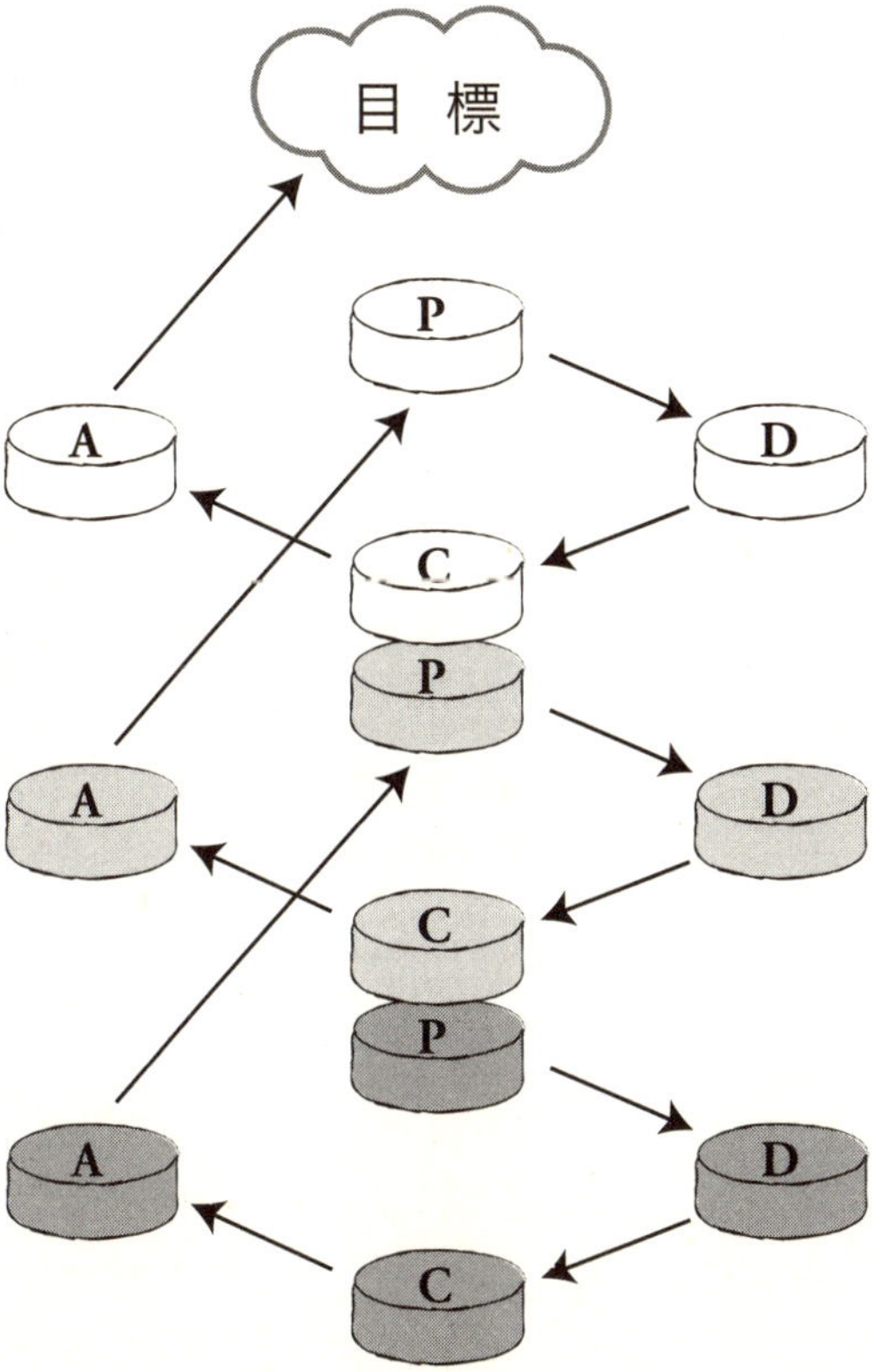
目 標
P
A
D
C
P
A
D
C
P
A
D
C

「うまくいかない人」はゴールの設定に失敗している人

よく「目標は高ければ高いほどいい」などというが、残念ながらそれはひと昔前のスローガンである。うまくいかないのは、ゴール設定を間違えているのかもしれない。

そこで、打ち立てた目標が適切かどうかをチェックできる「SMART」の法則を活用したい。チェック項目は、具体的であるかどうか（S）、測定できるかどうか（M）、達成できるかどうか（A）、現実的であるかどうか（R）、期限が決まっているかどうか（T）の5項目だ。

これらをそれぞれ確認・検証し、ひとつでも満たされていない項目があったら、必ず目標設定のやり直しを試みるべきだという考え方である。

ちなみに、Mの「測定できるかどうか」というのは、達成度合いが何らかの形で数値化できるかどうかということである。これができないと進捗状況の管理や、上司や先方への報告が難しくなる。目標を視認化する意味でも重要な役割があるので確認しておきたい。

目標が望ましいものかどうかを確認する

8月の目標

前年同月比で売上高を
＋12％に!!

この目標設定で
いいのか？

SMARTで望ましいかどうかをチェック！

Specific	具体的であるかどうか
Measurable	測定できるかどうか
Achievable	達成できるかどうか
Realistic	現実的であるかどうか
Time-related	期限が決まっているかどうか

やるべきことを見失わないための「羅針盤」とは？

いくつもやらなくてはならない仕事がある時は、思い立った仕事から手をつけがちだが、一番重要な仕事を後回しにするようなミスを犯すこともある。やるべきことを見失わないようつくってほしいのが、WANTとMUSTのマトリクスである。

まずは「企画を練る」、「見積書の作成」、「上司への報告」など、仕事の内容を書き出して、TO DOリストにしてみよう。次に、横に「WANT＝やる気」を示す軸を置き、縦に「MUST＝重要性」を示す軸を置いたマトリクスをつくり、先につくっておいたTO DOリストの項目を当てはめてみるのだ。

このマトリクスを見れば重要度の高い仕事が一目瞭然に把握できるうえ、優先順位がクリアにできる。たとえ気乗りしない仕事でも、重要度が高いことを意識すれば優先的に片づけようという気になってくる。自分では重要だと感じていた仕事が、じつはやりたいだけで、客観的に見れば重要度が低い仕事だったとわかることもあるのだ。

仕事の優先順位をクリアにする

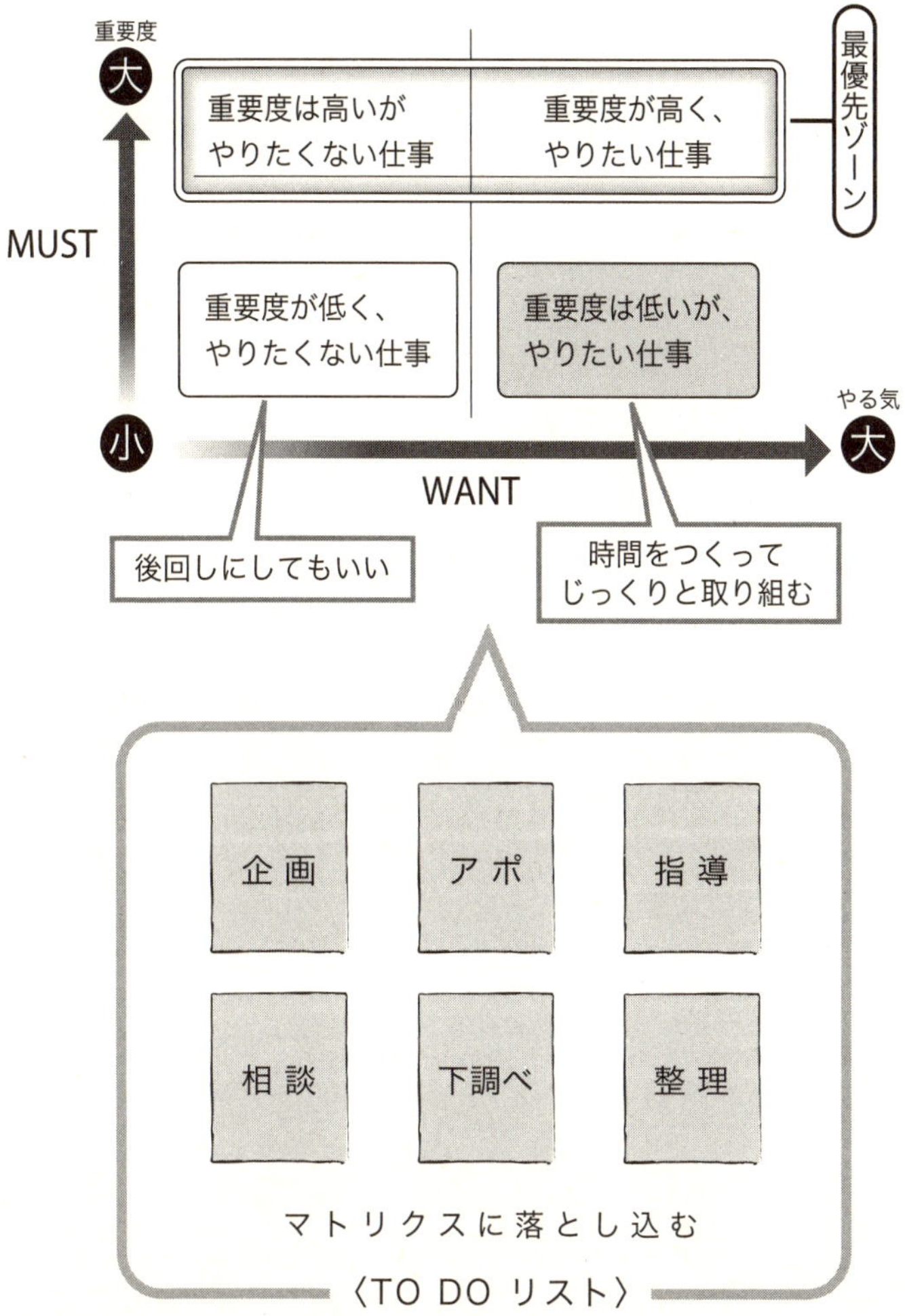

思考の「質」と「幅」がアップする活字の読み方

同じチームでプロジェクトを進めるなかで出くわした問題に対して、問題の本質を的確にとらえてすぐに対応する人と、どうしたらいいのか見当がつかずに右往左往する人がいる。

この違いはいったい何かというと、問題を解決へと導く人は目の前にぶら下がった「問題」を客観的に、あらゆる角度からとらえているのに対し、何も策を立てずにウロウロする人は考えることすらできないのだ。

問題に直面した場合、まず最初にとるべきことは、行動をすることよりも考えることである。「この問題をどうとらえるべきか」「相手はどう出るのか」「関係者を巻き込んで解決策を練るべきか、それとも当面は静観したほうがいいのか」――。

持てる「思考力」を存分に働かせるのである。思考力が身につけば、今まで見えなかった原因や解決方法も見えてくるのだ。

そんな問題解決に欠かせない思考力を高めるには、「プロセス」と「結果」をつなげることが重要だ。

物事には必ずプロセスがあって、結果がある。この2つがどこでどうつながっているかを把握することが大事なのだ。どうしても両者が結びつかなければ、最初に結果を考えて、あとから逆算してプロセスを導き出してもいい。

また、「文字を読む」ことも思考力を高めることにつながる。新聞や雑誌、ネットの記事、電車の中吊り広告でも何でもいいので、活字を読むクセをつけるのである。文字を読むということはそれだけで知識が増えるし、知識が増えて深まれば問題を解決する〝武器〟が自然と増えるのだ。思考力が低い人はこの武器の量と数が少ないのである。

さらに、その時に数字に着目するといい。数字は一見、無機質な存在で読む人の感情にあまり影響されない側面を持っているが、何も難しい公式や専門的な数字ではなく簡単な数字でいいので、じっと目を凝らして取り組んでみると、その数字が持つ背景や矛盾点など新たな発見があるというのはすでに触れたとおりだ。

この2つのことを意識するのとしないのとでは、思考力の質と幅に雲泥の差がつくのである。

ノートの取り方を工夫して、問題点を整理する

ノートをとる時に必ずといっていいほど悩むのが、書いた内容をどう整理するかだろう。いくらマメにノートをとっても、自分で書いたのにどこに何が書かれているのかわからないようではそれこそ本末転倒である。

ルーズリーフ式のように1枚ずつバラバラになれば必要な場所にページを差し替えて整理できるが、それもまたなかなか面倒な作業である。

そこでおすすめしたいのが前述のとおり「時系列法」である。内容で整理しようとせずに、単純に時系列で管理していくのだ。

管理といっても、やるべきことをノートを書き出す際に、その日の日付を入れるだけでいい。

日付を入れる場所はページの右肩でもいいし、本文の上に1行あけて書き込んでもいい。それも改まって何月何日と書く必要はない。ただ数字を並べておけば十分なのだ。

たとえば、10月25日なら「10・25」や「10／25」と書いておく。そして最初のページだけに年号を和暦か西暦で入れておく。

これだけのことでなぜノートが整理されるのかというと、あとから確認したり、読み返したい時に「たしか、あれは昨年の10月頃に書いているはず」と思い出して、すぐに必要なページにたどり着けるからだ。

人は過去の記憶を呼び戻す時にまず「あれはいつ頃のことだったか…」と考えるものだ。だから、会議の議事録や調査記録のように記入した年月日がある程度わかるようにしておけば迷うことがない。

ただし、ここで注意したいのは書き入れる日付はすべてノートの同じ位置にすること。その日の気分で、ページの右上や本文の上など、適当なところにばらばらに記してしまうと、あとから見返した時にわかりにくくなる。

ちなみに、ノートを書き終えたら、表紙に「2017・8・1～2017・12・20」などとその年月日も入れておこう。これで、そのノートがどの時期のものなのか、ひと目でわかるようになるはずだ。

「五段階読書法」で本を「読む」から「使う」に変える

読書で知識を増やしたり、思考力を養いたいと思ってもなかなか内容が頭に入ってこないことがある。そんな時には、人間の思考プロセスに基づいて考え出された「五段階読書法」を試してみるといい。

これは書籍を「①概観」「②設問」「③精読」「④暗誦」「⑤復習」の5段階に分けて読む方法だ。

まず「概観」とは、その本の中にどのようなことが書かれているのか、その全体像を把握することをいう。

本を手に取ったらすぐに読み始めず、まず最初に目次に目を通す。そして章、節、見出しなどから本全体の構成や流れを知るのである。

次の「設問」は本文を開いたらまず見出しに注目し、これを疑問形に直して読むのだ。

もともと設問の形になっているようならそのままでいいが、そうでなければわざと疑問形にしてみる。

たとえば「思考のセンス」というタイトルの本があったとすると、「思考のセンスって何？」と考えてみるのだ。すると、そのページから何を読み取らなければならないのかがわかり、読む前に問題意識を持てるようになる。

次に行うのが「精読」だ。これは、前述の設問に対しての答えを見つけられるように、文章を目で丁寧に追っていく読み方だ。必要なら傍線を引くなどして要点を理解したい。

そして、要点となる部分を読んだら、とりあえずいったん本を閉じる。そして、そこに何が書かれていたのか、要点を頭の中で箇条書きにして暗誦してみる。これが「暗誦」である。こうすれば理解力がさらに増し、記憶も鮮明にすることができる。

さらに、本から学んだことを確実に自分のものにするために、読み終わってもそのまますぐに本棚にしまわず、もう一度内容を「復習」してみる。ここでは、目次を開いて見出しから順に記憶をたどるだけでもいい。

このように読書を5段階に分けて行うことで、その本がいわんとすることをより深く理解できるのである。

新聞を読むとき絶対に見逃してはいけない2つの情報

ビジネスマンたるもの、いつも新鮮な話題と独特の切り口で、相手がたとえどんな人物であっても退屈させない話術を身につけたいところだ。

だが、人間の能力には限界がある。新聞やインターネットに出ているニュースを丸暗記するのは無理だし、どんな分野の記事に対しても的確な意見を持つなどということは不可能である。

とはいえ、コミュニケーションのためのツールとして、時事ネタや面白い情報のひとつやふたつはいつも用意しておきたいものである。

そのための奥の手が、記事の中から「①面白い事実」と「②キーになる数字」を組み合わせて覚える方法だ。

たとえば以前、バターがスーパーマーケットなどの店頭で品薄状態になっているという記事があった。すると、まずその原因となっているのが「加工乳補助金」や「脱脂粉乳」

であるという意外な「事実」を頭に入れておく。

記事の中にその影響で「フランス産バター　２０００円／kg」というような「数字」が記載されていれば、それも一緒に覚えておくのだ。

そして、たとえばよく食べているパンやケーキの値段が上がっていれば、さっそくこの話題を広げるのである。

ひとつの記事についてこの程度の情報量なら誰でも簡単に覚えられるし、複数の記事の情報もインプットすることもできる。もちろん、ふだん使っている手帳に書きとめておいてもいい。

このように、おもしろいと思った記事のポイントだけを覚えておくと話のネタにもなるので、雑談の内容がワンパターンになることがない。

また、その記事に関する詳しいデータが必要になった時には、キーワードがわかっているのですぐにネットで検索することもできる。「あいつに聞けば何か知っている」と、上司や同僚からも一目置かれる存在になれるはずだ。

大量の情報を凝縮してインプットし、吸収するための方法としてぜひ覚えておきたいテクニックだ。

複雑な状況をシンプルな「○」「↓」図式で読み解く

文字がぎっしりと並んでいる本は苦手、まして専門書はお手上げだという人がいるが、そういう人におすすめの読書法がある。

それは、キーワードを紙に書き出して○で囲み、それを矢印で結び関連づけてしまう方法である。大半の情報はこれだけで図式化できる。

たとえば、よく知られている例でいえば、「三権分立」の図式図だ。「行政」「立法」「司法」をそれぞれ○で囲み、それら3つが対等な位置になるようトライアングル状に配置してから、「⇔」で結んでみる。これによって、それぞれが分離独立しながら三すくみの関係にあることがわかる。

また、水が蒸発して雲となり、再び雨となって地表に降り注ぐといった「自然の循環」を図にするなら、まず「水」「雲」「雨」と書いてそれぞれを○で囲む。

そして、それをサークル状に並べて、それぞれの○の間に矢印を時計回りになるように書き込むのである。こうすれば、循環していることを示すことができる。

あるいは、インターネットが企業と消費者に双方向性を持たせていることを表そうとするなら、○で囲った「企業」と「消費者」の間に、互いに反対方向に向かう矢印を加えればひと目でわかるだろう。

もちろん情報によっては矢印を使わなくてもいい。たとえば、経済用語の「資産」の内容をひとつの図で表すなら、まず「現金預金」と書いて○で囲み、次にそれを含める大きな○を書いて「流動資産」と記入する。さらに、それを大きな○で囲んで「資産」と入ればいいのだ。

これだけで、この用語には3つの要素が包含されていることがひと目でわかり、こと細かな説明も不要になる。
○・矢印法の最大の利点は、複雑な作業をしないで簡単に作れることにある。会議の要点や策定した計画を素早くまとめる時にも役立つ。
たとえば、議事であるプログラムが決定したのなら、その目標と実現のために実行すべきことを○で囲み、互いを矢印で結んでしまえばいい。

これなら文章で書き残すよりもわかりやすく、しかも短時間にまとめられるのだ。

情報の山の中から1パーセントの本質をつかむ方法

人より先に情報を得て行動することで、ライバルに先手を打つ――。ひと昔前の情報化時代といわれた頃のビジネス戦略といえば、このようにいたってシンプルだった。

だが、現在のようにインターネットが普及した社会では、ことはそう簡単なものではなくなった。

検索サイトにアクセスしてキーワードを入力し、ボタンをひとつ押せば何千何万という関連情報が検索できる。情報は誰にでも平等に与えられるようになったが、そのぶん山のような情報の中からどれが本質なのかを見抜く能力が必要になってきている。

いくらたくさんの情報を集めても、それが本質からズレていたとしたら、その情報をもとにいくら考えたとしても時間と労力のムダである。ストライクゾーンに入るビジネス戦略は生まれないのだ。

では、どうすれば情報の本質を見極められるようになるのか。それには「フレームワーク術」を強化する必要がある。

フレームワーク術とは、かき集めた情報をフレーム（枠）の中で整理分類し、全体像や方向性を見出す方法である。といっても特別難しいことではない。人間なら誰もが日常的に頭の中で行っている作業なのだ。

たとえば、子供にスマホを持たせるか否かを考える時、どんな情報を集めるだろうか。「どこにいても連絡が取れる」「GPS機能で居場所がわかる」「友達とのメールのやりとりが頻繁になる」「有害サイトにアクセスする可能性がある」などさまざまな情報を集めるはずだ。そしてそれをメリット、デメリットという2つのフレームに振り分けて意思決定するのだ。

この脳内作業がフレームワーク術なのである。企画書でも企画の対象となっている商品の現状を把握したり、業界における位置づけを示すためなどに使われる。いわば、情報の「仕分け→分解→再構築」を行う情報処理作業である。

この作業を行うクセをつけると、徐々に世の中が見えてきて、社会を先読みしたくなる。そうなったら、フレームワーク術を体得したのも同然。ブレのない筋の通った企画が生み出せるようになるはずだ。

頭の引き出しを一気に増やす図書館の使い方

図書館は知識の宝庫だとわかっていても、利用することに慣れてないと何をどう選べばいいのかわからず途方に暮れてしまうものだ。

だが、図書館には書店で本を選ぶのとはまったく違う大きなメリットがある。

たとえば、書店で調べたい分野の類書が何冊も並んでいたらどうするだろう。本の中身と値段を見比べながら、どの本が最もコストパフォーマンスがいいか考えて1～2冊を購入したりするのが関の山ではないだろうか。

ところが図書館なら、同じ分野の本であっても借りられる限度枠一杯までまとめて何冊も借りることができる。たとえば俳人の松尾芭蕉について調べたかったら、芭蕉について書かれた本を1冊ではなく、とりあえず手当たりしだいに借りてしまうのである。

1冊借りて読んだだけでは情報量も少なく、けっして十分とはいえなくても、類書を何冊も読めば幅広く深い知識を得ることができる。

本ごとに視点や評価が微妙に違っていることもあり、それによって人物像にもより深く迫ることができるのだ。

ジャーナリストの立花隆氏は本について「何冊読んだかより、何センチ読んだかを基準に考えている」と語っている。同氏は同じテーマについて書かれた本でも内容は必ず違うので、より多く読むことでその異なる部分を吸収し、情報量を増やしているのだという。

また、図書館のもうひとつのメリットはコンピューターで検索し、蔵書の中から特定の著者の本だけを選んで借りられることだ。

そこで、調べたい分野に数多くの専門家がいるようなら、それぞれの著者の本をまず読んでみて、その中から最も関心を持った人物をひとりだけ選び、その著作を徹底的に読んでいくのである。

こうすれば知識をより深められるだけでなく、さらに視野を広げられる。それまで見過ごしていたことにも気づくだろう。

このようなことは在庫の限られる書店ではなかなかできないし、何冊も買うようならそれなりの資金も必要となる。図書館は自分の財布が痛まない無限の資料庫として使いたいものである。

問題に挑もうとしない人を変身させる「3年計画」

1週間後にテストがあるからといって慌てふためいて勉強をしなくても成績がよかった、スポーツもひと通り何でもこなせたという人は少なからずいるものだ。しかし、こんな人が大人になって仕事を持つようになってそれを標榜したところで敬遠されるのがオチである。

こういう人は、頑張らなくてもひと通りのことを人並み以上にうまくこなせるために、一つのことに集中できずに大成しなかったりする。「なんでもできるけれど、特に優れたものがない」ケースも少なくないのだ。

よくいわれるのが、オールマイティ、バランス型、万能タイプといった表現だが、なまじ器用であるためにほかの人から重宝されるのはいいけれど、用が終わったら使い捨てに終わることが多い。「できないもっともな理由」をつけてはチャレンジしないのが最大の特徴で、そもそも必死さと粘りがない人間なのだ。

しかし、多少なりとも自覚できるからといって落ち込むことはない。これは何も悪いことではないからだ。

万能型人間はなかなかいないものだし、他人より「器用」であることを逆手にとってそれを上手に生かすことができれば、それだけでライバルに一歩差をつけることができる。

元来、大きなビジョンを描くのが苦手なタイプなので、自分の生き方や仕事の方向性さえはっきりと意識できれば、大成することはさほど難しいことではないのである。

それには、「3年計画」をつくることをおススメする。

自分の人生でも今の仕事でも、まず3年後にしたいこと、3年後にどうなっているかをイメージしてノートや紙に書き出していくのだ。そうして順に2年後、1年後と現在に逆戻りして書いていくのである。1年後↓2年後↓3年後という順ではなく、あくまでも目標設定を3年後に置くことがポイントだ。

箇条書きでもいいので、そうすることで今からできることが見えてくるようになる。3年は長いという人は、最終目標を1年後にして、6カ月後↓3カ月後、としてもいい。

とにかく、こういうタイプの最大の欠点は二の足を踏むことだ。自分に明確な目標を課せば、突出したステータスを持つ、実行力を伴う大人になるはずだ。

なんでもあきらめる人がおさえたい正しいエネルギーの使い方

「三日坊主」に悩む人は少なくない。すぐに飽きてしまう、何をやっても長続きしない……

この三日坊主を心理学的に分析していくと〝逆転の解消法〟が見えてくる。

三日坊主に陥るのは、「やらなければならない」という無意識のうちに起こる使命感にかられるからで、反対に自分が「好きなテーマ」については、時間を忘れて没頭するはずだ。むしろ、やめること自体が難しくなってくる。

ただ、これが仕事となると少々事情が異なってくる。

「この仕事は自分には向いていない」「会社を辞めたい」という気持ちと、「でも、仕事を辞めても次の仕事がすぐに見つからない」「仕事がないと生きていけない」という、心の中に常在する2つの対立する気持ちが葛藤しているビジネスパーソンが多いはずだ。その葛藤こそが、不安や自責感を生んでいるのである。

しかも、仕事をしていると人間関係でどうしてもトラブルを抱えたり、突然勃発する問題に直面したりする。そのうえ、まわりに相談をする人がいないとなると、自分で自分を追い込むことになる。この葛藤が重くのしかかってくると仕事そのものが嫌いになって、その結果、続けること自体が嫌になってくるのだ。

そうならないためには、「続ける」という行為を一度、物理的に見直すといい。続けなくてはならないという使命感から解放されるために、疲れた、もうできないと感じたら、いったん中断あるいは中止してしまうのだ。そうしておいてから、また再開すればいいのである。

その時に注意したいのが、全力疾走はやめることである。100パーセントの力を出そうとしたからこそ途中で苦しくなって挫折感を味わうことになったのだから、無理をして完璧主義を貫かないことである。

50パーセントを主軸にして、前後20〜30パーセントを行ったりきたりするようにして、その時の状況に合わせてペース配分をするのである。時には9割くらいがんばってもいいし、落ち込んだ時には2割程度のエネルギーでダラダラと続けてもいい。

こうすれば、実力以上の力を出すこともなく達成感も味わえるので、無理なく続けられるはずだ。

先送りグセをカンタンに矯正するフライングの技術

「先送り」や「先延ばし」というと、議員の先生やお役所の専売特許のようなものだが、ビジネスパーソンだけでなく、主婦や学生にも当てはまるケースが多い。

「あと10分休んで、12時から始めよう」とか「今日は仕上げるのが難しいから、明後日に終わればいいか…」などというのはまだかわいいほうだが、これが仕事となるとそうはいかなくなる。

こんな、先のことをあれこれ考えるばかりで、いっこうに行動に移せない人のことを「先送り症候群」と呼ぶこともあるようだが、このタイプの人間は、書類ひとつ送るにも、電話1本をかけることすら億劫になるのだ。

心理学的には、心配性の人に多く見られる〝現象〟で、メールをひとつ送るのにも「これで失礼がないかな」と内容を何度も確認しては書き直したりする。「わかりずらいから、箇条書きのほうがいいだろう」とか「長くなるから添付ファイルにして送ろう」などと一事が万事で、必要以上の心配をして業務が遅々として進まなくなるのだ。

そこで、どうしても先送りの悪いクセが抜けないという人は、中途半端な時間に始めるといい。10時からとか、「午後3時半になったら手をつけよう」ではなく、9時58分から始める、3時29分になったら何が何でも手をつけるのである。ようするにわざとフライングして、キリの悪い開始時間を設定するのだ。

実際にやってみるとこれが意外に効果を発揮する。その時間にほかのことをやっていても、半端な時間を設定することでヤル気が湧いてきて、仕事にすんなり入れるのだ。

これがうまくいったら、次はほかの仕事にもこのフライングの方法を取り入れて習慣化してしまえばいい。

今まで10時からとか、ランチを食べてからやろうなどと大雑把な予定を立てていたことで実行に移せなかったわけだから、ほんの2、3分、スタート時間を前倒しさせてやるだけですんなりと仕事に入れるのだ。

ようするに、あえて「分刻みのスケジュール」を立てるのである。

その日の仕事のスケジュールを紙に書き、その横に開始時間を明記したら、あとはその時間に合わせてタイマーをセットしてアラームを鳴らせば万全だろう。

やらざるをえない状況に追い込む「3つの集中法」

いざパソコンに向かって仕事を始めたまではいいけれど、まだ5分もたっていないのにインターネットを閲覧し始めたら仕事が手につかなくなってしまった…。こんな経験は誰にでもあるはずだ。

そもそも人間の集中力は、50分程度しか続かないといわれている。意外に長いなと感じるかもしれないが、これにはウラがある。

実は集中力には周期があり、最も集中できている時間はせいぜい15分だ。これが波を打つように集中力が高まったり、切れたりすることを3回繰り返すので、集中力の限界はだいたい45分から50分になる。

だから、仕事とは別のことに意識が向いてしまい、ついネットに目がいってしまうのは人間として当然の行動なのである。

しかし、そんなことを日常的に繰り返していては仕事にならない。そこで、自らを仕事をやらざるを得ない状況に追い込む「３つの集中法」を紹介しよう。

１　タイマーをセットする

仕事を始める時間ではなく、自分が集中できる時間に合わせて、15分刻みか、50分後に鳴るようにセットする。短時間で終わる仕事であれば15分でいいし、作業量が多い仕事は50分後にセットし、さらに50分を30分、20分と2分割して鳴らしてもいい。

２　リマインダーを使う

スマホのアプリを使って「A社の企画書を作成しなさい」と知らせるようにする。スタート時間ではなく、作業中に通知するようにセットするのがコツだ。10分も経つとどうしてもほかのことをやりがちなので、そこを狙ってリマインダーをしかけるのだ。

３　アナログ空間に移動する

どうしても集中できない、この仕事を今日中に仕上げなくてはならないという時は、あえてネットの接続環境がない、地下の喫茶店などに移動する。ほかにすることがない環境の中に身を置くのだ。

人間である以上、息抜きをしたり、楽しいことに意識が向くことはしかたがない。それをシャットアウトしてくれるのが、この３つのしかけなのだ。

問題に向き合う「基礎体力」を身につける①　時間の使い方

忙しいスケジュールの中で、ひとりになれる時間を1時間つくって勉強するとしたらどの時間帯を選ぶだろうか。

おそらく1日の仕事を終え、夜寝るまでの間に勉強しようとする人は多い。だが、毎日欠かさず仕事から帰ってから勉強するというのは、よほどの強い意志を持っていなければなかなか継続できるものではない。

なぜなら、平日は急な残業が入ったり、先輩や上司、同僚から飲みに誘われたりして、いつも同じ時間に帰宅できるとは限らない。早く家に帰ったところでテレビのスポーツ中継を観ているうちに眠くなってしまうことだってあるはずだ。

つまり、夜というのは時間がとりやすいようにみえて、じつはさまざまな不測の事態が起きやすい。そのために自分の意思だけではコントロールしにくい時間帯なのである。

それに比べて朝はそうした影響を受けにくい。家族が起きる時間より1時間早く起きるだけで確実にひとりだけの時間が確保できるのである。

朝早い時間なら、よほどの急用でない限り電話がかかってきたり、人が来ることもない。誰にも邪魔されることなく静かに勉強することができるのだ。また、出勤時間というタイムリミットがあるのもポイントだ。

人は時間に制限があると思うと集中して取り組めるものだ。つまり、朝の1時間というのは勉強するのにもっとも有効な時間なのである。

仮に、この早朝の勉強時間を使って仕事に関連する書籍を読んだとしよう。1週間で1冊のペースで読むとすると1カ月で4冊、半年で20冊以上の情報をインプットすることができる。

これをするのとしないのとでは、1年後の仕事に大きく差がつくのは明らかだ。

情報力がものをいう今の時代、いい仕事をしている人は大量の情報を蓄積して、その中から自分に役立つ情報を見極める技術を持っている。

朝1時間早く起きるだけで仕事がうまくいくのであれば、いつまでもグズグズ寝てはいられないのだ。

問題に向き合う「基礎体力」を身につける② モチベーション

社会人になってからも独自のスタイルで勉強をやろうとする人は多いが、モチベーションを持続するのは難しい。

ひとりになれる時間をどうにかつくってみるものの、成果がなかなか見えないので、つい怠け癖が出てしまうことになる。そこでおすすめなのが、「ゼミ学習法」だ。

大学のゼミは、先生を中心にして何人かの学生でグループをつくり、共通のテーマに基づいて学習するものだ。

講義を一方的に聞くだけの一般の授業とは違って、学生が順番に担当部分を研究発表したり、そこに先生やゼミの仲間の学生が質問を加えたり、またディベートなどをしながら進めていくのが特徴だ。

学生は事前に十分な勉強をしなければならず、しかも、同じレベルの人間が集まって互いに刺激し合うことで、ひとりで机に向かうのとはまた違った勉強の面白さがある。

いうまでもなく、社会人はもはや学生ではないので〝ゼミ〟に先生は必要ない。ただ、同じテーマに沿って一緒に勉強するだけなのだが、ひとりでやるよりもずっと楽しく勉強ができるのだ。

たとえば、英会話を勉強中なら会社の同僚でもいいし、学生時代の友だちでもいい。とにかく同じ学習目的を持つ4〜5人を集めて、そのメンバー間では英語だけでやりとりするのだ。

いくら暗記した英単語も実際に相手と会話をして通じなければ意味がない。英語で行う会議という設定で、デモンストレーションをするのもいいだろう。

また、経済についてもっと知識を深めたいなら教科書となる専門書を全員で1冊決めて、互いに担当するページを割り振る。そして、研究発表する時間と場所を決めるのだ。アフターファイブや休日に集まってもいいだろう。こうして持ち回りで発表するのである。

「社会人ゼミ」を計画する時のポイントは、同じくらいのレベルの仲間を集めることだ。そのほうが参加しやすいし、長続きする。

この学習方法なら誰もが忙しい時間をやりくりしながら参加するので、意欲的に勉強するようになる。そのぶん、ひとりで勉強するより格段に身につくはずである。

「とりあえずやってみよう」の一歩から最短でゴールへ向かう

いざ行動を起こさなくてはならない時に躊躇してしまったり、プレッシャーを感じてしまう人がいる。こういう人はたいてい考えすぎの傾向にある。

「失敗したらどうしよう」「無駄だったらどうしよう」など、よくないことばかりをあれこれと頭にめぐらせて、結局、行動に移せないままで終わってしまうのだ。

そういう時は「とりあえずやってみよう」と心の中で唱えてみよう。

「とりあえず」の語源は「取るものも取りあえず」だ。つまり「取らなくてはならないものを、取るヒマもなく（急ぐ）」といった意味である。

このように、本来の意味はかなり切羽詰った状態を表しているが、最近ではやや緊急性は弱められ、むしろ「とくにアテがあるわけではないが、（とりあえず）行ってみよう」とか、「勝算はないが、（とりあえず）話すだけ話してみよう」というように楽天的な行動に使われるケースも多い。

そのため、上司に向かって「とりあえず、やってみます」などと言うと、場合によっては「とりあえずとは、どういうことだ！」とカミナリを落とされることもある。

だが、この言葉は、使いようによっては自分を奮い立たせる呪文にもなり得る。たしかに失敗するかもしれないし、無駄足になるかもしれない。だが「その時はその時だ」くらいの気楽な気持ちで望めば、そのゆとりが奏功するのだ。

もっと言えば、後先をあまり考えていなくても「とりあえず」と最初の一歩を踏み出してしまえば、目標の5割は達成したと考えていいのである。

そうはいっても生真面目な人には「本当に失敗したらどうするんだ」と反論されそうだが、その時は「失敗しそうだ」と悟った時点でスッパリやめてしまえばいい。

それは中途半端でも何でもない。ただの軌道修正である。結果として「やらないほうがよかった」となるケースはいくらでもあるだろう。だからといって何も行動しないのでは、それが果たして、やるべきだったのか、やらないほうがよかったのかすらわからない。

〝目標の5割を達成〟というのは、まさにこれを知ることなのである。「何が何でも」と気負うと、コケた時のダメージも大きい。心の中で「とりあえず」くらいの気持ちで始めれば、余計なプレッシャーを感じることなく動けるはずだ。

Step7

なるほどそうか！

問題解決に導く発想法

「ふせん」なら、ちょっとした思いつきを問題解決に活かせる

いいアイデアが浮かんだらすぐに記録しておけるように、いつもメモを持ち歩き、ベッドサイドやリビングにも筆記用具を置いておく――。

どんな仕事でもアイデア勝負のこの時代、このようなメモ術を実践している人も多いのではないだろうか。

しかし悩ましいのは、どんなにこまめにメモをとっていても、ほとんど仕事に結びつかないことである。そして、そのうちにメモしたことすら忘れてしまったりするものだ。

クリエイティブな仕事をしている人がメモ魔なのはよく聞く話だが、彼らはただアイデアを書き留めているのではない。

その時々に思いついたことをメモした紙は専用の引き出しなどに放り込んでおき、それらをテーブルの上に並べて思いついたままにそれらを足したり、引いたり、かけ合わせたりしながらブラッシュアップさせる作業を行っているのだ。

だから、メモを仕事に生かすためには、メモをした紙を管理することから始めたい。それに便利なのが、メモパッドタイプのふせんである。

本や資料に目印として貼る細いふせんと違い、メモパッドタイプのものはかなりの情報量を書き込むことができる。

しかも、書き留めたふせんは、いつも持ち歩いている手帳やスマホのカバーの内側に貼っておくことができるのでなくす心配がない。そして、空いた時間にデスクやテーブルに並べて広げ、貼ったり剥がしたりしながら組み合わせを変えて考えを深めていくことができる。

こうして何度も自分が書いたメモをいろいろな角度から眺めることで、自分の中でアイデアの種ができ、自分なりの考えをまとめることができるようにもなる。「アイデアを出さなくては！」と難しく考えなくとも仕事に結びつけていくことができるのだ。

こんなつまらないことを書いても意味がないかななどと考えずに、どんどんメモをして、あとで整理しながら必要なものとそうでないものに分ければいい。

貼ってはがせる3M社のポストイットも、失敗作の接着剤をちょっとした思いつきでしおりに塗ったことで誕生している。ちょっとした思いつきを侮ってはいけないのだ。

問題解決できる人は、他人が見ていないところで「足」を使う

仕事をするうえで実行力は重要だ。実行力がある人は多くのチャンスに恵まれるし、成果も残していく。ただし、口で言うほどそう簡単に身につくものではない。

そこで、その実行力を確実に養うことができる方法がある。それは、「足を使って調べる」ことだ。

いきなり「何かを実行してやろう」とか「何か成果を上げてやろう」と思っても、そううまくいくものではない。まずはハードルを下げて、下準備をすることから始めよう。そのためには自分で体を動かし、目標達成に必要なことを自分で調べてみるのだ。

すぐに具体的な結果に結びつかなくてもいい。「何といっても下準備なのだから」と考えれば気楽にできる。ともかく大切なことは、自分の足を使って、目で見て、頭を働かせてみることだ。

そうやって体を動かすことによって、自分がやろうとしている仕事がどういうものか、

どんな目標に向かって進んでいけばいいのかがぼんやりと見えてくる。少しでも見えてくれば、次に何をすればいいのか、どんな動きが必要なのかもわかるはずだ。

いきなり遠くの目標をめざそうとしてもなかなか難しい。しかし、そうやって自分の足元に少しずつ道をつくっていけば、いつの間にか行動している自分がいる。やがてそれが実行力に結びつくのだ。

「足を使って調べる」といっても、何も難しいことをする必要はない。

たとえば飲料を扱う企業で働いているのであれば、街に出て、どんな人が、どこで、どんな飲み物を飲んでいるかを見て歩くだけでもいい。電気製品を扱っている人なら、自分の会社を見回して、電気製品に関して何か不自由なことはないかをチェックしてみることからヒントが見つかるかもしれない。

ヒントさえ見つかれば、さらに深く突っ込んで調べてみる。たとえば、「なぜその商品はヒットしているのか」「この点について同業他社はどう対応しているか」など、新たなテーマが見つかるはずだ。それが実行力を養うもとになる。

じっとして頭の中で考えているだけでは、新しいアイデアも展望も生まれない。まずは「動く」ということを習慣にすれば、次の一歩をどこに踏み出せばいいかが見えてくるのだ。

発想力のある人は、企画をスマートに〝たらい回し〟している

企画に慣れていない人がつい陥ってしまいがちなのが、ひとつのアイデアに固執するという失敗だ。

一生懸命に知恵を絞ってやっと生まれてきたアイデアを大切にしたい気持ちはわからないではないが、それだけにこだわって提案し、あっさりと却下されてしまった日には受けるショックは大きい。それをきっかけに企画を考えるのを嫌いになってしまう人も少なくないのだ。

だが、企画というものには正解があるわけではない。

相手によってストライクゾーンは違うので、よほどポイントがズレていたり実行不可能なものでなければ、A社で却下された企画がB社で採用されるというようなことも往々にしてある。

1社でボツになったからといってお払い箱にするのではなく、それを〝たらい回し〟に

するとどこかで日の目をみることもあるのだ。

いつもいい企画を出しているアイデアマンと呼ばれている人も、こうしたたらい回し術を使っている可能性は大きい。

しかも、常に複数の案をストックしておいて、相手の反応を見ながら一番採用されると思われるものを取り出しているはずだ。

いい企画が出ずに苦しい思いをしている人も多いだろうが、最初からストライクの企画を次々と出せる人などそうはいない。ふだんの仕事や生活の中で「これは使えそうだ」というアイデアがあったらメモを取り、あとからそれを企画という形に整えてストックするクセをつけておこう。

そして折を見て、取引先の担当者などに世間話程度に今考えているアイデアについて軽く打ち明けてみる。

すると、A社の担当者はB案が気に入っているようだが、B社の担当者はどちらも乗り気ではないなど、その反応によって相手の好みや採用されやすい企画の傾向がわかってくるはずだ。

こうした地道な努力や根回しが、結局は採用される企画につながるのである。

売れる企画には、3つの「T」が共通してあった！

「企画」と聞くとつい意気込んでしまって、人をアッと驚かせるような斬新なアイデアを生み出すことばかりに気を取られてしまいがちだ。

しかし、いくら面白いアイデアが出てもそれが的外れなものだったら、それは当初から企画としては成立しないのである。

だが安心してほしい。自分の立てた企画がマトを射ているのかどうかを簡単にチェックできる方法があるのだ。それは、〝売れる本〟を作るために絶対に欠かせない3つの条件である「3T」の考えに照らし合わせてみる方法だ。

この「3T」というのは、書名（タイトル）、読者（ターゲット）、発行日（タイミング）のこと。この3つの条件がそろっていなければ、どんな良書をつくってもヒットは飛ばせないというのが出版界の常識である。

逆に、この3つの条件がピタリとはまった時に、100万部を超えるようなミリオンセラーが生まれたりする。

想像してみるとわかるが、真冬に「家族でキャンプを楽しむ本」を出しても誰からも見向きもされないだろうし、いくら面白くてもタイトルが平凡ならば手にとってもらえる確率は限りなく低くなる。

また、どう見ても子供向けの内容なのに、挿絵や写真がまったくない活字だらけの構成の本を誰が買ってくれるだろうか。

企画もそれと同じで、この3つの条件がそろっていなければ採用される企画とはいえない。逆にいえば、この3つさえしっかりと押さえておけば、少なくともマト外れな企画にはならないということだ。

もしキャンペーンの企画だったら、実施期間やシーズンにふさわしい内容になっているか（タイミング）、キャンペーン名は客を惹きつけるか（タイトル）、購買層を意識しているか（ターゲット）をリサーチして、すべてクリアするまでアイデアを練ってみたいものである。

「3T」をクリアした企画は間違いなく説得力がある。プレゼンにも自信をもって望めるはずだ。

企画を立てる人にとって、トレンドが落とし穴になる理由

自分の企画案はいつも新鮮さが足りない、誰でも考えつくような発想しかできないと悩んでいる人は、もしかするとトレンドを追いすぎているのかもしれない。

企画を考えるなら、今、何が流行っているのかを知っていることは大切だ。世の中の多くの人がどんなものに関心を持ち、何に楽しさを見出しているのか。あるいは、どんなことにならお金を使ってもいいと考えているのか――。

実際、このような情報にはいつもアンテナを張っているという人は多い。新聞やテレビのニュースだけでなく、ＳＮＳで何が話題になっているのかも簡単にわかるのでつい検索してしまうという人もいるだろう。

しかし、知り得た情報をそのまま使ってしまうと、どうしても後追い感が出てしまう。結果的に、誰でも考えつくような発想になってしまうのだ。

なぜなら、流行りというのは流行っている時点で世の中の興味や関心はピークに達して

いるか、すでに廃れてしまっているものだ。

だから、流行っているからといって企画を立てて上司にＯＫをもらい、準備をしている時点で旬はとうに過ぎてしまう可能性がある。

変化のスピードがこれだけ速い世の中では、実際に世の中にお披露目する段階で、すでに「ちょっと古い」「もう終わっている」という残念な印象を与えることになってしまいかねないのだ。

そこで、オリジナリティのある企画案を出そうと思ったら、トレンドはしっかりと理解しつつも、それをアイデアの中から排除してしまうことだ。

流行りの本流はいっさい取り入れないと決め、しかし今の世の中の人たちが抱いている気持ちに合ったものは何かを追い求めることに専念する。

また、スタンダードでありながら底固い人気をキープしているものには、人を惹きつける何かがあるはずなので、その秘密を研究してみると思わぬヒントが見つかることもあるだろう。

他の人とは違う視点を持つことが、そのまま他人がマネできないおもしろい発案につながるのである。

「押してダメなら引いてみる」発想がヒットを生む

モノで溢れかえっているこの日本で、大ヒットを飛ばす商品などはそう出てくるものではない。

しかし、昔からモノづくり大国ニッポンといわれるように、多くの日本企業はモノが売れなくては会社は成り立たない。

そこで、企業では社会のニーズに合わせて定番商品のモデルチェンジに余念がないのだが、そこでどうしても陥ってしまうのが「足す」発想から抜けられなくなってしまうことだ。

何か他社の製品にはない新しい機能はないか、消費者が求めている「使いやすさ」とはどんなものか…。

考えれば考えるほど何もかも出尽くした感があって、世の中をアッといわせる高性能な商品など生まれないのではないかと絶望的になったりする。

だが、そんな八方ふさがりの状態も発想の転換ひとつで打開することができる。それは「引く」という発想を持つことだ。

今あるものをさらに使いやすく進化させようとすると、発想はどうしても「足す」ほうに傾いてしまうが、果たして今ある機能は本当にすべて必要なのか、と考えてみる。

たとえば、10年間使った洗濯機が壊れて最新の洗濯機に買い換えたとする。すると、今までにない機能が付加されているが、コース設定が多すぎてなかなか目当ての洗濯コースにたどり着けなかったり、何度も取扱説明書を読まなければ使いこなせなかったりと、便利なようで意外と面倒だったりする。

消費者の現状を調査すると、メーカー肝いりで開発した機能がじつはそれほど使われていなかったり、「なくてもいい機能」と思われていることもある。

そうした部分を削っていくことで、シンプルでありながら高性能で、しかも操作性もいい新しい商品が生まれるのだ。

消費者のニーズは、「足す」ことだけにあるのではない。押してもダメなら引いてみるのも大切なのである。

「忙しいから企画が出ない」というのは本当なのか

企画部に配属されている人はもちろん、その部署にかかわらず社内公募や社内ベンチャー制度などで社員の誰もが企画に携われる環境を整えている企業は多い。企業にとって、さまざまな現場から立ち上がってくる新しいアイデアこそが成長の原動力になることを示しているといえるだろう。

こうした制度を採用している会社は、誰もが企画者になりえる風通しのいい環境といえるのだが、そうした環境にプレッシャーを感じている人も少なくない。日々のルーチンワークに追われて「いい企画を考えているヒマがない」という人たちも多いからだ。

だが、ちょっと待ってほしい。「いい企画」というのは、本当に時間さえあれば出るものなのだろうか。

たしかに、広告のプランナーやコピーライターなどが読むような「アイデアの出し方」などのタイトルがついた本には、与えられた期限までその商品をリサーチしてとことん考え抜く方法が載っていたりするが、社内ベンチャーなどで求められている企画というのはここまで突き詰めて考えるようなものではないし、そうしたところでいい案が浮かぶものではない。

それよりも、むしろ日々の仕事に追われている人のほうがふとした時にアイデアの端緒をつかむことが多い。頭の隅のほうに「何か新しい事業はないか」「どこかに面白いアイデアはないか」という意識を常に置いておくと、忙しくて体はくたくたなのに妙に頭だけは冴《さ》えていたりするものだ。

そんな状況の時に、ふだんなら見過ごしてしまいそうな情報に何か引っかかりを感じることは少なくない。そして、その〝引っかかり〟をきっかけにアイデアを広げ、新規事業を立ち上げて見事成功したという話も珍しいことではないのである。

だから、どうしてもいい企画が出ない時は、「時間がないから」と企画を考えることをあきらめて放棄するよりも、「アイデアは探している時は姿を見せないが、あきらめかけた時に向こうからやってくるものなのだ」と割り切って、頭の隅に企画のことを置いておきながら目の前にある仕事をこなすことに集中するといい。

そうすれば、何かしら企画のアイデアがアンテナに引っかかるはずだ。

「類比」と「類推」で、思いもよらない新アイデアにたどり着く

問題があるのはわかっているけれど、どう考えて対処すればいいのかわからないという人がいる。そんな時は、思考術のひとつのノウハウとして、アナロジーを利用するという方法がある。アナロジーは日本語で類比や類推といった意味だが、創造工学研究所所長の中山正和氏が考案し、頭文字をとって名づけられた「NM法」は、発想法として知られている。もともとは商品開発のために活用されていたもので、問題解決の思考術としてもビジネスシーンで広く使われるようになった。

①テーマを設定する、②テーマを表現するキーワードを決める、③キーワードに類似するものを発想する、④類似したものの背景となる要素や構造を探る、⑤④から導き出された背景とテーマを結びつけて着想する——といった内容だ。

キモになるのは③の発想力だが、ここはゆっくり時間をかけると意外な類似を見つけることができる。最終的には、⑤の着想を企画案や解決策に落とし込むことが大切だ。

！具体的な問題解決につながる

NM法のステップ

① テーマを決める
〈例〉
お客さまとコミュニケーションする方法について

↓

② キーワードを決める
・相手の気持ちに寄り添う
・すべてを受け止めすぎない

↓

③ キーワードから「類似」を探す
「植物の癒し」、「柳に風」

↓

④「類似」の背景を探る
・自ら主張しない
・そこにあるだけで癒される
・穏やかにあしらう
・弱そうだが折れない

↓

⑤ 背景から着想する
・ほどよい距離感を意識する
・傾聴の心を持つ
・ある程度の批判は受け流す

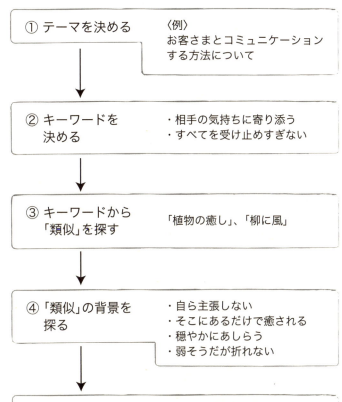

視点を切り替えて発想する「SCAMPER」とは？

アイデアに行き詰まった時の発想法として有名なものがオズボーンのチェックリストだが、このリストの順序を並べ替えるなどして改変されたものが「SCAMPER」だ。たとえば「はさみ」を基本アイデアの例として挙げると、チェック項目は次の7つになる。

S（代用）…はさみの代わりとなるもの、または材質を別のモノで代用できないか？
C（組み合わせ）…はさみを別のモノと組み合わせられないか？
A（応用）…はさみの機能に変化を加えて応用することはできるだろうか？
M（修正）…はさみの構造を修正したり、改良したりすることはできるだろうか？
P（転用）…はさみ以外の使い道はあるだろうか？
E（削除）…はさみの構造をもっと簡略化することはできるだろうか？
R（逆転）…はさみの用途（切る）の逆になるようなことといえば何だろうか？

固定観念にとらわれずに、思考の視点を切り替えられるこの方法を覚えておこう。

基本のアイデアをふくらませる7つのキーワード

Substitute	…… 代用する
Combine	…… 組み合わせる
Adapt	…… 応用する
Modify or Magnify	…… 修正or拡大する
Put to other uses	…… 転用する
Eliminate or minify	…… 削除or削減する
Reverse or Rearrange	…… 逆転or再編集する

あえて極論から攻めて発想の枠を打ち破る方法

話し合いも行き詰まり、これ以上は何をどうやっても新しいアイデアは出てきそうもない。こうなった時にこそ試してみたいのが、「アンチプロブレム」である。

アンチプロブレムとは、テーマとはまったく正反対の課題を考えるという思考術だ。あえて正反対の視点を持つことによって、新たな発想を得ることが狙いである。

たとえば、若い女性向けの商品のアイデアを考えたい時、アンチプロブレムでは逆に「若い女性には絶対にウケないものは何か」を考えるようにする。

その結果、「古臭いもの」という課題が導き出されたとしよう。

この場合「時代遅れなものは絶対に避けよう」という解決策が見つかることもあるし、「あえてレトロな要素を入れるとウケるのでは？」という視点に行き着くこともある。

また、顧客対応などでも「お客様が喜ぶこと」ばかりを考えずに、「お客様が激怒しそうなこと」を考えてみると、トラブル対策や新しいサービスのヒントになったりもする。

正反対の極論でありきたりを突破する

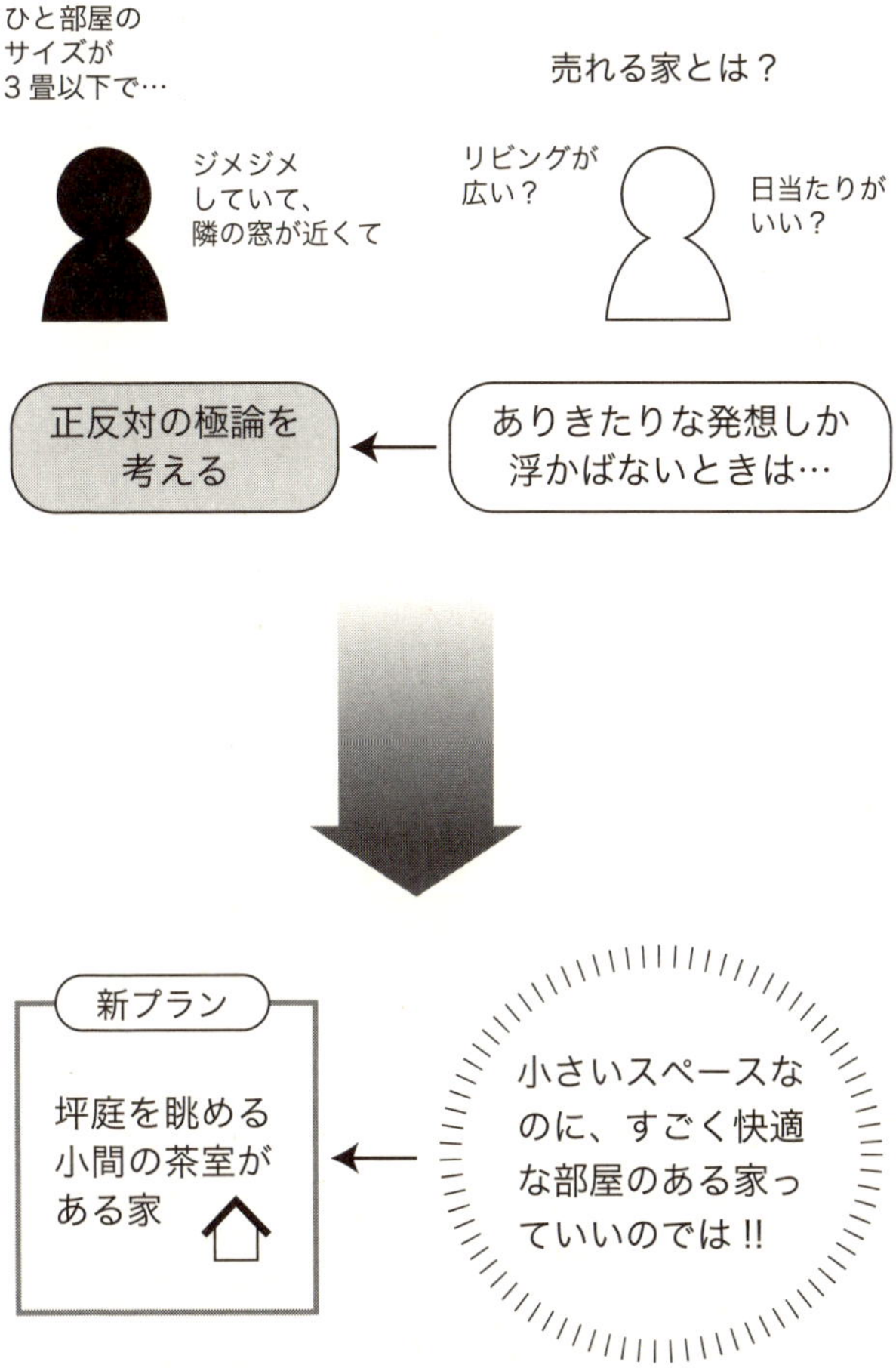

ぼんやりしたアイデアを形にできないときの裏ワザ

大勢でアイデアを出し合うのはいいが、ブレストの場では、とかく質より量に偏りがちだ。そんな時に試してほしいのが「親和図法」だ。これは、ランダムに出た意見やアイデアを似たもの同士でくくり、大量に出て収拾のつかない意見をまとめる手法である。

たとえば、「今後の営業方針」というテーマでアイデアや意見がひと通り出尽したら、まず個別に書き出して並べ、次に親和性のあるものでグルーピングするのである。

その中に「価格を見直す」「営業ツールをわかりやすくする」など現状のやり方に対する改善点があれば同じグループとして分類し、「新商品を追加する」「営業エリアを拡大する」のような新しいプロジェクトになりそうなものは、やはり同じグループで分類する。そして、そのグループを集約するような名前をつけるのだ。

たとえば、前者は「現状改善案」、後者のグループは「新戦略案」とするとわかりやすい。これなら散り散りのアイデアも素早くまとまり、問題の本質が浮き彫りにされる。

漠然としたアイデアを具体的にまとめる

①ブレーンストーミングなどで、アイデアをたくさん集める（発散技法）

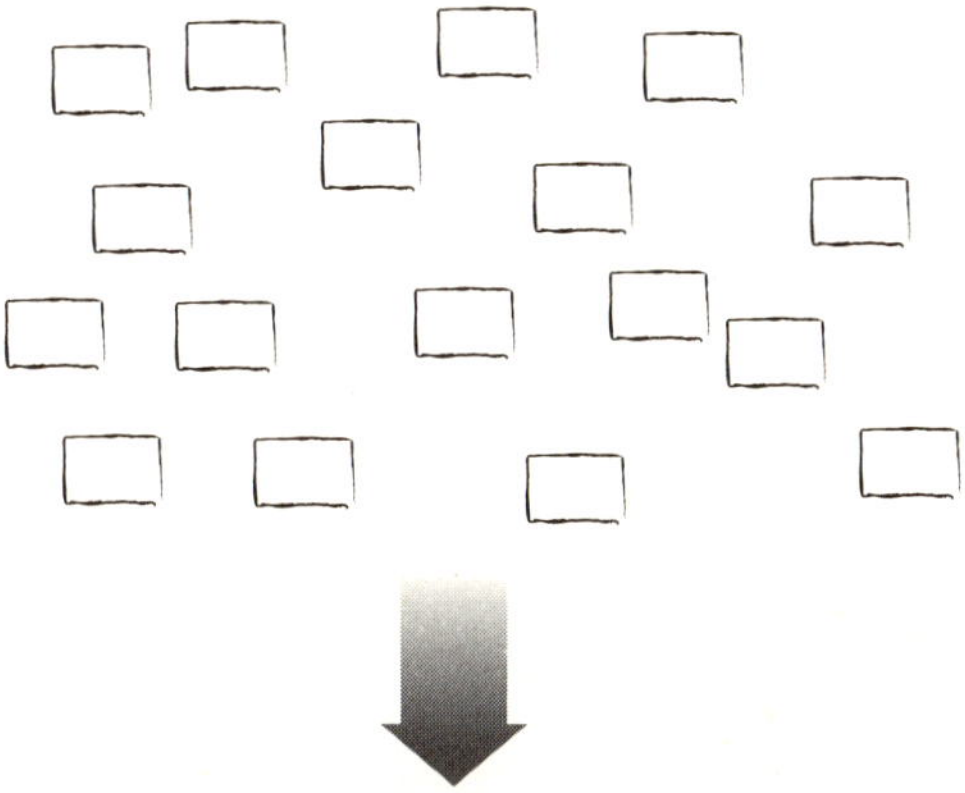

②集めたアイデアをグルーピングしてタイトルをつける（収束技法）

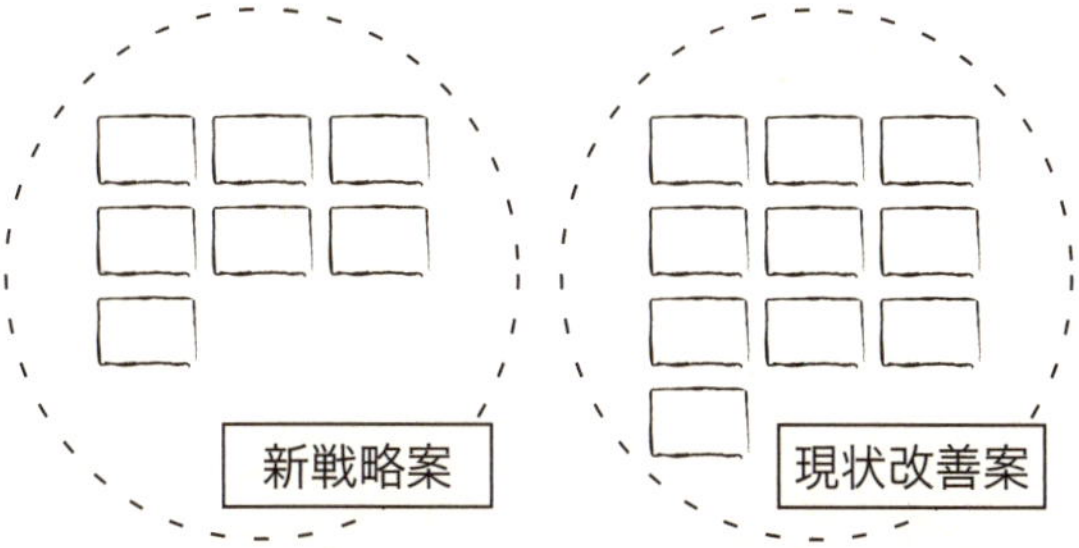

アイデアを上手に仕分けるときの「ペイオフマトリクス」

アイデアは多ければ多いほどいいが、いざ実行するとなると何でもやればいいというものでもない。内容によっては実現までのハードルが高かったり、その割に効果が得られないものもある。

そこでペイオフマトリクスの出番だ。これはたくさんあるアイデアの中で、どれを優先すればいいかの選択肢を絞り込む時に役立つ方法だ。

まずは縦軸を「難易度」、横軸を「実効性」と決め、簡単なマトリクス図をつくる。そして、その高低に合わせて出したアイデアをはめていくのである。

ここでいう難易度とは実現するまでの時間やコスト、一方の実効性とは利益などの効果を意味する。つまり、「費用対効果」がひと目でわかるようになるのだ。

優先順位がわかれば予算や人選もしやすいし、先の見通しが立つので年間計画なども立てやすくなる。何より「こっちを先にすればよかった」といった計画ミスが減るはずだ。

アイデアを効果と難易度で仕分ける

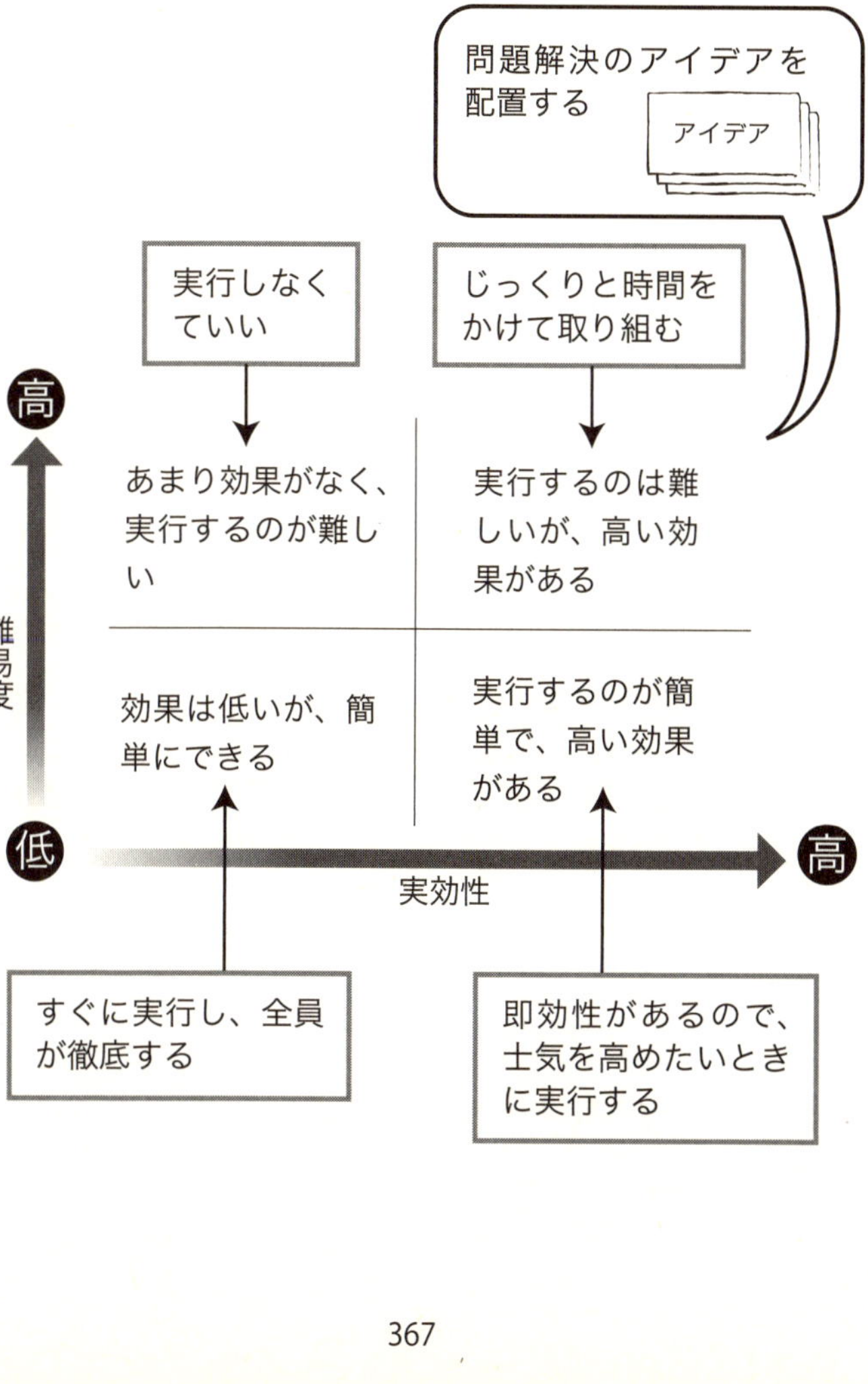

広範囲にアイデアを集める「ブレーンライティング」

アイデアを出し合って煮詰めていくのに役立つのが、ブレーンストーミングという手法だ。しかし、なかには話すのが得意な人もいればそうでない人もいる。しかも、発言者が偏りがちになるという欠点もあるのも事実だ。

その点をフォローするのが、ブレーンライティングだ。やり方は簡単で、用意するのは人数×３列に仕切られたシートだけでいい。たとえば6人で行う場合、各自が6行×３列の18マスに仕切られたシートを用意し、それぞれが持ち時間5分の中で３つずつアイデアを書き込んでいく。書き込んだら次の人に回し、自分のシートが手元に戻ってきた時には18マスが6シート分で、１０８個のアイデアが集まることになるのだ。

手元に回ってきた紙に書き込まれている他の人のアイデアは、自分では思いつかなかった発想のきっかけにもなる。いつもは寡黙でシャイな同僚から出た斬新なアイデアに驚かされるということもあるかもしれない。

6人で108個のアイデアを出す

＜テーマ＞

	A	B	C
1			
2			
3			
4			
5			
6			

用紙を6枚用意して6人に1枚ずつ配る

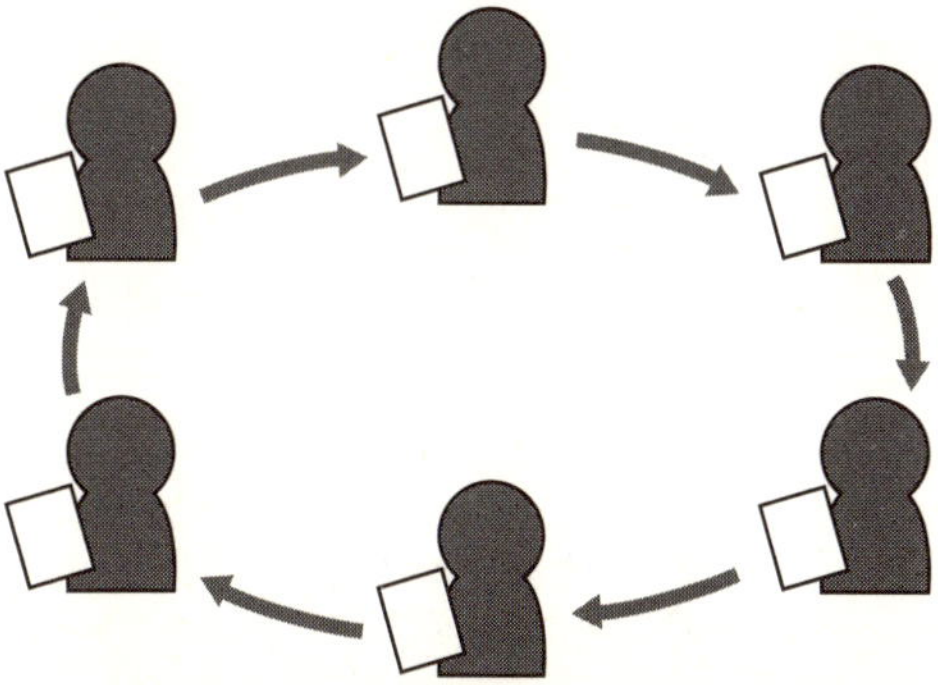

5分以内にアイデアを3つ記入し、
隣の人に用紙を回す

接近、類似、対照、因果…連想の4法則とは？

アイデアを膨らませていく時に欠かせないのが、連想する力だ。そこで、この連想力を鍛えるなら「連想ゲーム」がおすすめだ。

実際に連想ゲームを行う時には、「接近・類似・対照・因果」という4つの法則を意識してほしい。「接近」は、近くにあるものを連想する。

たとえば、「ケーキ」から、子ども、記念日、ろうそくなどというように、「これは誰のものか、誰が使うか」などと付近にあるものを連想するのだ。

また「類似」では、似ているものを連想する。「対照」は、反対に位置するものや対立するもの、対比されるものを連想し、「因果」は、ある事象を原因として結果を連想するもので、「雨が降っている」→「道が濡れて滑る」などといった具合だ。

斬新なアイデアやユニークな発想も、豊かな連想力から生まれる。ゲーム感覚で楽しく訓練することでビジネスチャンスが広がるとすれば試さない手はないだろう。

人の意見を聞いてアイデアを連想する

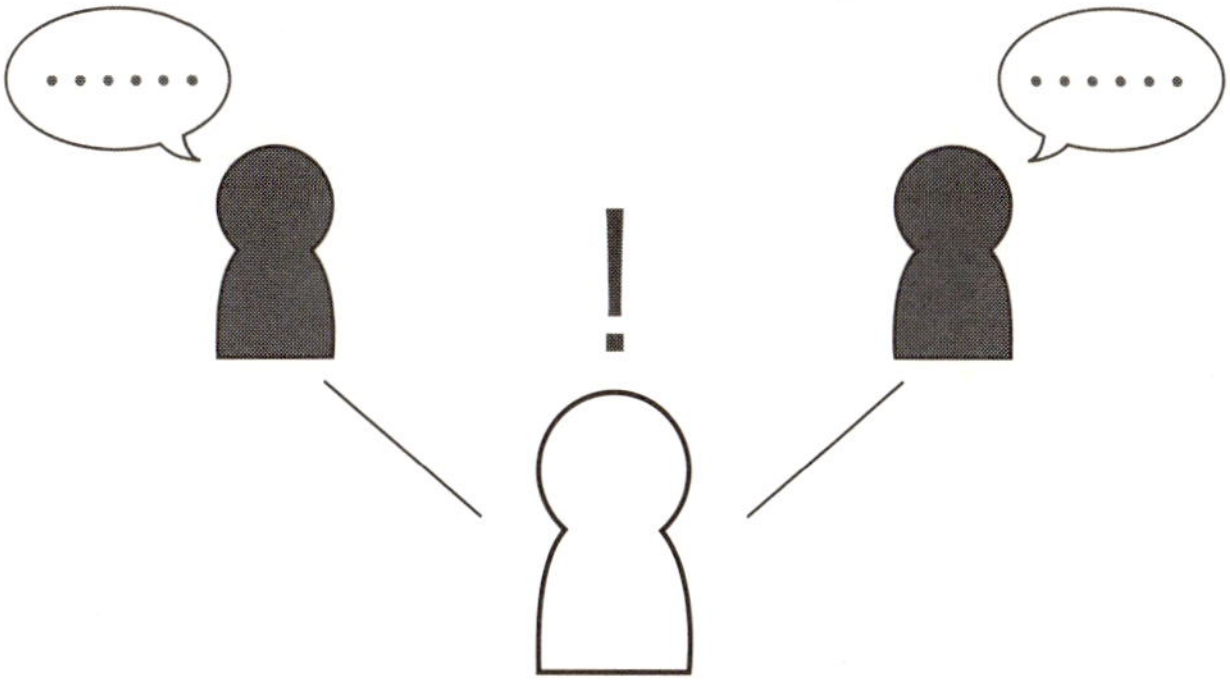

連想の4つの法則

第1法則
「接近」
近しいもの、接点があるものは何か？

第2法則
「類似」
形、色、仕組みなどが似ているものは何か？

第3法則
「対照」
際立って違っているものは何か？

第4法則
「因果」
原因となる事象にさかのぼったときにイメージするものは何か？

常識の壁を破る「スキーマ発想法」とは？

今までにない新しいアイディアを思いつくためには、まず自分の考えの中から「スキーマ」を見つけ、それに縛られないようにするのが鉄則だ。スキーマとは心理学用語のひとつで、常識や先入観を意味している。

たとえば、幼児が描いたような抽象画でも、そこに目鼻や口を思わせるものが描かれていれば、それがたとえ三角や四角の形をしていても「動物の顔」に見えたりする。これは人間の脳にある「動物の顔には目鼻や口がある」というスキーマがそうさせているからだ。

ようするにスキーマがあるので、脳にインプットされる情報が不完全でなおかつその量が少なくとも、それがどのようなものなのかを推論できるのだ。人間が日常生活を送るうえでこれはとても大切な頭の働きとなっているのである。

ところが、このスキーマは先入観にとらわれない想像力を発揮しようとする時には、逆に邪魔になる場合がある。

というのは、脳は送り込まれるほとんどの情報をフィルターを通して判断しているので、それに適合しない情報は自分とは関係のないものとして受け入れを拒絶したり、あるいは注意を払わなかったりするからだ。

一例を挙げるなら、大量生産で商品が低価格化しているマーケットに高額な新製品を投入するといわれたらどう思うだろう。「そんな価格で売れるわけがない」と否定的に考えるのではないだろうか。これは頭の中に「低価格で売るのが当たり前」というスキーマがあるため、これに反する情報を拒絶してしまうからである。

ところが、これも先入観にとらわれずに考えると、価格に見合う品質を追究したり、販売ターゲットを絞り込んだりすることで、高額商品を販売することは十分に可能なことに気がつくはずだ。

そこでアイディアを考える際は、まず何がスキーマになっているかを考え、それとは正反対のことをいくつも挙げてみるのである。

たとえば、〝早い〟のが常識なら、〝遅い〟とどうなるのか考えてみる。また〝短い〟のが一般的なら、〝長い〟といったいどうなるのかを想像してみるのだ。こうすることで発想が豊かに広がり、そこから意外なアイディアを思いつくことができるのである。

自由にいろんな意見を出し合いながら解決に導く方法

「ブレーンストーミング」とは、アメリカのアレックス・F・オズボーンが考案した会議のやり方のひとつで1人で黙々と考えるより、他の人の意見に誘発されて思いがけない発想が生まれたりするのが特徴だ。しかし、引っ込み思案な人はなかなか発言できなかったりする。そこで、次のルールを守って行いたい。

①「期限が迫っているから、その案は無理!」などと人の意見を批判するのではなく、「期限が迫っているが、どう対処する?」と、可能性を広げていく。

②一見するとばかばかしく思える意見に、意外なヒントが隠されていることもある。斬新なアイデアはみんなで歓迎する。

③奇抜なアイデアから一般的な意見まで、思いついたことをそのまま発言する。

④誰かのアイデアに便乗して、よりおもしろい案に発展させてもいい。

また、議題はあらかじめ周知しておき、時間制限を設けておくと効率的に討論できる。

たくさんの自由なアイデアから解決のヒントを導き出す

ブレーンストーミングのルール

①人の意見を批判しない
②〝バカ〟なアイデアを歓迎する、面白がる
③思いついたことをそのまま発言する
④人のアイデアに便乗するのもOK

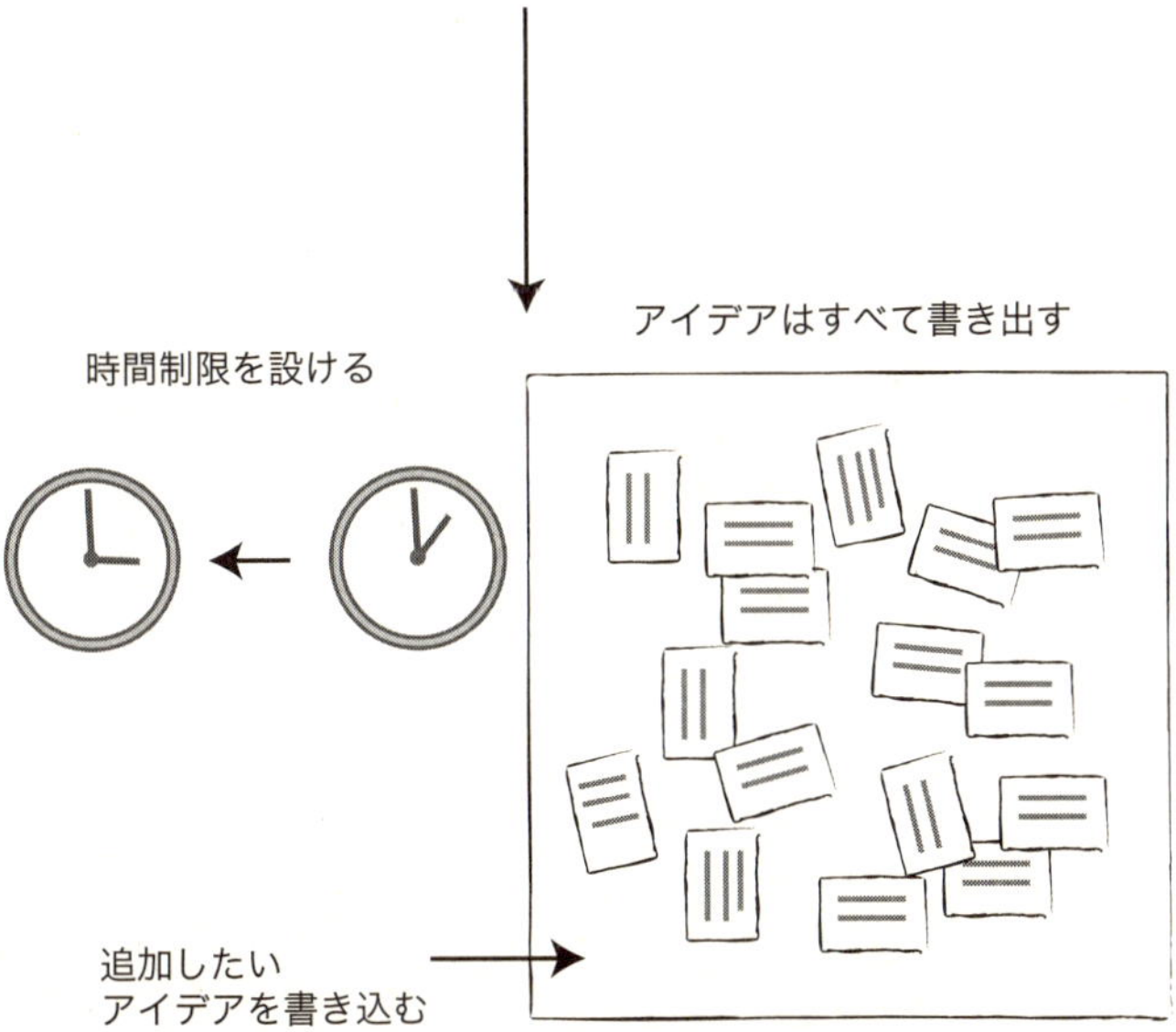

大ヒット商品の意外な共通点「S字カーブの法則」とは？

自社の新商品をヒットさせるために頭を悩ませているのはどこのメーカーも同じだ。だが、今では当たり前のように普及しているヒット商品もいきなり売れたわけではない。つまり、たとえ今はヒットしていなくても今後もヒットしないとは言い切れないのである。

まずヒット商品が広く市場に認知されていく時は、その成長曲線は単純な右肩上がりにはならない。最初はゆるやかに推移していくが、ある時点から急激に上昇し、再びゆるやかになるという「S字カーブ」を描いていくのだ。

このS字カーブの考え方を「イノベーター理論」といい、スタンフォード大学のロジャース教授が提唱している。この理論では、消費者が5つに分類されている。

まずは、2・5パーセントの「イノベーター」と呼ばれる、新しもの好きな人たちが新製品に飛びつく。

その次に、自分で情報を収集し、判断したうえで購入を決める「オピニオンリーダー」

ヒットの流れがわかる「S字カーブの法則」

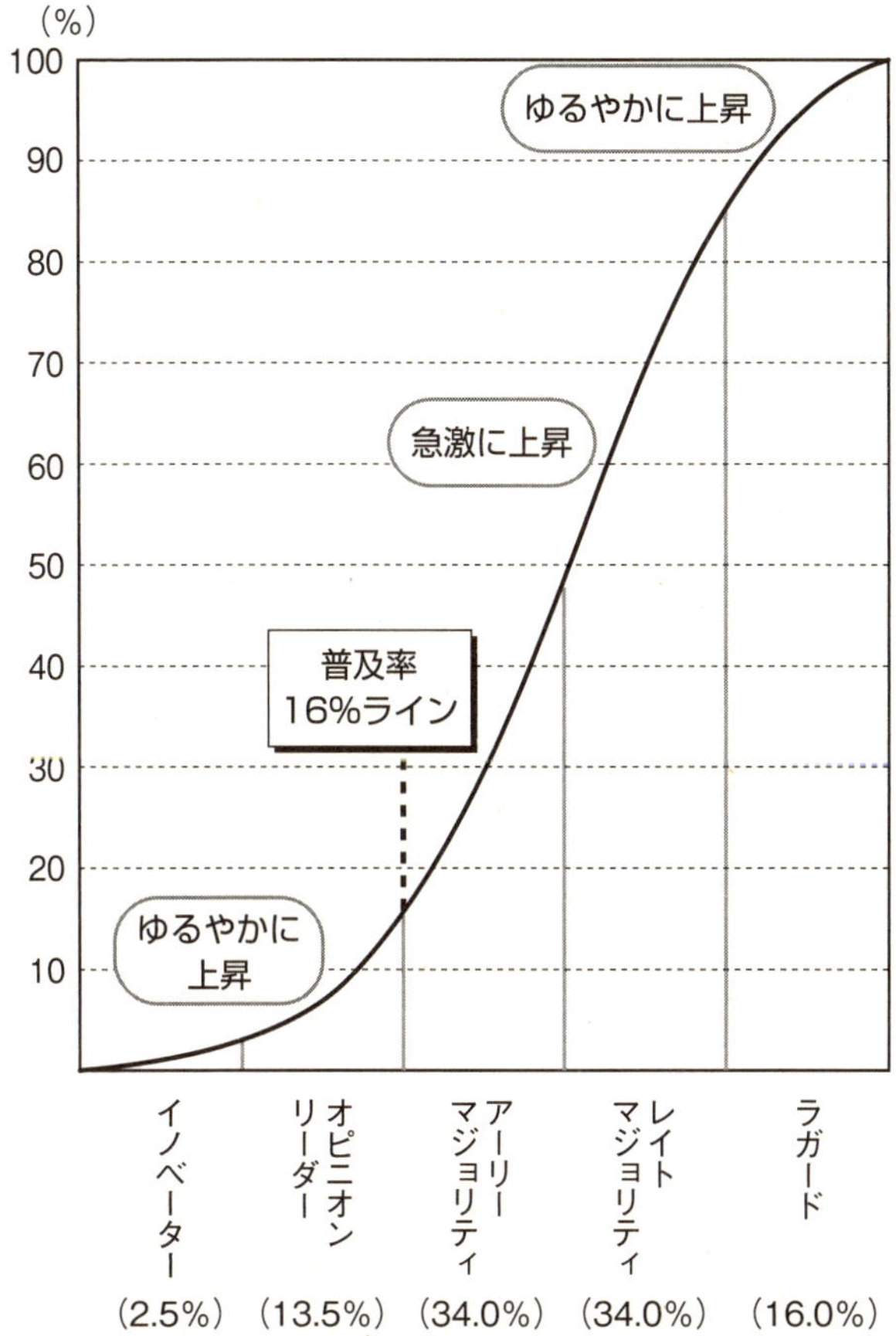

が続く。この層は全体の13・5パーセントを占めている。

そのあとに、全体の34パーセントを占める「アーリーマジョリティ」へと購入層が移っていく。オピニオンリーダーよりは購入することに対して慎重にかまえているが、すでに購入した人から評判などを聞いたうえで買うかどうかを判断する。

次に続くのが「レイトマジョリティ」（34パーセント）だ。この層は情報に対して疑い深く、行動もイノベーターやオピニオンリーダー、アーリーマジョリティに比べて遅い。世間で流行っているのを確認してから購入するタイプだ。

そして最後は、16パーセントの「ラガード」だ。革新的なものには目を向けない保守層で、「今さら?」という段階になってようやく購入する。

ちなみに、S字カーブはオピニオンリーダーとアーリーマジョリティの境、16パーセントまで普及したところで急激に上昇していく。

そのため、商品をヒットさせるためには、その16パーセントのラインの手前の層であるオピニオンリーダーをいかに取り込むかが重要になってくるのだ。

そしてオピニオンリーダーを取り込んだあとに、コストパフォーマンスを重視するアーリーマジョリティを獲得することで大ヒットへとつながるのだ。

一見関係のないものを結びつけ考える「シネクティクス」

「新しいアイデア」と聞くと、これまでにない斬新さにとらわれがちだ。だが、現実に何もないところから新しい何かを生み出すことは容易ではない。実際、革新的な新商品や発明品も、何かしらからアイデアを借りてきて応用しているというパターンが意外と多い。

これは、思考のノウハウでいうところの「シネクティクス」である。

シネクティクスは、ギリシャ語で「異なる一見関係のないものを結びつける」ことを意味する。つまり、「異種ではあるが、すでに存在している似た何か」を当てはめて、新しいアイデアにするという技法だ。具体的には、次の6つの順番で考えていくことになる。

①テーマの常識（メリット）、②その逆になるもの、③②に対する問題点、④問題点を解決できるキーワード、⑤キーワードを元にしたアナロジー、⑥アイデアの着想——だ。

ポイントとなるのは⑤のアナロジーで、構造が似ているものや特徴が似ているものなどに注目するのである。一見、無関係なものにこそヒントが眠っているのだ。

■参考文献

『すぐやる人に変わる心理学フレームワーク』（佐々木正悟／実業之日本社）、『実務入門　企画を立てる技術』（佐藤真介／日本能率協会マネジメントセンター）、『ビジュアル　アイデア発想フレームワーク』（堀公俊／日本経済新聞出版社）、『頭がよくなる「図解思考」の技術』（永田豊志／中経出版）、『考える仕事がスイスイ進む「フレームワーク」のきほん』（山田案稜、TNB編集部／翔泳社）、『革新的なアイデアがザクザク生まれる発想フレームワーク55』（永田豊志／SBクリエイティブ）、『【決定版】仕事が速くなる！問題解決フレームワーク』（西村克己／学研パブリッシング）、『ビジュアル　ビジネス・フレームワーク』（堀公俊／日本経済新聞出版社）、『ヌケ・モレなし！仕事の成果が3倍上がる　はじめてのフレームワーク1年生』（松島準矢／明日香出版社）、『フレームワークで人は動く「変革のプロ」が使いこなす18の武器』（清水久三子／朝日新聞出版）、『数字力の教科書』（久保憂希也／大和書房）、『情報を捨てる技術』（諏訪邦夫／講談社）、『〈知のノウハウ〉観察力をつける』（小川明／日本経済新聞社）、『ゼロから学ぶ統計解析』（小寺平治／講談社）、『調査データにだまされない法』（渡辺久哲／創元社）、『購買心理を読み解く統計学　実例で見る心理・調査データ28』（豊田秀樹編著／東京図書）、『消費者行動論―購買心理からニューロマーケティングまで―』（守口剛、竹村和久編著／八千代出版）、『知識ゼロでもわかる統計学　はじめよう！　統計学超入門』（松原望／技術評論社）、『「それ、根拠あるの？」と言わせないデータ・統計分析ができる本』（柏木吉基／日本実業出版社）、『データ分析できない社員はいらない』（平井明夫、石飛朋哉／クロスメディア・パブリッシング）、『中学数学でわかる　統計の授業』（涌井良幸、涌井貞美／日本実業出版）、『大人の論理力を鍛える本』（西村克己／青春出版社）、『図解　ツキの法則「賭け方」と「勝敗」の科学』（谷岡一郎／PHP研究所）、『池上彰の情報力』（池上彰／ダイヤモンド社）、『ウォールストリート・ジャーナル式　図解表現のルール』（ドナ・M・ウォン著、村井瑞枝訳／かんき出版）、『1時間でわかる　図解ビックデータ早わかり』（大河原克行／中経出版）、『疑う力』（西田活裕／PHP研究所）、『会社を変える分析の力』（河本薫／講談社）、『「1日30分」を続けなさい！』（古市幸雄／マガジンハウス）、『統計グラフのウラ・オモテ　初歩から学ぶグラフの「読み書き」』（上田尚一／講談社）、『統計数字を読み解くセンス　当確はなぜすぐにわかるのか？』（青木繁伸／化学同人）、『明日からつかえるシンプル統計学 〜身近な事例でするする身につく最低限の知識とコツ』（柏木吉基／評論社）、『仕事の能力が面白いほど身につく本』（西村克己／中経出版）、『ビジネスの情報整理達人のテクニック』（インフォレスト）、『怒濤の勉強法』（鍵本聡／阪急コミュニケーションズ）、『無理なく続けられる年収10倍アップ勉強法』（勝間和代／ディスカヴァー・トゥエンティワン）、『すごい「勉強法」』（高島徹治／三笠書房）、『ノート&ダイアリースタイルブック』（枻出版社）、『上級の勉強術』（深川太郎／明日香出版社）、『40歳から何をどう勉強するか』（和田秀樹／講談社）、『できる人の勉強法』（安河内哲也／中経出版）、『「朝30分」を続けなさい！』（古市幸雄／アスコム）、『自動記憶勉強法』（牛山恭範／エール出版社）、『他社から引き抜かれる社員になれ』（古川裕倫／ファーストプレス）、『「前に踏み出す力」が身につく本』（本多信一／中経出版）、『仕事力を高める法則1000』（PHP研究所編／PHP研究所）、『すごい「実行力」』（石田淳／三笠書房）、『あなたの意見はなぜ通らないのか』（島田士郎／日本文芸社）、『キャリアアップの勉強法』（栗山実／河出書房新社）、『プロの勉強法』（ブリッジワークス編／PHP研究所）、『とにかくすぐやる人の考え方・仕事のやり方』（豊田圭一／明日香出版社）、『あなたの人生を劇的に変える　勉強のルール』（浜口直太／あさ出版）、『「稼ぐ力」が身につく大人の勉強法』（松尾昭仁／ダイヤモンド社）、『40代からの勉強法』（和田秀樹／PHP研究所）、『もっと効率的に勉強する技術！』（高島徹治／すばる舎）、『最短で結果が出る超勉強法』（庄司雅彦／講談社）、『脳を活かす勉強法』（茂木健一郎／PHP研究所）、『脳を天才にする！勉強法　必勝バイブル』（吉田たかよし／講談社）、『夢をかなえる勉強法』（伊藤真／サンマーク出版）、『レバレッジ勉強法』（本田直之／大和書房）、『「続ける」技術』（石田淳／フォレスト出版）、『脳が冴える15の習慣　記憶・集中・思考力を高める』（築山節／日本放送出版協会）、『ＳＴＵＤＹ ＨＡＣＫＳ！』（小山龍介／東洋経済新報社）、『大人のたしなみビジネス理論一夜漬け講座』（渋井真帆／宝島社）、『スタバはグランデを買え！価格と生活の経済学』（吉本佳生／ダイヤモンド社）、『アタマが良くなる合格ノート術』（田村仁人／デイカヴァー・トゥエンティワン）、『営業マンは心理学者！』（高橋幸司／ＰＨＰ研究所）、『らくらく入門塾　心理学講義』（渋谷昌三／ナツメ社）、『本音は顔に書いてある』（アラン・ピーズ、バーバラ・ピーズ／藤井留美訳／主婦の友社）、『ＴＨＥ21　2004.12 2006.03・07 2008.01 2013.01 2016.08』（ＰＨＰ研究所）、『日経 Associé　2005.9.20・12.20 2007.11.6 2008.1.1 2010.4.6 2013.10』（日経ＢＰ社）、『プレジデント　2005.5.30 2007.10.29 2008.7.14 2010.5.31』（プレジデント社）、『ＤＩＭＥ 2008.03.18』（小学館）、『週刊ダイヤモンド　2008.6.7』（ダイヤモンド社）、『週刊スパ　2012.12.25』（扶桑社）、『ｐＨＰくらしラク～る♪　2015.2』（ＰＨＰ研究所）、日本経済新聞、朝日新聞、読売新聞、夕刊フジ、日刊ゲンダイ、ほか

〈ホームページ〉

公益社団法人 日本バリュー・エンジニアリング協会、ＩＴ ｍｅｄｉａ、日経Ｂｉｚアカデミー、ＧＬＯＢＩＳ．ＪＰ、帝国データバンクＨＰ、マイナビニュース、日経ビジネス、PRESIDENT Online　ダイヤモンドオンラインほか

※本書は、『図解 思考の幅が広がる！深まる！　モノの考え方』（２０１５／小社刊）、『データの裏が見えてくる「分析力」超入門』（２０１３／同）、『この一冊で「実行力」と「勉強力」が面白いほど身につく！』（２００８／同）をもとに、改題・加筆・修正の上、再編集したものです。

編者紹介

ビジネスフレームワーク研究所
情報収集・分析から企画・プレゼン、交渉・商談、問題解決、人間関係まで、充実したビジネスライフを送るために必要な情報を発信するライター・編集者グループ。本書では、どんな状況にあっても、オロオロしたり、ヘナヘナにならずに、前を向いて問題を解決できる知恵とコツを満載。アイデアが出ない、交渉がうまくいかない、「次の一手」が浮かばないとき、手元にあると頼もしい一冊！

できる大人《おとな》の問題解決《もんだいかいけつ》の道具箱《どうぐばこ》

2018年1月5日　第1刷

編　　者　ビジネスフレームワーク研究所《けんきゅうじょ》

発 行 者　小 澤 源 太 郎

責任編集　株式会社プライム涌光
電話　編集部　03(3203)2850

発 行 所　株式会社青春出版社
東京都新宿区若松町12番1号〒162-0056
振替番号　00190-7-98602
電話　営業部　03(3207)1916

印刷・大日本印刷　　製本・ナショナル製本

万一、落丁、乱丁がありました節は、お取りかえします

ISBN978-4-413-11239-0 C0030

ISBN978-4-413-11074-7
本体1000円+税

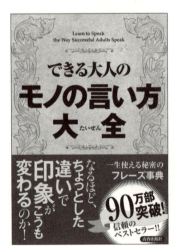